CHINE
LE NOUVEAU CAPITALISME D'ÉTAT

Du même auteur

Capitalismes et capitalistes en Chine, Perrin, 2007
Aux origines de la Chine contemporaine, (dir.), L'Harmattan, 2002
Histoire de Shanghai, Fayard, 2002
Le Mandarin et le compradore. Les enjeux de la crise en Asie orientale,
    Hachette Livre, 1998
Sun Yat-sen, Fayard, 1994
La Chine du XXe siècle. D'une révolution à l'autre, 2 vol., (dir. avec
    Lucien Bianco et Jürgen Domes), Fayard, 1990
L'Âge d'or de la bourgeoisie chinoise, Flammarion, 1986
*Capitalisme national et impérialisme. La crise des filatures chinoises
    en 1923*, EHESS, 1980

Marie-Claire Bergère

Chine

Le nouveau capitalisme d'État

Fayard

Ouvrage édité sous la direction
de Jean-Luc Domenach et de Fabrice d'Almeida

Dans la même série, chez Fayard :

Isabelle Attané, *Au pays des enfants rares.*
La Chine vers une catastrophe démographique, 2011
Pierre Brocheux, *Histoire du Viêt Nam contemporain.*
La nation résiliente, 2011
Éric Frécon, *Chez les pirates d'Indonésie*, 2011
Renaud Égreteau, *Histoire de la Birmanie contemporaine.*
Le pays des prétoriens, 2010

Illustration de couverture : Mao@Doug Chayka
www.dougchayka.com
Création graphique : Un chat au plafond

ISBN : 978-2-213-66624-2

Liste des abréviations

ANP : Assemblée nationale populaire
APL : Armée populaire de libération
CSGAP : Commission de supervision et de gestion des actifs publics
FMI : Fonds monétaire international
FNIC : Fédération nationale de l'industrie et du commerce
IDE : Investissement direct étranger
OCDE : Organisation de coopération et de développement économiques
OMC : Organisation mondiale du commerce
ONG : Organisations non gouvernementale
PAP : Police armée du peuple
PIB : Produit intérieur brut
PPA : Parité de pouvoir d'achat
PCC : Parti communiste chinois
ZES : Zone économique spéciale

AVERTISSEMENT

La transcription des noms chinois utilisée dans cet ouvrage est la transcription officielle dite *pinyin*, sauf en ce qui concerne quelques noms de lieux ou de personnes très connus dont on conserve la transcription établie par l'usage : Pékin, Chiang Kai-shek, Sun Yat-Sen.

INTRODUCTION

La fin des grandes illusions

Les réformes économiques menées en Chine à partir de 1980 ont changé la vision souvent négative que l'Occident avait de ce pays-continent soumis au régime dictatorial de Mao Zedong et du Parti communiste, et à un système dégradé d'économie planifiée impropre à assurer la modernisation et à chasser la pauvreté. La nouvelle vision qui s'impose au tournant des XXe et XXIe siècles est celle d'une Chine convertie au capitalisme et en marche vers la démocratie. La décollectivisation de l'exploitation agricole, la privatisation des entreprises commerciales et industrielles, l'ouverture du pays aux techniques et capitaux étrangers, apparaissent comme autant de progrès vers l'économie de marché, et la libéralisation économique semble annoncer la libéralisation politique.

L'explosion de la consommation dans les grandes villes côtières entretient l'idée que la société chinoise s'est ralliée au mode de vie de l'Occident, et par conséquent à ses valeurs : c'est ce que le journaliste James Mann appelle plaisamment l'« illusion de Starbucks » (Mann, 2007, 51). Les nombreuses enquêtes que la presse, en France comme ailleurs, consacre à la jeunesse dorée de Pékin ou de Shanghai, à ses nuits turbulentes en discothèques, à ses modes vestimentaires d'avant-garde, enfoncent le clou, tout comme les reportages mettant en scène le nouveau décor urbain des gratte-ciel, hôtels de luxe, centres commerciaux et gares ou aéroports à l'architecture futuriste.

Ces impressions trouvent leur ancrage dans la théorie de la modernisation. Très en vogue au lendemain de la Seconde Guerre mondiale, vigoureusement contrebattue dans les années 1960-1970 par les penseurs marxistes et autres, cette théorie a connu un étonnant retour de faveur à partir des années 1990, alors que se propage dans de nombreux pays d'Asie orientale et d'Europe de l'Est une « troisième vague de démocratisation[1] ». Elle se fonde sur l'idée que plus une société s'enrichit, plus elle a de chances d'opter pour la démocratie. En dépit des vifs débats qu'elle a soulevés (et continue de soulever), cette théorie n'a cessé d'informer la politique et l'opinion occidentales. « La liberté économique crée des habitudes de liberté tout court [...]. Commercez librement avec la Chine et le temps jouera en votre faveur », déclare George W. Bush (cité par Mann, 2007, 2). Cette évolution de la liberté économique vers la liberté politique est présentée comme une véritable loi de l'histoire et

---

1. Forgé par Samuel Huntington, le terme désigne le grand mouvement de démocratisation qui se développe à partir de 1974 et de l'effondrement des dictatures d'Europe du Sud.

implique un déterminisme qui n'a rien à envier à celui du schéma marxiste.

Ceux qui croient voir en Chine l'avènement du capitalisme et bientôt de la démocratie mettent en avant de nombreux arguments. L'économie de marché apprendra au consommateur à choisir entre des marques concurrentes, et ce dernier en viendra tout naturellement à désirer exercer la même liberté de choix en matière de programme politique. Le fonctionnement de l'économie de marché exige une transparence qui ne peut que se communiquer à celui du système politique. Par exemple, explique Thomas L. Friedman, l'éditorialiste bien connu du *New York Times,* pour que les établissements boursiers chinois puissent établir leur crédibilité, il faudra que le public dispose d'une information financière complète, et cette liberté d'information s'étendra à l'ensemble de la presse. « La Chine va avoir une presse libre, c'est la mondialisation qui y pourvoira » (cité dans Mann, 2007, 14).

De nombreux théoriciens de la modernisation considèrent en outre que les bouleversements sociaux créés par le règne du marché préparent également le règne de la démocratie : une idée que résume la formule de Barrington Moore : « Pas de bourgeoisie, pas de démocratie » (Moore, 1966, 418). Les classes moyennes urbaines sont appelées à constituer l'armature d'une société civile instituée dont le pouvoir s'affirmera face à celui de l'État et dont l'intervention dans la conduite des affaires publiques mettra fin au monopole des régimes autoritaires sur le pouvoir. Les entrepreneurs chinois sont investis du rôle de hérauts de la démocratie, un rôle taillé pour eux avant même que leur existence ait été véritablement attestée. C'est ainsi que, lors des manifestations de Tian'anmen, en 1989, la présence auprès des étudiants protestataires de microentrepreneurs (*getihu*) qui, sur leurs scooters, apportent du ravitaillement et servent d'agents de liaison est interprétée comme le ralliement de la « bourgeoisie » au mouvement de contestation. Interprétation aberrante quand on songe que les *getihu* urbains se recrutent alors parmi les marginaux et les délinquants et sont dépourvus de tout poids économique comme de toute influence sociale. Par la suite, alors que leur groupe s'étoffe, les entrepreneurs chinois continuent d'être considérés en Occident comme des champions de la démocratie, bien que de nombreuses enquêtes de terrain montrent qu'il n'en est rien.

L'évolution récente de Taiwan et de la Corée du Sud fournit des références historiques. Soumis dans les années 1950-1960 à la rude dictature de Chiang Kai-shek d'un côté et à celle de Sygman Rhee puis de Park Chung-hee de l'autre, ces pays, après avoir connu deux décennies de croissance économique accélérée, ont adopté des institutions démocratiques. La différence de taille entre le pays-continent qu'est la Chine et ses voisins insulaire ou péninsulaire rend naturellement la comparaison boiteuse. Sans compter que la Chine échappe complètement aux pressions économiques et stratégiques américaines, dont le rôle a été crucial dans la conversion de Taiwan et de la Corée du Sud. Beaucoup d'observateurs occidentaux n'en ont pas moins voulu voir dans les transformations limitées du système politique qu'autorisent les bureaucrates chinois les prémices d'une évolution conduisant à l'érosion du pouvoir monopolistique du Parti communiste. L'avènement d'une démocratie libérale « demeure le point de repère épistémologique de la plupart des recherches occidentales ». Les réformes partielles tolérées par le régime sont analysées dans la perspective d'une « transition graduelle et inévitable » vers la démocratie (Schubert, 2007). Cette distorsion démocratique affecte la vision que l'Occident s'est formée de la tenue d'élections villageoises ou de l'introduction de l'État de droit.

Ceux qui dénoncent la persistance des méthodes autoritaires et brutales de l'administration chinoise et les lanternements dans l'application des accords internationaux ne sont guère entendus par les responsables économiques et politiques occidentaux : ceux-ci demeurent confiants dans le libre-échange et dans la mondialisation, et sont soucieux de préserver les intérêts des grands groupes opérant en Chine.

D'après le conseiller américain Michael Froman, chargé de la sécurité des échanges économiques internationaux, « la communauté d'affaires est le bastion historique sur lequel s'est appuyé le développement des relations entre les États-Unis et la Chine » (Cooper & Landler, 2011). Si, en effet, le rapprochement sino-américain mis en œuvre par le président Nixon dans les années 1970 répondait à l'origine à des préoccupations stratégiques – isoler l'URSS et acquérir un nouvel allié dans la guerre froide –, à partir du moment où Deng Xiaoping a lancé sa politique d'ouverture et de réforme, et plus encore après l'adhésion de la Chine à l'Organisation mondiale du commerce (OMC), la politique chinoise des États-Unis et de l'Occident a été gouvernée par le souci d'accroître les échanges commerciaux et de favoriser l'implantation des compagnies étrangères.

L'American Chamber of Commerce of China, l'AmCham, représente les intérêts des compagnies américaines opérant en Chine. Forte de 2 600 membres, elle pratique un actif lobbying à Pékin et à Washington, et publie chaque année un *Livre blanc* qui fait le bilan des relations économiques bilatérales et adresse des recommandations aux autorités chinoises et américaines. Les jugements portés par l'AmCham sur l'évolution de la Chine témoignent d'un invariable optimisme, « un optimisme réaliste, fondé qu'il est sur les accomplissements remarquables de la Chine depuis 1979 » (American Chamber of Commerce, 2011, 10).

Les intérêts économiques orientent également la vision que les milieux officiels et de nombreux médias français ont de la Chine. Créé en 1979 sous l'égide de la chambre de commerce et d'industrie de Paris, le Comité France-Chine regroupe une centaine de grandes entreprises et sert de relais entre les milieux d'affaires et les autorités françaises et chinoises. L'influence de ces entreprises est d'autant plus grande que les relations économiques franco-chinoises reposent principalement sur la conclusion de très gros contrats que le pouvoir politique aide à négocier : construction de centrales nucléaires par EDF et Areva, approvisionnement en eau et traitement des déchets par Veolia, construction et livraison d'Airbus par EADS, etc. Rien d'étonnant donc à ce que patrons d'entreprise et dirigeants politiques se retrouvent pour célébrer la Chine et son marché.

Les entrepreneurs qui défendent des intérêts particuliers, les idéalistes qui proclament l'avènement d'un
monde postmoderne libéré des vieilles rivalités nationales, sans compter les naïfs ou les ignorants persuadés
qu'en se modernisant les Chinois ne peuvent que devenir « comme nous », ont tous contribué à créer une
vision biaisée d'une Chine des réformes convertie à
l'économie de marché et bientôt à la démocratie. Ce
sont les difficultés suscitées par la crise de 2008 et ses
répercussions qui ont fait apparaître la main de fer sous
le gant de velours, ou, pour reprendre la métaphore
chinoise, l'aiguille d'acier dans la balle de coton. Le
rôle joué dans la sortie de crise par un secteur public
qu'on aurait cru condamné, les difficultés rencontrées
par un capitalisme qu'on pensait triomphant, l'ascension d'entrepreneurs bureaucrates éclipsant des entrepreneurs privés censés être les champions de la
démocratie, ont fait tomber les illusions et ont conduit
à s'interroger sur la véritable nature du système économique et politique chinois.

La remise en question est souvent demeurée limitée :
la crise est considérée comme la cause déterminante d'un
retour à une politique interventionniste, politique provisoire liée aux difficultés de la conjoncture et appelée
à disparaître avec elles. On rapproche cette politique des
mesures prises à la même époque par les gouvernements
américain et européens : plans de relance, soutien financier aux entreprises en difficulté. On voit dans ce retour
un accident de parcours dans une évolution fondamentalement orientée vers la libéralisation économique et
politique. L'hypothèse ne s'est pas vérifiée jusqu'ici, et le

temps qui passe la rend de moins en moins plausible. Il semble donc qu'il faille réexaminer le problème au fond, et c'est l'ambition du présent ouvrage.

Il est tout d'abord nécessaire de réfléchir à la nature des réformes. Conduites de façon autoritaire par un régime demeuré communiste, celles-ci ne s'inscrivent pas dans un mouvement populaire de libération analogue à celui qui a mis fin aux régimes d'Europe de l'Est et de Russie. Il ne s'agit pas de créer un système capitaliste – le terme même de capitalisme est toujours honni –, mais d'utiliser au mieux certaines ressources du marché pour assurer le développement économique. Les réformes se ramènent donc à une série de mesures pragmatiques qui, du point de vue de ceux qui les ont lancées, ont atteint leur but en rendant possible une croissance accélérée (chapitre 1).

La libéralisation économique et sociale qu'entraîne la mise en œuvre des réformes est réelle, mais d'emblée soigneusement bornée. Le secteur public n'est pas condamné, et, loin de conduire à son déclin, sa contraction l'a rendu plus performant. Réformé, il jouit d'une autonomie de gestion qui lui permet de profiter des avantages du marché sans toutefois le soustraire à l'autorité supérieure de l'État. Différent dans sa définition et son fonctionnement de l'ancien secteur public imité du modèle soviétique, il s'intègre à un système d'économie mixte dans lequel il joue un rôle prédominant. Le nouveau capitalisme d'État qui résulte de cette combinaison donne vie à l'utopie non plus de Marx, mais de Sun Yatsen, qui, dans *The International Development of China*, ouvrage rédigé en 1919, appelait à laisser « le capitalisme créer le socialisme » (Sun, 1928, p. 161). Il rejoint l'expérience menée par le régime nationaliste de Chiang Kai-shek, expérience directement inspirée par les idées de Sun et non dépourvue de succès, mais prématurément interrompue par l'invasion japonaise de 1937. Il ne vise pas à l'extinction du secteur public, au contraire. Se contentant de dominer les hauteurs de l'économie et les secteurs considérés comme « stratégiques », il laisse les initiatives privées se développer dans les autres branches d'activités (chapitre 2).

Confier à l'administration le soin de fixer les grandes orientations du développement, de mobiliser d'importants capitaux et d'assurer la rapidité d'exécution des projets, tout en profitant de la souplesse et du dynamisme des initiatives sociales, est une démarche complexe qui implique un pilotage attentif du secteur privé. Il s'agit d'encourager et de limiter en même temps le développement de celui-ci, de définir et protéger le droit de propriété tout en freinant une concurrence dont pourraient souffrir les entreprises publiques. Ces diverses contraintes conduisent à des politiques souvent contradictoires et confèrent à un secteur privé en lui-même très dynamique nombre d'ambiguïtés et de fragilités (chapitre 3).

Tout aussi complexe est la politique pratiquée à l'égard des dirigeants d'entreprise. Là où l'on s'attendait à voir surgir une « bourgeoisie conquérante », on a vu se constituer un groupe disparate d'entrepreneurs. Évoluant soit dans le secteur public, soit dans le secteur privé, soit le plus souvent à mi-chemin entre l'un et l'autre, ceux-ci maîtrisent les stratégies du marché mais demeurent soumis à l'influence des autorités. Le pouvoir les ménage ou les réprime, en élimine certains et favorise la fusion des autres avec les élites administratives et politiques. L'objectif est d'éviter leur transformation en groupe social autonome, éventuellement en force d'opposition. La présence parmi ces entrepreneurs d'une minorité privilégiée d'enfants ou de parents de hauts dirigeants met en lumière la corruption et le favoritisme qui érodent le fonctionnement d'un capitalisme d'État souvent dégradé en capitalisme de connivence (*crony capitalism*). Les entrepreneurs les plus importants – bureaucrates hommes d'affaires chargés des grandes entreprises publiques – sont étroitement intégrés au régime, au sein duquel ils tendent à se constituer en pôle d'influence particulier (chapitre 4).

La clé de voûte du système est le régime autoritaire installé par le Parti communiste chinois après la disparition de Mao Zedong, en 1976. Bien que sa présence se soit faite plus discrète et qu'il ait renoncé à contrôler la vie privée des citoyens, ainsi que de larges pans de leurs activités sociales et économiques, le parti est toujours là. À la fois puissant et flexible, il accompagne le changement tout en le contrôlant. Il ne fonctionne plus au service d'une idéologie révolutionnaire qu'il prétendait naguère incarner, mais vise à assurer « la stabilité sociale » (*weiwen*), c'est-à-dire son maintien au pouvoir, en faisant appel au besoin à un appareil très développé de prévention et de répression (chapitre 5).

Dans un régime qui a cessé d'être dictatorial, la force ne saurait toutefois suffire à consolider les bases du pouvoir. Pour renforcer l'union entre la population et le régime, c'est-à-dire l'adhésion et la soumission de l'une à l'autre, le parti s'emploie à piloter la croissance et à exploiter le consensus nationaliste. La légitimité ainsi acquise n'en demeure pas moins menacée par une corruption omniprésente (chapitre 6).

Ce nouveau capitalisme d'État chinois constitue-t-il un modèle original de développement ? La combinaison qu'il réalise entre libéralisation économique et interventions persistantes d'un pouvoir autoritaire caractérise ou a caractérisé les débuts de l'industrialisation dans de nombreux pays. L'originalité du modèle chinois ne pourra s'affirmer que dans la durée. Le modèle en devenir exerce cependant déjà un attrait d'autant plus vif que son émergence coïncide avec une crise de la puissance et des valeurs de l'Occident. Mais sa réussite économique et le déploiement de sa force militaire et diplomatique, qui confèrent à la Chine son statut de grande puissance, ne suffisent pas à assurer le rayonnement de sa culture. Si la supériorité chinoise peut s'imposer, pourra-t-elle séduire ? Combler son déficit de « puissance douce » (*soft power*) représente pour le régime un défi peut-être plus formidable encore à relever que celui de la modernisation (chapitre 7).

Quelle Chine pour demain ? Question essentielle pour les Chinois comme pour le reste du monde. Les hypothèses sont fragiles, et les scénarios contradictoires répondent surtout aux espoirs de ceux qui les bâtissent. Nous avons choisi d'en examiner trois : la panne de croissance économique venant ruiner la légitimité du régime, la montée du mécontentement social et l'irruption d'une nouvelle révolution, et, moins souvent évoqué mais sans doute plus probable, la consolidation du capitalisme d'État sous la direction du parti unique, en d'autres termes, le maintien du statu quo tempéré par une lente accommodation aux demandes de la société (chapitre 8).

CHAPITRE 1

La transition économique

La transition économique s'est accomplie grâce à une politique de réforme et d'ouverture (*gaige kaifang*) qui a substitué des mécanismes de marché à ceux de l'économie de commande, et qui a intégré progressivement la Chine aux échanges internationaux. Aux yeux de certains économistes occidentaux, elle constitue « un cours de rattrapage accéléré du capitalisme » (Aglietta & Landry, 2007, 65). Elle a conduit à d'impressionnants succès économiques qui valident les stratégies originales mises en œuvre pendant trois décennies.

TROIS DÉCENNIES DE RÉFORME

Le « cours de rattrapage » s'est déroulé en trois phases, d'environ une décennie chacune, qui s'organisent autour de deux moments charnières : la répression du soulèvement de Tian'anmen, en 1989, et l'entrée de la Chine à l'OMC, en 2002 (Bergère, 2002).

Pendant la période initiale, de 1978 à 1989, la réforme se heurte à une vive opposition à l'intérieur même du parti et progresse de façon irrégulière. Elle remporte ses principaux succès à la campagne, où la suppression des communes populaires sonne le glas de la collectivisation agricole. Le caractère socialiste de l'agriculture est cependant maintenu de façon symbolique par la persistance d'un droit de propriété collective sur la terre, droit attribué à la communauté villageoise. En même temps, les activités rurales annexes – telles que transport, échanges, artisanat – sont rendues à l'initiative paysanne : l'essor des « entreprises de bourg » apparaît alors comme un des points forts de la réforme. Héritières des établissements créés et gérés à l'ère maoïste par les communes populaires et leurs brigades, ces entreprises deviennent dès le début des années 1980 propriétés collectives des villageois tout en demeurant placées sous le contrôle des autorités locales. Ce sont des organisations hybrides au sein desquelles coopèrent ou s'affrontent bureaucratie locale, collectivités rurales et intérêts privés. Certains auteurs, comme Huang Yasheng, n'hésitent pas à voir dans cet essor du capitalisme rural l'apogée des réformes libérales en Chine (Huang, 2008, chapitre 2). Il apporte en tout cas une relative prospérité aux campagnes, y compris à celles des provinces intérieures.

Dans le secteur urbain et industriel, les progrès sont plus tardifs et plus limités. Le retrait partiel de l'État conduit à l'émergence d'une économie mixte faisant coexister, non sans désordre, une sphère d'économie planifiée et une sphère d'économie marchande essentiellement constituée de microentreprises *getihu*. À l'intérieur même du secteur public, l'effort se poursuit pour relever la productivité en développant l'autonomie de gestion. La réforme de 1987 installe un système de contrats de responsabilité passés entre les entreprises et leurs autorités de tutelle, l'objectif étant de séparer le droit de gestion du droit de propriété, et de lier les bénéfices aux résultats économiques.

L'autre grand volet de la réforme à cette époque est l'ouverture de la Chine aux produits, techniques et capitaux étrangers. C'est une ouverture qui reste prudente, contrôlée de près par le pouvoir à travers l'établissement de zones économiques spéciales (ZES) dans les provinces méridionales du Guangdong et du Fujian, où les compagnies étrangères sont autorisées à installer leurs entreprises et à poursuivre une production essentiellement destinée à l'exportation. Les investissements directs étrangers (IDE) commencent à affluer et les échanges commerciaux extérieurs, à se développer.

En 1988 et au début de 1989, la réforme s'emballe et semble même devoir s'étendre au domaine politique. Cependant, ses succès provoquent de nombreux phénomènes de déstabilisation économique : inflation, endettement extérieur, déséquilibres sectoriels et régionaux. D'autres difficultés surgissent en même temps face aux résistances rencontrées parmi les éléments les plus conservateurs du parti comme parmi les ouvriers d'État lésés dans leurs privilèges ou les bureaucrates locaux menacés dans leurs prérogatives. En juin 1989, alors que les manifestants ont envahi la place Tian'anmen, le régime est confronté à l'une des plus graves crises qu'il ait connues depuis son établissement, quarante ans plus tôt. Après la répression sanglante du mouvement et l'arrivée au pouvoir des conservateurs, la réforme semble sur le point de sombrer. Pourtant, après trois ans de gel, elle est relancée grâce à l'intervention de celui qui l'a parrainée dès l'origine : Deng Xiaoping.

Les réformes vont donc se poursuivre, mais la peur éprouvée par les dirigeants du parti en juin 1989 en modifie l'esprit. Le souci de préserver le pouvoir du parti-État préside désormais au changement. Le recours aux mécanismes du marché n'est pas abandonné, mais il est instrumentalisé au service du régime, ce que résume le slogan « d'économie de marché socialiste » lancé à cette époque.

Pendant la seconde phase de la transition, de 1992 à 2002, la priorité accordée à l'économie rurale s'efface, le rôle des entreprises de bourg décline. La réforme du secteur urbain et industriel devient le principal objectif, et les privatisations progressent rapidement. En même temps, le pouvoir fait un retour en force dans la gestion économique. La création d'institutions adaptées au fonctionnement de l'économie de marché s'accompagne d'un gros effort de recentralisation. En 1993-1994, le gouvernement entreprend de redresser la fiscalité, de restructurer les prélèvements et d'améliorer leur produit. La réforme bancaire fait de la Banque populaire de Chine une banque centrale, responsable de la politique monétaire et de la supervision du système financier. En revanche, elle perd ses fonctions de prêts et dépôts, confiées à quatre banques commerciales d'État, les « Quatre Grandes », qui se partagent les secteurs d'intervention : l'Industrial and Commercial Bank, l'Agricultural Bank, la Construction Bank, spécialisée dans le financement de projets d'infrastructure, et la Bank of China, responsable des transactions extérieures.

La privatisation des entreprises prend alors toute son ampleur. « Retenir les grandes, lâcher les petites », tel est le mot d'ordre. Le désengagement de l'État à l'égard des 130 000 petites et moyennes entreprises (PME) publiques s'opère selon des stratégies variées. Les plus endettées sont promises à la faillite. D'autres devront être louées à des personnes privées. Les gouvernements provinciaux et locaux pourront vendre les actifs aux directeurs, aux employés ou à des investisseurs extérieurs (Huchet, 2006). Quant aux 10 000 entreprises les plus prospères, l'État se contente de les réorganiser. Devenues sociétés par actions et jouissant d'une personnalité juridique propre, elles peuvent lever des capitaux sur le marché chinois et éventuellement sur le marché international. En outre, elles seront progressivement déchargées des responsabilités sociales (en matière de logement, d'assurance-maladie ou de retraite) qu'elles ont assumées jusqu'alors en tant qu'unités de travail (*danwei*[1]). La création de deux Bourses de valeurs, à Shanghai et à Shenzhen, doit leur permettre de diversifier et d'améliorer leur financement.

La forte croissance des années 1992 à 1997 favorise l'application de ces réformes, mais les retombées de la

---

1. Les bureaux de l'administration, les entreprises publiques ou collectives constituaient autant d'unités de travail (*danwei*) dans le cadre desquelles s'organisaient les activités politiques et économiques, aussi bien que la vie sociale et privée des individus.

crise asiatique ralentissent la mise en œuvre de mesures qui, bénéfiques pour l'avenir, sont porteuses à court terme de chômage et de malaise social. Au tournant du siècle, la dynamique interne de la réforme menace de s'épuiser : l'accession de la Chine à l'OMC, en décembre 2001, la relance vigoureusement.

Cette accession ouvre une troisième étape dans le processus de réforme. La Chine doit s'engager à faire disparaître toutes les barrières tarifaires et administratives pesant sur ses importations. Elle doit aussi promettre de lever les restrictions qui limitent la création d'entreprises à participation étrangère, et d'ouvrir à ces entreprises de nouveaux secteurs d'activités. Pour accompagner cette intégration accrue au marché mondial, la Chine est appelée à harmoniser son droit des affaires avec la législation internationale. En conséquence, une soixantaine de textes de lois et règlements majeurs sont promulgués de 2001 à 2007 : sur le piratage, les investissements étrangers, contre le dumping, etc. Lourde de sens symbolique, la loi d'août 2007 établit le principe d'une protection égale accordée aux divers types de propriété : étatique, collective et privée. Moderniser le droit des affaires implique de rendre les dispositifs législatifs et réglementaires plus cohérents, plus transparents et plus efficaces : vaste programme dont une décennie d'efforts est bien loin d'avoir assuré la réalisation intégrale. Cette activité législative n'en a pas moins contribué à combler une partie du fossé séparant les normes chinoises et étrangères en matière de droit économique international (Choukroune, 2007, 628-636).

Après l'accession de la Chine à l'OMC, la légitimité politique de la réforme n'est plus remise en question à l'intérieur du parti. Énoncée par le président Jiang Zemin et approuvée par le XVIᵉ congrès du parti, en novembre 2002, la doctrine des « Trois Représentativités », qui se présente comme « un développement du marxisme », fait du parti le représentant de toutes les « forces productives et culturelles avancées », c'est-à-dire, affirme Jiang Zemin, de toutes les forces capables d'aider la Chine à triompher dans un monde en proie à une compétition économique de plus en plus intense.

Cette troisième phase de la réforme coïncide avec un véritable grand bond en avant de l'économie chinoise, désormais étroitement intégrée au marché mondial, ou, du moins, usant des avantages qu'il lui offre. Le taux de croissance dépasse 10 %, les échanges extérieurs augmentent à un rythme annuel de 30 %, passant de 510 milliards de dollars en 2001 à 2 970 milliards en 2010 (Choukroune, 2011). L'excédent commercial s'accroît régulièrement, alimentant une importante réserve de change. Le flux annuel des investissements directs étrangers progresse à vive allure, atteignant 106 milliards de dollars en 2010 (*Les Échos*, 2011, 19/04). La Chine, de son côté, ne se contente plus d'exporter des marchandises, mais investit ses capitaux sur le marché mondial : 59 milliards de dollars d'IDE en 2010, auxquels s'ajoutent les investissements du secteur financier et de portefeuille, évalués à environ 230 milliards de dollars cette même année (Barboza, 2011). Ses grandes compagnies sont de plus en plus présentes sur les cinq continents.

Les succès de la réforme appellent à s'interroger sur les stratégies qui ont présidé à sa mise en œuvre. Stratégies plutôt que stratégie. Car, loin d'être un long fleuve tranquille, le cours de la réforme a été irrégulier et souvent chaotique. Le recul du temps et les succès obtenus ont effacé les difficultés de parcours, si bien que le processus de changement peut sembler avoir été homogène. Pour certains économistes, peu soucieux du contexte historique, la réforme se serait nourrie de son propre élan, les bienfaits d'une métamorphose capitaliste s'imposant comme une évidence, et l'évolution du système chinois répondant à une nécessité historique. Or la réforme a progressé dans la confusion. Sa trajectoire sinueuse s'explique en partie par le rôle du pouvoir politique dans son lancement et sa supervision. Soit que l'esprit répugne à concevoir une libéralisation économique conduite par un parti communiste, soit que le présupposé du « toutes choses égales par ailleurs » facilite le travail des analystes, ce rôle a souvent été minoré. Or il a été primordial, constant et complexe.

LE RÔLE DIRECTEUR DU PARTI ET DE SES DIRIGEANTS

La réforme a été voulue et conduite par le Parti communiste chinois (PCC) et ses dirigeants : Deng Xiaoping, dont le pouvoir s'affirme en 1978, Jiang Zemin, de 1989 à 2002, puis le président Hu Jintao dans la décennie suivante. Que cette réforme ait souvent rencontré l'adhésion de la grande majorité de la population, cela n'est pas douteux : dans de nombreuses régions, des initiatives spontanées, venues de la société ou des pouvoirs locaux, ont souvent devancé les consignes officielles. Mais il n'est pas douteux non plus que ces initiatives n'auraient pas tardé à avorter, comme ce fut le cas à plusieurs reprises au cours des années 1960-1970, si elles n'avaient pas été validées et relayées par le centre et intégrées au plan général de réforme. La délégation des responsabilités économiques aux autorités régionales est allée de pair avec le maintien d'un pouvoir politique très centralisé, et cette combinaison a permis au changement d'épouser la diversité des situations locales, contribué à morceler et à affaiblir les résistances, et mis l'économie chinoise à l'abri de la récession qui a accompagné la transition dans la plupart des anciens pays communistes (Xu, 2011, 1078-1079).

Unanimes sur la nécessité de rompre avec l'économie planifiée, les dirigeants successifs ont eu de la réforme des conceptions variées. Sous la continuité apparente se dessinent ainsi des hiatus et des réorientations. Si Deng Xiaoping domine les débuts de l'après-maoïsme, ses successeurs sont plus difficiles à connaître dans la mesure où, après la disparition des grandes figures révolutionnaires, les personnalités tendent à s'estomper au sein d'une direction devenue plus collégiale.

Deng Xiaoping est à l'origine du changement. Vétéran du parti, il critique Mao Zedong après l'échec du Grand Bond en avant, en 1960. Ses positions pragmatiques font de lui une des premières cibles de la Révolution culturelle (1966-1976). Revenu au pouvoir après la mort de Mao Zedong, il met en œuvre à partir de 1978 une politique de modernisation conçue à ses débuts non comme un processus destiné à bouleverser les structures de l'économie chinoise, mais comme un remède à ses maux. La vivacité des oppositions qu'il rencontre à l'intérieur de l'appareil impose à Deng Xiaoping une extrême prudence, et sa politique réformiste subit de violentes oscillations. Après avoir approuvé la répression des manifestations de Tian'anmen et la mise en suspens des réformes, Deng Xiaoping décide en 1992 une vigoureuse relance de celles-ci. Ces brusques sautes d'humeur du vieux dirigeant, ces gages donnés aux factions opposées, ont parfois été dénoncés en Occident comme trahisons ou inconséquences. Dans une culture qui accorde plus d'influence au rôle des personnalités qu'au poids des idées, il revient cependant au dirigeant suprême de faire coexister les différents courants politiques et idéologiques en vertu du respect que lui-même inspire. Son rôle d'arbitre consiste moins à trancher qu'à rendre le compromis possible. Pleine de contradictions, de dangers et de crises, la première décennie des réformes est marquée à la fois par la hardiesse et par la prudence d'un Deng Xiaoping désireux de moderniser son pays, mais tout aussi soucieux de préserver l'unité et le pouvoir du parti.

Dans cette première étape de la réforme, Deng Xiaoping s'est beaucoup appuyé sur Zhao Ziyang, qu'il a fait nommer au poste de Premier ministre en 1980. Chargé d'inventer la politique de modernisation voulue par Deng Xiaoping, Zhao Ziyang cherche des repères dans sa propre expérience et privilégie dans un premier temps la réforme du monde rural et des provinces intérieures. Moins sûr de lui lorsqu'il aborde la réforme du secteur urbain, il laisse s'installer une sphère d'« économie marchande » qui coexiste dans la confusion avec l'ancien secteur planifié. Les mesures de libéralisation engendrent le chaos, les reprises en main, la stagnation. Les turbulences économiques alimentent les luttes de factions. Zhao Ziyang défend sa réforme en lançant le slogan du « stade initial du socialisme ». L'idée est que la Chine ayant fait sa révolution avant que ne soient accomplis l'industrialisation et les progrès technologiques réalisés ailleurs dans le cadre du capitalisme, il est nécessaire d'intégrer à la phase socialiste ce prélude modernisateur. La rhétorique est habile, mais les difficultés économiques croissantes privent Zhao Ziyang du soutien de Deng Xiaoping, et son autorité s'éclipse avant même que les manifestions de Tian'anmen ne provoquent sa chute.

Les hommes qui lui succèdent pour conduire la réforme – le président Jiang Zemin et son Premier ministre Zhu Rongji – arrivent tous les deux de Shanghai, bastion des industries d'État. Tous deux ont reçu une formation d'ingénieur et ont fait carrière dans l'administration économique. L'ascension de cette « clique de Shanghai » coïncide avec la réorientation de la réforme. Cette équipe de technocrates parie sur l'industrialisation et l'urbanisation, et veut accélérer une croissance que, hantée par la tyrannie des chiffres, elle mesure exclusivement à l'aune du produit intérieur brut (PIB). Jiang Zemin et Zhu Rongji favorisent la recentralisation, abandonnent les campagnes à leurs problèmes et favorisent le développement des provinces côtières, plus aptes à se moderniser rapidement. Promue « tête de dragon », Shanghai est proposée en exemple au reste du pays. Leur formation d'expert donne aux nouveaux dirigeants une conscience particulièrement vive du retard technologique de la Chine, et ils comptent, pour combler ce retard, sur l'apport des étrangers, dont ils encouragent les investissements. Le symbole de cette ouverture à grand angle est la création, toujours à Shanghai, de l'autre côté du fleuve, d'une ville bis, la nouvelle zone de Pudong, destinée à accueillir dans des conditions privilégiées de grandes multinationales.

Le bilan de la période comporte beaucoup de traits positifs. Le taux de croissance annuel s'élève, le secteur non public se développe, les échanges extérieurs progressent et le flux des investissements étrangers ne cesse de grossir. Bien des ombres viennent cependant noircir ce tableau. La croissance a fortement accru disparités régionales et inégalités sociales, étroitement emboîtées les unes dans les autres. Le fossé se creuse entre la Chine pauvre des provinces intérieures, dépourvues de capitaux et éloignées des grands réseaux d'échanges internationaux, et les provinces côtières. Dans les campagnes, la prospérité des années 1980 fait place à de graves difficultés qui poussent à l'exode des dizaines de millions de paysans. Dans les villes, la restructuration des usines d'État provoque des licenciements massifs. Les manifestations de mécontentement se multiplient et menacent la stabilité sociale. Les dirigeants qui en 2002-2003 prennent le relais de la clique de Shanghai à la tête du parti et du gouvernement sont très attentifs à ces maux sociaux et aux risques économiques autant que politiques dont ils sont porteurs.

Le nouveau président, Hu Jintao, tout comme son Premier ministre, Wen Jiabao, ont fait une partie de leur carrière dans les régions déshéritées du grand Ouest, et tous les deux soulignent la nécessité de développer les régions intérieures et de soulager la pauvreté. Comme leurs prédécesseurs, les nouveaux dirigeants, dont l'un est ingénieur et l'autre géologue, sont des administrateurs et des technocrates. Cependant, la modestie affichée de Hu Jintao contraste avec la superbe de Jiang Zemin, tout comme la démarche consensuelle et compassionnelle de Wen Jiabao contraste avec le tempérament autoritaire de Zhu Rongji.

Officialisé au XVIIᵉ congrès du parti, en octobre 2007, le mot d'ordre du « développement scientifique » résume la nouvelle orientation de la réforme, qui doit conduire à une croissance répondant mieux aux besoins de la population. Il ne s'agit pas de décroissance, car la modernisation de la Chine et le maintien du régime exigent la poursuite de l'expansion, mais le pouvoir est prêt à sacrifier quelques points d'augmentation du PIB pour permettre aux responsables de mieux gérer le changement, et à la population, de mieux s'y adapter. La réforme doit prendre en compte l'homme et les rapports sociaux afin d'aboutir à la création d'une « société harmonieuse ». Emprunté aux classiques, le terme de société harmonieuse confère au programme de Hu Jintao et Wen Jiabao une aura confucéenne qui tranche avec l'occidentalisme de l'équipe précédente, mais, en dépit de certains progrès, comme l'amélioration du sort des migrants, la société harmonieuse demeure hors de portée.

La personnalité et la trajectoire de Xi Jinping, qui a pris la succession de Hu Jintao en 2012, ne permettent pas d'augurer de sa politique réformatrice. Celui qui se présente comme un « fils de la terre jaune » – adolescent, il a vécu dans un village reculé du Nord-Ouest où l'avait envoyé la Révolution culturelle – est aussi un enfant du sérail, un ingénieur qui, devenu chef du parti à Shanghai, a acquis l'expérience des rapports économiques internationaux.

L'influence qu'exerce la personnalité des hauts dirigeants sur le cours de la réforme a ses limites. Alors que la direction du parti se fait de plus en plus collégiale, les hommes dans lesquels s'incarne le pouvoir apparaissent autant comme des porte-parole que comme des leaders. Les successeurs de Deng Xiaoping n'ont pas, à titre individuel, l'autorité qui fut celle du pionnier de la réforme. En outre, à mesure que l'économie chinoise s'ouvre plus largement au marché, le soin de conduire la réforme rejoint celui de gérer au mieux les difficultés de la conjoncture – inflation, bulles, crise commerciale – et appelle des solutions techniques autant que politiques. Il n'en demeure pas moins que, forts du prestige que leur confèrent leurs hautes fonctions à la tête d'une des principales puissances mondiales, ces dirigeants ont le pouvoir de moduler dans une certaine mesure la ligne qu'ils représentent.

GRADUALISME ET PRAGMATISME

Les dirigeants chinois n'ont à l'origine qu'un objectif : porter remède aux maux engendrés par l'économie de commande et améliorer la situation du pays. Ils ne cherchent pas à transporter en Chine la thérapie de choc prônée par les libéraux orthodoxes et adoptée par les pays de l'Europe de l'Est et par l'ancienne Russie soviétique : liberté totale des prix, ouverture sans restriction au marché international, propriété privée des moyens de production, non-intervention de l'État dans le jeu des forces économiques. Représentants d'un régime communiste persistant – et non point incarnation de forces démocratiques victorieuses –, ils ne veulent pas mettre à bas le système existant pour créer de toutes pièces une économie capitaliste. Ils ne songent pas à créer un « big bang », mais veulent répondre aux besoins sans se soucier de théorie. Deng Xiaoping, en 1992, reprend un thème qu'il avait déjà introduit trente ans plus tôt sur le mode métaphorique : « Qu'importe que le chat soit blanc ou noir du moment qu'il attrape les souris. »

Les réformistes chinois procèdent donc lentement, avec prudence, inventant la réforme au fur et à mesure qu'ils l'appliquent, biaisant afin d'éviter les conflits à l'intérieur du parti et de réduire la résistance des intérêts acquis. Ils entreprennent la « traversée du gué », comme les y invite Deng Xiaoping, en s'assurant de la stabilité de chaque pierre avant de risquer un pied sur la suivante. Cette démarche relève du processus théorisé par des économistes néo-institutionnalistes sous le nom de *layering*, ou réforme par sédimentation institutionnelle (Thelen, 2003). Endogène et progressif, le processus de changement permet à certains acteurs de la vie politique ou économique de poursuivre leurs objectifs dans un contexte institutionnel défavorable, et autorise une renégociation partielle de ce contexte : certaines institutions disparaissent alors que d'autres restent en place et que de nouvelles pratiques se font jour et vont se cristalliser. Le changement apparaît alors non comme rupture, mais comme bricolage. Le cadre existant est retouché, modifié, mais n'est pas aboli, nouvelles et anciennes manières d'être et de faire coexistant – non sans ambiguïté.

Les dirigeants chinois, de leur propre chef ou à l'initiative d'agents économiques, prennent des mesures partielles, locales, dont ils vérifient la viabilité avant de les généraliser à l'ensemble du pays. À ses débuts, la réforme suit les lignes de moindre résistance et se limite aux périphéries : périphéries sectorielles (exploitations agricoles, industries rurales) et géographiques (provinces côtières du Guangdong et du Fujian). Alors que la réforme suit son cours, des pans entiers de l'ancien système économique sont sauvegardés, dont l'existence permet de mieux assurer dans l'immédiat la stabilité économique et sociale. Les premières entreprises non publiques, celles des bourgs et villages ou celles que financent les étrangers dans les zones économiques spéciales (ZES), ne représentent alors que des poches, des niches dont le dynamisme va subvertir peu à peu le cadre de l'économie de commande dans lequel elles se trouvent insérées. Pendant une quinzaine d'années, le plan survit et coexiste avec le marché en un système mixte aux frontières mouvantes et poreuses, jusqu'à ce que, vers le milieu des années 1990, il disparaisse complètement, rendu obsolète par la libéralisation toujours plus grande des prix et par l'accroissement de la concurrence.

Ce processus très progressif, cette croissance à partir et en dehors du plan – « *growing out of the plan* », selon l'heureuse formule de l'économiste américain Barry Naughton –, peut apparaître rétrospectivement comme le fruit d'une politique cohérente, soucieuse d'éviter de violents bouleversements (Naughton, 1995). À l'époque, les jugements furent plus sévères. L'absence de schéma théorique semblait une aberration. « Ce que la Chine a créé, c'est un chaos systémique, un mélange absurde d'institutions et de principes non coordonnés et contradictoires au sein duquel rien ne fonctionne comme il faut, ni le marché, ni le plan » (Jan Prybyla, cité dans Bergère, 2002, 264).

Lorsque, après le gel entraîné par les événements de Tian'anmen, la réforme reprend son cours, elle se fait plus banale. S'appuyant sur les acquis de la décennie précédente, les dirigeants travaillent à construire le cadre institutionnel et réglementaire nécessaire au fonctionnement d'une économie de marché. Contraints par des oppositions toujours vives à l'intérieur du parti, ils conservent cependant une démarche prudente et une stratégie de changements progressifs. Les effets cumulatifs de ces changements se lisent en toute clarté dans l'ouverture de plus en plus grande au marché international. La création des ZES, en 1979, avait transformé l'économie des provinces du Guangdong et du Fujian sans que l'économie nationale en soit beaucoup affectée. Par la suite, les zones ouvertes vont se multiplier le long des côtes, dans le Nord et enfin dans l'intérieur du pays. Si bien qu'en 2003 on compte une centaine de ces zones reconnues par le gouvernement central, et plusieurs centaines d'autres établies par les autorités locales. Cette multiplication des zones ouvertes stimule le flux des investissements directs étrangers ainsi que l'accroissement des échanges commerciaux extérieurs.

La restructuration du secteur industriel relève d'une politique plus tardive et plus brutale. Confronté à de vives résistances idéologiques et politiques, le gouvernement central n'a pas pris le risque de procéder tout de suite à la privatisation, et les entreprises publiques ont gardé leur importance jusqu'au milieu des années 1990. Elles se sont même multipliées à l'échelle locale, les cadres profitant de la décentralisation opérée au début de la réforme pour lancer de nouveaux projets. Les modifications apportées à la gestion de ces entreprises et visant à accroître leur autonomie et leur responsabilité financière n'ont en fait guère altéré leur fonctionnement. Plus des deux tiers d'entre elles sont déficitaires et continuent d'absorber des fonds publics sous forme de subventions et de crédits officiels jamais remboursés. Le lourd fardeau qu'elles représentent pour le système bancaire et pour l'économie en général incite finalement le gouvernement à accélérer le rythme de la réforme.

En quelques années, un quart des PME d'État sont fermées et la moitié sont privatisées (Huchet, 2006). En conséquence, leur nombre passe de 127 600 à 40 300 entre 1996 et 2003, et 50 millions d'ouvriers sont licenciés. Le choc social est violent, mais la restructuration n'entraîne pas de recul de la production, ni de crise généralisée. Le relais est en effet pris par les entreprises à financement étranger et par le secteur collectif et privé chinois. Ces « poches » d'économie de marché, que la réforme a installées depuis une quinzaine d'années déjà, font preuve d'un grand dynamisme et fournissent du travail à une partie croissante des demandeurs d'emploi. Ce désengagement radical de l'État a donné aux observateurs l'impression que la Chine s'était pleinement convertie à l'économie de marché et qu'elle suivait désormais dans sa transition une voie analogue à celle empruntée par les anciens pays d'Europe de l'Est et la Russie. L'Organisation de coopération et de développement économique (OCDE) se félicite que la part du secteur privé dans la valeur ajoutée industrielle soit passée de 29 % en 1998 à 71 % en 2005 (seulement 50,5 % si l'on exclut du calcul les entreprises à financement étranger). Ces statistiques, cependant, sont contestées par certains économistes, tel Huang Yasheng, qui ramène la part du secteur privé à 50,8 % – à 22 % pour les entreprises à capitaux chinois (Huang, 2008, 10, 18). La confusion naît du flou entourant les définitions du droit de propriété en Chine, en particulier de la distinction à faire ou à ne pas faire entre secteur privé et secteur non public[1].

Il y a un point, cependant, qui ne fait aucun doute : c'est que les principales entreprises industrielles publiques, celles qui dépendent directement du gouvernement central, ont échappé à ces mesures radicales. Elles ont certes été transformées en sociétés, mais l'État demeure leur actionnaire majoritaire ou le plus puissant, et il continue de les contrôler en même temps qu'il leur

---

1. Concernant ce problème, voir ci-dessous chapitre 3, p. 83 et suivantes.

accorde monopoles et privilèges. En dépit des privatisations opérées et de certaines illusions d'optique entretenues par la confusion des définitions et des statistiques, l'État n'a pas cessé de jouer au début des années 2000 un rôle important dans la gestion de l'économie. La transition n'était donc pas achevée, mais, aux yeux de nombreux observateurs, il ne faisait alors pas de doute que, abandonnant les voies de traverse, elle ne pouvait que s'accélérer et conduire à l'adoption d'une véritable économie de marché.

Après l'entrée de la Chine à l'OMC, il n'y a plus d'opposition à la réforme au sein du parti, et aucun dirigeant ne songe à revenir à une économie de commande, mais l'avenir demeure incertain. Les menaces qui pèsent sur la réforme ne sont plus d'ordre idéologique, mais socio-économique : creusement des inégalités, déséquilibres du développement, dommages causés à l'environnement. En 2008, la crise frappe de plein fouet une Chine désormais largement intégrée à l'économie mondiale. Le déclin de la demande européenne et américaine met en péril les industries exportatrices chinoises et souligne la fragilité d'une croissance trop extravertie. Les remèdes apportés par le gouvernement de Pékin ne diffèrent pas en nature de ceux adoptés par les puissances occidentales. L'État intervient pour soutenir les entreprises en difficulté et maintenir la croissance par des investissements de fonds publics. Le plan de relance chinois se distingue par son ampleur financière (4 000 milliards de yuans, soit 586 milliards de dollars), par l'extrême rapidité avec laquelle il est décidé (dès l'hiver 2008) et exécuté, ainsi que par le succès qu'il remporte[1]. Dès 2009, la Chine retrouve un taux annuel de croissance supérieur à 10 %, rapide rétablissement qui aide les autres puissances à sortir elles aussi de la crise, quoique beaucoup plus lentement. Les observateurs s'interrogent : ce nouvel élan donné au secteur public dans une économie chinoise récemment et incomplètement convertie au marché peut-il conduire à une remise en question des acquis de la réforme ? Ou bien ne représente-t-il qu'un nouveau méandre dans une réforme au cours infiniment sinueux ?

LES SUCCÈS ÉCONOMIQUES DE LA TRANSITION

Les succès économiques de la transition font l'admiration de tous et l'envie de beaucoup. En trente ans, une nation pauvre de paysans s'est transformée en un colosse économique. Les hommes d'affaires, les journalistes, les touristes qui visitent la Chine ramènent de leurs périples des impressions très fortes : « incroyable », « prodigieux », « renversant » sont des adjectifs qui reviennent souvent sous leurs plumes. Le miracle chinois s'offre à leur admiration lorsqu'ils débarquent dans des aéroports ultra-modernes, lorsqu'ils séjournent dans les hôtels de luxe, lorsqu'ils contemplent les paysages urbains ruisselants de néons multicolores et hérissés de gratte-ciel :

---

1. Il semble que des sommes très supérieures à ce montant aient été injectées dans l'économie en 2009 grâce au relais des crédits bancaires. François Godement chiffre à 1 500 milliards de dollars le total des investissements publics cette année-là (Godement, 2012, 41).

trois mille ont été construits à Shanghai en une quinzaine d'années. Ils s'étonnent du nombre de périphériques dont les anneaux concentriques s'ajoutent les uns aux autres à mesure que s'agrandissent les villes, ils admirent la silhouette des ponts haubanés qui enjambent les fleuves autrefois franchis par bac. Ils empruntent des trains dont certains sont les plus rapides du monde et qui, à une vitesse de 313 kilomètres-heure, mettent Wuhan, métropole de la Chine centrale, à trois heures de Canton, ou Tianjin à une demi-heure de Pékin. Quant à ceux qui n'ont pu se rendre sur place, la modernité chinoise vient à eux sous forme de produits importés présents sur tous les marchés de la planète. Le spectacle divers et sans cesse renouvelé de cette modernité atteste la réussite économique de la Chine.

Les apparences sont confirmées par les statistiques. Les économistes, qui ne cessent de répéter que celles-ci sont peu fiables, n'en sont pas moins impressionnés. La Chine est devenue en 2010 la deuxième puissance économique mondiale derrière les États-Unis et devant le Japon : son PIB, dont la croissance bon an mal an oscille autour de 10 %, a atteint alors plus de 5 800 milliards de dollars. Il s'élève en 2011 à plus de 7 milliards de dollars. En 2009, la Chine avait déjà ravi à l'Allemagne sa place de premier exportateur mondial, et l'accumulation de ses excédents courants nourrit une puissance financière montante.

La Chine est actuellement la deuxième puissance industrielle mondiale. L'essor de ses industries est soutenu par des investissements exceptionnellement élevés (environ 50 % du PIB) qu'alimentent les flux de l'épargne et des investissements directs étrangers. Leur stock atteint 1 200 milliards de dollars en 2010 – qui ciblent des secteurs cruciaux (électronique, informatique, automobiles). Depuis 1978, la croissance de la production industrielle n'a cessé de devancer et tirer celle du PIB.

Quand on dit que la Chine est devenue « l'atelier du monde », on pense surtout au développement de ses industries légères. D'abord concentrées dans la production de textiles, chaussures, jouets, meubles et autres marchandises à faible valeur ajoutée, celles-ci ont évolué vers des secteurs plus technologiques : télévision, téléphones mobiles, ordinateurs, dont la Chine fournit la moitié de la production mondiale. Les progrès de l'industrie lourde sont tout aussi remarquables. La Chine est le premier producteur mondial de charbon (3,5 milliards de tonnes), d'acier (568 millions de tonnes), d'aluminium, de ciment, d'engrais. En 2009, elle est aussi devenue le premier producteur mondial d'automobiles (13,8 millions de véhicules). Elle construit du matériel ferroviaire et possède actuellement le plus long réseau (6 552 kilomètres) de lignes à très grande vitesse (*The China Quarterly*, 2010, 502 ; Ramsy, 2010). Elle s'est lancée dans la construction aéronautique et a commencé à produire des avions de ligne susceptibles de concurrencer les appareils de Boeing et d'Airbus. Les travaux d'infrastructures – routes, ponts, tunnels, barrages – représentent un autre aspect de cette expansion, et deux entreprises chinoises ont délogé Vinci et Bouygues de leur rang de premières entreprises mondiales de travaux publics.

Le surgissement de ces activités a profité de l'abondance d'une main-d'œuvre peu coûteuse : 300 millions de jeunes actifs sont entrés sur le marché au cours des trois dernières décennies, et les très bas salaires dont ils se sont longtemps contentés ont réduit les coûts de fabrication, conférant aux articles fabriqués en Chine un avantage décisif sur le marché international. La Chine a pu ainsi pleinement profiter de la mondialisation et poursuivre une croissance extravertie que favorise en outre la présence sur son sol de nombreuses entreprises étrangères travaillant en majorité pour l'exportation. Passagèrement freiné par la crise mondiale, le commerce extérieur chinois a repris sa croissance, et, avec 2 972 milliards de dollars, il représente en 2010 9,8 % du commerce mondial et 56,5 % du PIB chinois (Choukroune, 2011 ; Subramanian, 2011, 103, 123). La part de marché de la Chine atteignait alors 13 % pour les produits manufacturés et jusqu'à 27 % pour les produits textiles. Le développement du *processing trade* et des opérations d'assemblage de produits finis à partir de composants importés fait cependant évoluer la structure des exportations : l'importance relative des textiles diminue au profit du secteur des machines et de l'équipement.

Les importations sont constituées à hauteur de 40 % par des produits intermédiaires et des composants destinés à l'assemblage. Matières premières et énergie constituent les autres postes principaux. Bien que riche en ressources minières, la Chine importe en quantité croissante le fer, les minerais et le pétrole qu'exige le rythme accéléré de son développement. Elle est devenue la principale consommatrice d'énergie dans le monde et doit couvrir par des importations (204 millions de tonnes en 2010) un peu plus de la moitié de ses besoins en pétrole. Même sa production de charbon, pourtant très abondante, doit être complétée par des achats à l'étranger. La Chine fait de la quête d'approvisionnements réguliers et de la protection de sa sécurité énergétique des objectifs prioritaires de sa politique étrangère, et l'importance de la demande chinoise contribue à l'élévation des cours mondiaux.

Tout au long des années 2000-2010, la balance de ces échanges commerciaux a été favorable à la Chine. En 2008, l'excédent de compte courant s'est élevé à 426 milliards de dollars, représentant environ 10 % du PIB. Ce déséquilibre soulève l'inquiétude des partenaires de la Chine, en particulier des Américains, qui en rendent responsable la sous-évaluation de la monnaie chinoise, le yuan. L'excédent s'est abaissé en 2010 à 183 milliards (3 à 4 % du PIB) à cause de la crise, d'une certaine progression de la demande intérieure, d'une modeste réévaluation du yuan et surtout des cours plus élevés des produits importés. La Chine poursuit plus de la moitié de son commerce total avec les pays d'Asie, mais ses principaux marchés d'exportation sont les États-Unis et l'Europe, avec lesquels ses échanges sont excédentaires. Les échanges sino-américains sont particulièrement déséquilibrés, et l'excédent qu'en dégage la Chine (295 milliards de dollars en 2011 pour le commerce des marchandises) est la principale source de son surplus global (LaFraniere & Wassener, 2011 ; *Le Monde*, 2012, 10/02).

C'est sur l'accumulation de ces excédents courants que la Chine travaille à construire sa puissance financière. Ses réserves officielles de change s'élevaient à 2 850 milliards de dollars en 2010 (Bradsher, 2011). Ces fonds ont permis à la Chine de devenir l'un des principaux créanciers du monde : elle détient 846 milliards de dollars en bons du Trésor américain, et, profitant de la crise financière européenne, elle a commencé à racheter une partie des dettes en euros de pays comme la Grèce ou le Portugal. Ces achats lui ont permis d'éviter une hausse du yuan et de maintenir l'avantage à l'exportation que lui offre la faiblesse relative de sa monnaie, mais la rémunération de ces investissements est faible. Pour rentabiliser ses réserves de change, la Chine a créé en 2007 un fonds souverain, la China Investment Corporation, au capital initial de 200 milliards de dollars, plusieurs fois relevé par la suite (Martin, 2010). Ce fonds chinois a commencé à se créer un portefeuille de produits financiers en entrant sur le marché international des investissements. Après avoir pris des participations, pas toujours profitables, dans de grandes institutions financières, il s'est tourné vers l'acquisition de mines, de domaines agricoles, de propriétés immobilières. Le placement de ses réserves de change permet ainsi à la Chine de développer son influence sur la finance globale. La Chine pourrait même avoir l'ambition de faire du yuan une monnaie de réserve aux côtés ou à la place du dollar ou de l'euro. L'internationalisation du yuan progresse « à petits pas ». Depuis 2009, les entreprises chinoises sont dans une certaine mesure autorisées à utiliser le yuan dans leurs transactions commerciales avec les sociétés étrangères, et une ébauche de marché de capitaux offshore s'est établie à Hong Kong où les opérateurs non résidents de Chine continentale peuvent prêter ou emprunter des yuans à travers des obligations dites « dimsum ». En mars 2012, le Japon a même été autorisé à acquérir des obligations d'État chinoises (Lacombe & Thibault, 2012). Mais les bénéfices que la Chine pourrait tirer à long terme d'une telle internationalisation – abaissement des coûts de transaction dans les échanges extérieurs, privilèges du seigneuriage[1] – sont contrebalancés à court terme par les obstacles que cette même internationalisation créerait au maintien de la priorité donnée aux exportations et à la sous-évaluation du yuan, cette dernière ne pouvant en effet résister à une ouverture au flux des capitaux (Subramanian, 2011, 54-57). Le système bancaire encore opaque de la Chine, son marché de capitaux imparfait et sa monnaie incomplètement convertible limitent donc pour l'instant l'internationalisation du yuan.

L'émergence de la Chine a conduit ses partenaires à lui faire une place accrue dans les instances économiques et financières internationales, par exemple au Fonds monétaire international (FMI), où ses droits de vote ont été doublés et élevés à 6 % en 2010. Si l'on considère le PIB par habitant –5 400 dollars au taux du change, ou bien, calculé en parité de pouvoir d'achat, 7 600 dollars –, le bilan est moins favorable, puisque la Chine se

---

1. Dans son acception internationale, le seigneuriage désigne la capacité du pays émettant la monnaie acceptée comme monnaie de réserve dans le système international de se libérer de ses dettes extérieures et de couvrir ses déficits en recourant simplement à des émissions supplémentaires de sa propre monnaie.

situe, selon le mode de calcul retenu, vers le 130e ou le 90e rang mondial[1]. Pourtant, la pauvreté a beaucoup reculé depuis trente ans. Plus de 500 millions de Chinois y ont échappé, et l'on a même vu naître une classe urbaine assez aisée, forte de 200 à 300 millions d'individus. Les 254 millions qui, selon la Banque mondiale, vivent encore au-dessous du seuil international de pauvreté (fixé à moins de 1,25 dollar par jour) résident principalement dans les campagnes (Chen & Ravallion, 2008). Alimentée par une importante migration rurale (10 à 20 millions par an), la transition urbaine a accompagné la transition économique. La Chine compte 118 mégapoles de plus d'un million d'habitants, et, en 2011, plus de la moitié de sa population (soit 690 millions d'individus) vit en ville.

La modernisation est en marche, et elle progresse à grands pas. Certes, le tableau comporte de nombreuses zones d'ombre : croissance trop extravertie, trop dépendante des investissements, trop gourmande en énergie, trop agressive à l'égard de l'environnement, créatrice de trop grandes inégalités sociales. Ces déséquilibres, cependant, peuvent apparaître comme ceux du développement plutôt que de la transition. Une volonté politique constante ainsi que des stratégies pragmatiques et pro-

---

1. Pour comparer le PIB par habitant des divers pays, on utilise le dollar américain. La conversion entre monnaie locale et dollar américain est calculée selon le taux de change du marché. La méthode de la parité de pouvoir d'achat (PPA) est plus satisfaisante dans la mesure où elle prend en compte les différences de prix d'un pays à l'autre et permet de mesurer la véritable valeur de la monnaie locale pour les consommateurs.

gressives ont assuré le succès au plan économique d'une transition qui demeure inaboutie au plan théorique. Les spécialistes le reconnaissent : les lois du marché s'exercent en Chine de façon imparfaite. La réussite économique n'en est pas moins généralement attribuée aux mesures induites par la réforme. La transition « a montré que le marché fonctionne » (Naughton, 2006, 7), mais une attention suffisante n'a peut-être pas été portée aux pratiques réelles qui limitent la portée de la libéralisation.

CHAPITRE 2

Le nouveau capitalisme d'État

La Chine des réformes a rompu avec l'ancienne économie de commande. Elle a répudié l'appareil de planification et son cortège de plans impératifs, de ministères techniques, de quotas, de fixation autoritaire des prix et de répartition administrative de la main-d'œuvre. Les entreprises ne sont plus gérées par des représentants du parti, ni subventionnées par les autorités auxquelles elles remettent leurs gains, ni soumises au double contrôle des ministères centraux et des gouvernements locaux ; le rouge n'y prime plus l'expert. Jusqu'où est allé cet effacement de l'État ? « Au début des années 1990, nous étions assez naïfs pour croire qu'il suffirait que l'économie décolle pour que l'État se retire de lui-même », s'exclame l'économiste Wu Jinglian, partisan ardent et quelque peu déçu de la réforme (Wu, 2010). En réalité, la fin de l'économie planifiée ne signifie pas la fin des interventions de l'État.

D'innombrables lois, règles, mesures, décisions et avis continuent d'être publiés par le Conseil des affaires d'État[1], les ministères, bureaux, agences nationales et locales, concernant des sujets variés : crédits, investissements, production, taxation, droit de propriété, comptabilité (Kennedy, 2005, 28)... Il apparaît en outre que, depuis l'arrivée au pouvoir du président Hu Jintao et du Premier ministre Wen Jiabao, en 2003, le rythme des réformes s'est beaucoup ralenti, même si la libéralisation économique a continué d'être portée par l'élan antérieur. Cela du moins jusqu'à l'arrivée de la crise et à la mise en œuvre du plan de relance de 2008. Aux yeux de la plupart des observateurs, ce plan a entraîné, en effet, une expansion du secteur public, une tendance que résume la formule *guojin mintui* (« le public avance, le privé recule »). Ce retour de l'État est-il durable ? Compromet-il la trajectoire de la réforme et modifie-t-il le fonctionnement et la nature du système économique chinois ?

LES INTERVENTIONS DE L'ÉTAT

Même en régime de capitalisme libéral, il revient à l'État d'assurer certaines fonctions de régulation macroéconomique : fixer les grandes orientations de la croissance, les taux d'intérêt, les tarifs douaniers, distribuer licences et autorisations. En général, les autorités prennent en compte les indications fournies par le marché avant d'arrêter leurs décisions. En Chine, il n'en va pas toujours ainsi : les impératifs politiques interfèrent souvent avec les

---

1. Organe suprême du pouvoir exécutif, ce conseil peut être comparé au conseil des ministres dans notre système institutionnel.

signaux du marché, et la politique économique du gouvernement comporte encore une bonne dose de volontarisme. Certes, les plans de développement présentés tous les cinq ans à l'Assemblée nationale populaire (ANP) ne ressemblent en rien à ceux des premiers quinquennats : ils indiquent simplement les objectifs jugés souhaitables par le gouvernement central. Pourtant, la régulation macroéconomique se fait parfois autoritaire, empiétant sur les mécanismes du marché, en particulier en matière de politique monétaire, de change ou de crédits bancaires.

La monnaie chinoise, le yuan, n'est que partiellement convertible, et sa valeur sur le marché international est fixée par le gouvernement de Pékin. Cette valeur est devenue un point de friction récurrent entre la Chine et ses partenaires, qui se plaignent de ce que Pékin maintienne le yuan à un niveau artificiellement bas ne reflétant pas le jeu de l'offre et de la demande et faussant l'équilibre des échanges commerciaux internationaux. L'énorme surplus de la balance commerciale chinoise aurait dû conduire, si les forces du marché avaient été respectées, à une forte réévaluation du yuan. Le gouvernement de Pékin, toutefois, jugeant celle-ci nocive à des secteurs essentiels de l'activité – industries manufacturières et exportations –, est intervenu massivement sur le marché des changes en vendant des yuans et en rachetant des dollars, provoquant ainsi une importante accumulation de réserves en devises : plus 3 000 milliards de dollars au début de 2011. Lors de la réforme monétaire de 2005, la banque centrale avait bien promis qu'elle allégerait les interventions officielles et laisserait plus de flexibilité à l'évolution de la valeur du yuan. De fait, celle-ci a augmenté de 24 % entre 2004 et 2010, une réévaluation qui selon de nombreux spécialistes était loin de refléter la situation réelle de la monnaie chinoise, et qui a été interrompue par la survenue de la crise. La fixation de la valeur du yuan reste un problème inscrit à l'agenda des débats politiques internes aux cercles politiques et administratifs chinois comme à celui des rencontres internationales entre la Chine et ses partenaires américain et européens.

Bien que la réforme ait conduit à la suppression de la commission d'État chargée de fixer les prix et à une libération générale de ceux-ci, le gouvernement a conservé son pouvoir de contrôle sur des secteurs jugés cruciaux : énergie, électricité, fourniture d'eau. Fixés à un niveau inférieur à celui des cours internationaux afin d'augmenter les profits des industries manufacturières et leur compétitivité sur le marché mondial, les prix dans ces secteurs ne peuvent couvrir des frais d'approvisionnement alourdis par la raréfaction de l'offre, ni les dépenses à engager pour la préservation de l'environnement. Le problème s'est posé avec acuité pour le pétrole, dont le gouvernement chinois n'a pas laissé se répercuter les hausses rapides intervenues sur le marché mondial depuis la crise. Les ajustements des prix intérieurs ont été tardifs et partiels. Il en a été de même de l'énergie électrique, dont les prix à la consommation sont loin d'avoir suivi l'évolution de ceux du charbon. Les pertes des raffineries et des compagnies de distribution d'électricité – toutes des entreprises publiques – n'ont été que partiellement compensées par des subventions. Cette politique des prix a contribué en revanche à augmenter les profits du secteur manufacturier et à orienter les investissements vers ce secteur, au détriment des services, dont la part dans le PIB demeure limitée.

Le gouvernement fait preuve du même autoritarisme dans la fixation des taux d'intérêt bancaires. Après une brève tentative d'assouplissement, les taux d'intérêt applicables aux dépôts des particuliers sont fixés depuis 2004 par la banque centrale suivant les directives du gouvernement, et leur valeur nominale n'est que faiblement ajustée à l'inflation. En 2008, ce taux a été relevé à 4,14 % pour les dépôts à échéance d'un an, mais, à la même époque, l'inflation atteignait 7,9 %, si bien que le taux réel était négatif : – 3,76 % (Lardy, 2012, 85-86). Ces taux négatifs représentent un prélèvement sur les ressources des ménages (qui, en dehors de la spéculation, ne disposent pas d'autres possibilités de placement que ces dépôts) et contribuent à diminuer la part de la consommation dans le PIB. En revanche, cette épargne prisonnière assure aux banques d'importantes ressources qu'elles consacrent au financement des entreprises, en priorité de celles du secteur public, et aux investissements d'infrastructures.

Les crédits bancaires continuent en effet à jouer un rôle essentiel dans un système où le marché des actions est encore peu développé et où les entreprises n'émettent pas d'obligations. Récemment, ces crédits ont alimenté à hauteur de 80 % les fonds d'entreprises. Répartis par des banques officielles ou semi-officielles en fonction de critères souvent politiques, ces crédits sont le plus souvent réservés en priorité aux entreprises d'État ou protégées par l'État. Le système s'est mis en place à la fin des années 1990 et au début des années 2000, non sans mal. Privées des subventions qu'elles avaient l'habitude de recevoir du gouvernement, les entreprises publiques réformées se sont tournées vers les banques, lesquelles leur ont consenti des prêts attribués en considération, non point des risques encourus ou des bénéfices escomptés, mais des appuis politiques ou administratifs dont bénéficiaient les demandeurs. La prépondérance des banques officielles et semi-officielles a favorisé la multiplication de ces emprunts jamais remboursés. Issues des anciennes subdivisions de la Banque populaire de Chine et entièrement possédées par l'État, les « Quatre Grandes » contrôlent à elles seules la moitié de tous les actifs bancaires – ce qui les classe parmi les plus importantes banques mondiales – et peinent à s'émanciper de la tutelle des autorités (*cf.* chapitre 1, p. 24-25). À leur côté, des banques de développement (*policy banks*), telles la China Development Bank ou l'Export-Import Bank (Exim Bank), elles aussi héritières de l'économie planifiée, ont reçu pour mission explicite de financer des projets soutenus par le pouvoir politique. Apparues avec la réforme, les sociétés bancaires par actions (*joint-stock banks*) sont moins directement liées au pouvoir mais demeurent soumises à l'influence des autorités locales. L'accumulation des créances douteuses à laquelle a conduit l'absence de contrôle prudentiel et de discipline financière a fragilisé le nouveau système bancaire et mis l'ensemble de l'économie chinoise en danger. Le gouvernement est intervenu à partir de 1999. Des structures financières publiques créées pour l'occasion ont racheté pour 1 400 milliards de yuans (224 milliards de dollars) de prêts non performants. La recapitalisation s'est poursuivie pendant dix ans, faisant appel à partir de 2005 à des capitaux étrangers (Aglietta & Bai, 2012, 167-170).

Le problème des dettes bancaires risque de se poser de nouveau dans le sillage du plan de relance de 2008. Celui-ci a été financé par un apport massif de crédits dont beaucoup, investis dans des travaux d'infrastructures locaux peu rentables immédiatement, risquent d'être difficiles à rembourser. On verrait alors renaître à l'échelle locale le problème des créances douteuses. Cette injection de fonds a d'autre part provoqué une forte accélération de l'inflation, et le gouvernement est de nouveau intervenu à plusieurs reprises pour obliger les banques à limiter leurs prêts, à augmenter leurs réserves obligatoires et les taux d'emprunt. Il s'est particulièrement attaché à freiner le gonflement de la bulle spéculative immobilière en élevant le seuil des apports personnels conditionnant l'obtention de prêts hypothécaires et en écartant de ces prêts les demandeurs déjà propriétaires de deux appartements.

Sa mainmise sur les ressources foncières fait aussi de l'État local un facteur essentiel du marché. Au lendemain de la révolution de 1949, le sol urbain a été nationalisé. À l'époque des réformes, le gouvernement central a transféré la propriété de ce sol aux administrations municipales, qui ont beaucoup augmenté leurs ressources en organisant les adjudications de terrains aux développeurs et en s'associant aux spéculations qui ont accompagné leur mise en valeur. L'État local s'est aussi attaché à récupérer des terres rurales (dont la réforme de 1979-1980 n'a pas modifié le statut de propriété collective alors même qu'elle rétablissait le principe de l'exploitation familiale). On estime que les revenus tirés de ces cessions de terrains en 2010 ont rapporté aux gouvernements locaux des revenus égaux à 70 % du produit des impôts locaux. Ces gouvernements sont d'autant plus désireux de conserver leur mainmise sur les ressources foncières qu'ils disposent plus librement des revenus qui en sont issus (le produit des cessions de terrains n'est pas comptabilisé dans les budgets réguliers et échappe au contrôle des assemblées nationales populaires locales), et que leurs cadres en détournent une partie à leur bénéfice personnel (Wu, 2010 ; Lardy, 2012, 139).

Ces interventions de l'État, qui décide de la valeur de la monnaie chinoise sur le marché des devises et fixe les prix et la répartition des facteurs essentiels de production, y compris ceux des crédits bancaires et des ressources foncières, limitent la portée d'une réforme destinée à redonner leur libre jeu aux forces du marché. Tout en assurant une croissance accélérée pendant la dernière décennie, elles ont fait naître des déséquilibres qui risquent de freiner le développement ultérieur de cette croissance.

Une autre manifestation de l'influence persistante de l'État dans la vie économique chinoise est le rôle joué par les entreprises publiques dont les autorités centrales ou locales ont la propriété ou le contrôle.

LE SECTEUR PUBLIC

Le secteur public est bien différent aujourd'hui de ce qu'il était à l'époque maoïste. Il s'est contracté et a été profondément restructuré. Le nombre total des entreprises d'État a été ramené à 114 500 en 2010, et la contribution du secteur public au PIB est tombée de 90 % à la veille de la réforme à environ 33 % en 2011 (Li, 2011, 3 ; Zhang, 2011). On a laissé faire faillite les PME d'État les plus endettées, qui relevaient en général d'autorités provinciales ou locales. Pour les autres, les gouvernements locaux ont procédé à des privatisations partielles ou complètes en vendant les actifs aux gestionnaires, au personnel ou à des investisseurs extérieurs (Huchet, 2006). Ils ont cependant souvent retenu une part des actifs, et, même actionnaires minoritaires, continuent à intervenir dans la gestion de ces entreprises et dans la désignation de leurs dirigeants. Cumulant les fonctions de président, de directeur et de secrétaire du parti, ces derniers se mêlent aux élites politiques locales et apparaissent souvent comme des cadres.

Les PME les plus prospères et les grandes entreprises ont été transformées en sociétés par actions. Elles possèdent une personnalité juridique propre et la capacité de lever des capitaux sur le marché chinois et international (*cf.* chapitre 1, p. 25). Dans la plupart des cas, l'État veille cependant à garder la majorité des actifs et limite l'ouverture aux capitaux privés et le négoce d'actions. Ces entreprises réformées, qui ont été déchargées des responsabilités sociales – en matière de logement, d'assurance-maladie, de retraite – qu'elles assumaient précédemment, sont appelées à opérer selon la logique du marché, à affronter la concurrence et à assurer leur rentabilité. Les plus importantes, entreprises géantes dont le nombre oscille entre 120 et 170, relèvent directement du gouvernement central et totalisent 297 milliards de dollars d'actifs en 2009 (*Le Quotidien du peuple*, 2010,13/08). Une quarantaine d'entre elles figurent dans la liste des 500 plus grandes compagnies mondiales dressée par le magazine *Fortune*. Les intérêts de l'État dans ces entreprises géantes sont gérés par la Commission de supervision et de gestion des actifs publics (CSGAP), créée en 2003, qui fait réaliser des audits, désigne les principaux dirigeants, évalue les performances, mais n'est pas censée intervenir dans la stratégie.

Ces « joyaux du système » ont été sélectionnés pour devenir des « champions nationaux », aptes à dominer leurs branches respectives en Chine et à concurrencer les multinationales sur le marché mondial. Une liste officielle énumère les domaines dits « stratégiques », « de base », ou encore « piliers », dans lesquels ces entreprises sont appelées à jouer un rôle essentiel : construction, acier, minerais, automobile, industries chimiques, informatique, etc. En application de cette politique, quelques entreprises publiques géantes se constituent en oligopoles pour exploiter des marchés qui leur sont quasi exclusivement réservés. Entre autres exemples, citons China Mobile, China Unicom et China Telecom pour le marché en pleine expansion de la téléphonie mobile (*Le Monde*, 2010 A, 22/09) ; ou bien, pour l'exploitation pétrolière, Sinopec, China National Offshore Oil Corporation, China National Petroleum et sa filiale Petro-China.

Les bénéfices des entreprises géantes ont augmenté de moitié après la mise en œuvre du plan de relance : à eux seuls, ceux de PetroChina et China Mobile dépassent en 2010 les gains cumulés des 500 plus grandes compagnies privées *(Le Monde*, 2010 A). Ces entreprises publiques sont soumises à la taxe sur les sociétés, mais elles ne remettent qu'une faible partie de leurs gros bénéfices à l'État actionnaire (Bown & Cowley, 2010, 4). Le règlement de 2007 édicté par le Conseil des affaires d'État a fixé entre 5 et 10 %, selon les secteurs industriels, le montant des dividendes à payer à l'État. Le produit de ces dividendes n'est pas remis au ministère des Finances, mais reste sous le contrôle de la CSGAP. Administrés en dehors des procédures budgétaires régulières, les fonds sont soustraits à une utilisation d'intérêt général et sont transférés d'une entreprise publique à l'autre en fonction des besoins, servant ici à couvrir d'éventuelles pertes, là, à renforcer le capital (Lardy, 2012, 71-72, 150).

Pourtant, de l'aveu même du directeur de la CSGAP, la gestion de ces mastodontes laisse à désirer. Comparées aux multinationales étrangères, ces entreprises apparaissent peu compétitives et sans grande capacité d'innovation. Ce sont des « tigres en papier » qui prospèrent grâce aux protections et aux faveurs que le pouvoir leur accorde *(Le Monde*, 2010 B, 22/09).

Bien que théoriquement soumises à concurrence, les grandes entreprises publiques jouissent en effet de multiples privilèges. Les pouvoirs publics leur procurent des terrains à bas prix pour leurs implantations : d'après un rapport de la Fédération nationale de l'industrie et du commerce (FNIC), le prix récemment consenti à Petro-China pour étendre ses installations aurait été de 1,75 yuan le mètre carré, très inférieur au cours du marché *(Economic Observer News*, 2010, 07/09). Elles sont dispensées de payer des redevances pour l'utilisation d'équipements publics : c'est ainsi que China Mobile se sert gratuitement des canaux de télécommunications nationaux. Elles obtiennent aussi des crédits bancaires à faible taux et, en priorité sinon en exclusivité, les autorisations indispensables pour lever des capitaux sur le marché national ou international. Les 176 entreprises chinoises cotées en Bourse sont dans leur grande majorité des entreprises publiques. Dans leurs domaines respectifs, elles sont protégées de la concurrence des entreprises privées chinoises. Les 36 articles publiés en 2005 et qui prévoyaient l'ouverture des domaines réservés du secteur public n'ont guère été appliqués. Les télécommunications faisaient partie des domaines visés, mais les entrepreneurs intéressés se sont heurtés à de nombreux obstacles réglementaires, si bien qu'aucune licence n'a été accordée et que ce secteur en pleine expansion est demeuré un secteur public à 100 %. Dans le domaine de l'aviation civile, l'ouverture s'est bien esquissée, et huit compagnies privées ont fait leur apparition en 2006. Elles sont cependant devenues rapidement les victimes d'une guerre des prix, et les compagnies (publiques) de distribution de carburant leur ont refusé les tarifs avantageux consentis aux trois grandes compagnies d'État auxquelles elles étaient supposées faire concurrence (Wines, 2010). La crise de 2008, au cours de laquelle, à la différence de leurs concurrentes publiques, elles n'ont reçu aucune aide de l'État, a achevé de les faire sombrer : une seule a réussi à survivre.

Les grandes compagnies d'État sont également mises à l'abri de la concurrence des sociétés étrangères. Pour opérer sur le marché chinois, ces sociétés doivent en effet accepter des conditions draconiennes (et souvent contraires aux engagements pris par la Chine lors son entrée à l'OMC). La société espagnole Gamesa, leader dans la production de turbines pour champs éoliens, qui avait commencé au début des années 2000 à établir des usines d'assemblage en Chine, a été obligée, pour poursuivre ses activités, de se soumettre à un règlement de juillet 2005 édicté par la Commission nationale du développement et de la réforme (la plus haute instance en matière de politique économique). Ce règlement fixait à 70 % la proportion de composants locaux devant entrer dans la fabrication des turbines destinées aux nouveaux champs éoliens. Et Gamesa de dépêcher une foule de techniciens pour apporter une formation aux cinq cents sociétés de sous-traitants créées sur place, qui, en cinq ans, ont pris le contrôle de 85 % du marché, alors que la part de Gamesa déclinait de 33 à 3 % (Bradsher, 2010). Les contrats préférentiels représentent un autre moyen d'évincer la concurrence étrangère. Dans les documents publiés à l'occasion de son entrée à la Bourse de New York, à l'automne 2010, la compagnie cantonaise Ming Yang explique qu'elle a reçu la concession d'un monopole pour la fourniture de turbines aux champs éoliens dépendant du gouvernement municipal (Bradsher, 2010). De façon moins explicite, mais très efficace, les 8 000 plates-formes d'investissement chargées de sélectionner dans les diverses provinces les projets d'infrastructures et d'allouer les fonds du plan de relance de 2008 se sont arrangées pour ne pas faire d'appels d'offres publics et pour réserver les contrats à des sociétés chinoises dépendant généralement des pouvoirs locaux. Alimentées par ces commandes et ces fonds publics, les grandes compagnies d'État prospèrent. C'est ainsi que la China Railway Construction et le China Railway Group ont pu investir plus de 200 milliards de dollars entre 2009 et 2010 et s'imposer à la tête du classement mondial des entreprises de BTP, alors qu'elles étaient presque inconnues hors de Chine (*Le Monde*, 2010 B).

Un autre atout des entreprises publiques est l'avance qu'elles prennent dans le développement technologique, en dépit de leur capacité d'innovation limitée. Elles sont en effet les principales bénéficiaires des transferts opérés à la faveur des gros contrats de fabrication passés avec l'étranger. Qu'il s'agisse des secteurs automobile, aéronautique, ferroviaire ou nucléaire, tous ces contrats spécifient que les compagnies étrangères devront coopérer avec des partenaires chinois au sein de coentreprises créées pour l'occasion, les étrangers apportant leurs compétences et les Chinois fournissant installations et main-d'œuvre. Cette coopération est la condition sine qua non imposée aux étrangers pour leur entrée sur le marché. Les transferts portent sur les techniques les plus avancées et sur des secrets de fabrication par ailleurs bien gardés.

La Chine a ainsi pu devenir en 2009 le premier fabricant mondial d'automobiles. Depuis le milieu des années 1990, les entreprises étrangères désireuses de se lancer sur le marché chinois sont en effet soumises à une stricte réglementation les obligeant à utiliser des composants locaux, et donc à assurer la modernisation de la production de pièces détachées en Chine même. Toutes les coentreprises formées dans le secteur automobile ont eu comme partenaire, du côté chinois, une entreprise d'État détentrice de la majorité des actifs (Chin, 2010).

On peut observer une même utilisation stratégique des technologies et capitaux étrangers pour développer une industrie moderne de construction aéronautique. Dans un récent contrat concernant la fabrication d'équipements électroniques, la compagnie américaine General Electric vient d'accepter de transmettre à son partenaire chinois, l'entreprise publique Avic (Aviation Industry Corporation of China), les secrets de fabrication du système informatique très sophistiqué destiné à équiper les nouveaux modèles du Boeing 787. Avic vendra ces équipements à une autre compagnie publique, la Commercial Aircraft Corporation of China (Comac), qui est en train de construire un avion de ligne destiné à concurrencer les Boeing et les Airbus (Barboza, Drew & Lohr, 2011). On voit l'avantage que présentent ces contrats pour les compagnies d'État chinoises. Pour les partenaires étrangers, le risque est évidemment d'être exclus assez rapidement du marché. Mais, à court terme, l'intérêt commercial et financier est à la mesure du marché chinois, immense.

Les champions nationaux et la politique de « sortie vers l'extérieur » (*zou chuqu*)

Les compagnies publiques ont également été les principales bénéficiaires de la politique d'internationalisation des entreprises voulue par le gouvernement central, qui a lancé dans le cadre du Xe plan quinquennal (2001-

2005) la stratégie de sortie vers l'extérieur des entreprises chinoises, une stratégie réaffirmée avec force dans les deux plans quinquennaux suivants. L'objectif était de transformer ces compagnies en multinationales capables d'ouvrir de nouveaux débouchés aux industries chinoises, de diminuer leur dépendance à l'égard des marchés occidentaux et d'assurer la sécurité de l'approvisionnement en énergie et matières premières, car la très forte croissance et les gaspillages dont elle s'accompagne ont fait de la Chine un consommateur insatiable qui absorbe 10 % de la production mondiale de pétrole, 30 % de celles de charbon ou de fer, et auquel les ressources nationales ne sauraient suffire[1]. L'internationalisation des compagnies doit aussi permettre d'accélérer les transferts de technologies et du savoir-faire gestionnaire, ainsi que d'accroître les capacités de recherche et d'innovation.

Les progrès de l'internationalisation ont été rapides. Dès la fin de 2009, on comptait plus de 13 000 entreprises chinoises installées dans 180 pays (Vendryes, 2012, 68). Cette politique volontariste s'est appuyée sur les grandes compagnies publiques. Un certain nombre d'entre elles ont été sélectionnées pour devenir avec l'État lui-même, et à ses côtés, les principaux acteurs, les fers de lance de cette expansion qui doit créer un nouveau modèle de mondialisation plus favorable aux intérêts chinois. Pour soutenir la percée de ses champions natio-

---

1. D'après l'Agence internationale de l'énergie, sa consommation annuelle s'élève en 2009 (toutes formes d'énergie comprises) à 2 252 milliards de tonnes d'équivalent pétrole, ce qui en ferait le premier consommateur mondial (*Les Échos,* 2011, 08/06).

naux vers l'extérieur, le gouvernement leur a accordé des soutiens financiers sous la forme de crédits à taux réduits de l'Exim Bank, de facilités administratives pour l'obtention des autorisations nécessaires, d'allocations de devises et éventuellement d'une protection juridique. Des organismes de veille ont également été créés par le gouvernement afin de diffuser les informations concernant les appels d'offres internationaux. Grâce à ces soutiens, les champions nationaux peuvent offrir des prix inférieurs à ceux de leurs concurrents pour une exécution plus rapide des contrats, n'hésitant pas à faire venir temporairement de Chine une main-d'œuvre souvent plus docile et mieux formée que la main-d'œuvre locale (740 000 ouvriers chinois étaient employés à l'étranger à la fin de 2008 ; Wong, 2009).

Ces entreprises sont aussi régulièrement désignées par le gouvernement pour livrer les marchandises ou les services qu'achètent les pays en voie de développement bénéficiaires de l'aide chinoise. Alimentée par les énormes réserves financières de la Chine, cette aide s'est beaucoup accrue : le montant des prêts consentis aux pays en voie de développement – 110 milliards de dollars en 2009-2010 – dépasse celui des prêts consentis par la Banque mondiale (*The Economist*, 2011, 22/04). Elle assure l'accès de la Chine aux ressources naturelles locales et procure d'avantageux marchés à ses champions nationaux. En pratique, en effet, ces crédits ne peuvent être utilisés par leurs récipiendaires que pour acquérir – dans une totale opacité – biens ou services fournis par des compagnies chinoises. De ce point de vue, la « Sinafrique » n'a rien à envier à la Françafrique.

En 2008, on compte 150 champions nationaux susceptibles de bénéficier du soutien officiel pour partir à l'assaut des marchés extérieurs. Dans une première étape, au début des années 2000, les compagnies pétrolières et minières, les entreprises de construction d'infrastructures, les industries d'assemblage, ont cherché à s'implanter de préférence en Australie et dans les pays en voie de développement d'Afrique, du Moyen-Orient, d'Asie centrale, d'Asie du Sud-Est. À partir du milieu de la décennie, leur quête de nouveaux marchés s'élargit aux pays développés d'Amérique du Nord et d'Europe de l'Est et du Sud. Les entreprises de technologie plus avancée – équipements électroniques, téléphonie mobile, énergie éolienne – se joignent au mouvement, procédant par rachat de sociétés étrangères, prises de participation, création de filiales communes, grâce à quoi elles comptent accélérer leur initiation aux techniques de pointe et aux pratiques managériales les plus avancées.

L'ancrage politique des compagnies publiques sert leurs intérêts et facilite leurs conquêtes. Citons l'exemple de la compagnie Nuctech, présidée par Hu Haifeng, fils du président de la République, qui a réussi en dix ans à écouler dans plus de soixante pays ses scanners de haute technologie (destinés à repérer les marchandises de contrebande embarquées dans des conteneurs) ; en Namibie, la signature du contrat a coïncidé avec une visite d'État du président Hu Jintao et l'ouverture d'un crédit de 100 millions de dollars (LaFraniere & Grobler, 2009).

Il n'y a pourtant pas complète identification entre les compagnies publiques et l'État qui les protège. Réformées, devenues indépendantes et responsables devant leurs actionnaires, ces compagnies ont des obligations de résultats, et leur sélection est périodiquement revue par la CSGAP, dont les listes s'allongent ou se raccourcissent d'une année sur l'autre. Désireuses donc de réduire leurs coûts et de faire des profits à court terme, ces compagnies se heurtent parfois aux objectifs proclamés de la diplomatie chinoise, en particulier dans les pays en voie de développement, où la brutalité de leurs méthodes et leur refus de prendre en considération préoccupations sociales ou environnementales s'inscrivent à contre-courant des principes de solidarité et d'entraide proclamés par Pékin.

Le volontarisme qui préside à leur expansion a poussé les nouvelles multinationales chinoises à entrer sur le marché mondial, alors qu'en Chine même la transition institutionnelle n'était pas achevée, que l'essaimage des compétences technologiques à partir des sociétés étrangères installées dans le pays était toujours en cours, et que l'avantage concurrentiel acquis par les compagnies publiques sur le marché intérieur n'était souvent dû qu'aux protections dont elles étaient entourées. Leur avantage concurrentiel sur le marché mondial doit donc se construire le plus souvent au fil de leur internationalisation (Kang, 2010, 122-126). Devancées dans leur quête de ressources pétrolières et minières par des compagnies occidentales installées depuis longtemps dans les principaux pays producteurs, elles sont souvent réduites à s'implanter dans des zones politiquement instables et à faire affaire avec des régimes ayant mauvaise réputation, comme la Corée du Nord, la Birmanie ou le Soudan.

Les sociétés étrangères, que les bas tarifs pratiqués par les compagnies chinoises écartent des adjudications, se plaignent de ce que leurs concurrentes chinoises ne respectent pas la propriété intellectuelle, n'obéissent pas aux règles du marché et ne soient que les « chevaux de Troie » d'intérêts étatiques. Ces plaintes se transforment parfois en accusations portées devant les tribunaux, comme ce fut le cas pour Huawei, deuxième fabricant mondial d'équipements de télécommunications, accusé par deux compagnies américaines d'avoir volé des secrets de fabrication et d'avoir bénéficié de 30 milliards de dollars d'aide gouvernementale. Bien que Huawei soit théoriquement une compagnie privée, l'opacité et la confusion de son statut juridique ainsi que les aides dont elle a bénéficié ont brouillé son image (Barboza, 2011 A ; *The Financial Times*, 2011, 18/05). Il arrive aussi que les compagnies chinoises aient à faire face à des réactions de protectionnisme national. En Australie, le projet de rachat par l'entreprise publique Chinalco (Compagnie d'aluminium de Chine) d'une partie des actifs de la société minière Rio Tinto a provoqué une vive réaction de l'opinion dénonçant la vente des richesses minérales du pays « à un gouvernement étranger » (Wines, 2009). Aux États-Unis, ce sont les autorités qui sont intervenues pour annuler le rachat de la compagnie de pétrole californienne Unocal par la China National Offshore Oil Company (CNOOC), les raisons données étant d'ordre stratégique[1]. Il arrive enfin que les champions chinois, en

---

1. La CNOOC a pris sa revanche sept ans plus tard quand elle a signé un accord de rachat de Nexen, l'une des principales compagnies productrices de pétrole du Canada, provoquant ainsi l'inquiétude des milieux d'affaires américains (Cypel, 2012).

dépit de leurs ambitions et de l'aide reçue, n'aient pas encore l'expérience ni la compétence nécessaires pour s'imposer sur certains marchés, comme le marché américain de l'automobile. En dépit des difficultés rencontrées, l'internationalisation des grandes compagnies chinoises n'en a pas moins eu des résultats souvent favorables pour ces compagnies. Être montré du doigt aux États-Unis n'a pas empêché Huawei, fausse compagnie privée, de signer d'énormes contrats dans le reste du monde et de réaliser 25 milliards d'euros de chiffre d'affaires en 2011 (AFP, 2012, 09/10).

LE PROBLÈME DE L'EXPANSION
DU SECTEUR PUBLIC

Le secteur public a cessé de se contracter : il étend au contraire ses activités en rachetant des entreprises concurrentes privées dans des domaines tels que mines, aciéries ou industries de haute technologie.

Au Shaanxi, dans le Nord-Ouest, plusieurs milliers de petits puits de pétrole forés et exploités par des entrepreneurs privés avec, à l'origine, l'encouragement des autorités ont été nationalisés par les gouvernements locaux en 2003, lorsque leur production et leurs bénéfices ont commencé à prendre de l'importance. Dans la province voisine du Shanxi, ce sont les petits charbonnages privés qui, en 2009, ont été rachetés au rabais ou confisqués à leurs propriétaires par des compagnies publiques, souvent moins performantes (*The Economist*, 2012, 04/08). Récemment encore, le ministère du Sol et des Ressources naturelles a mis la main sur onze districts producteurs de terres rares du Jiangxi, dans le Sud-Est, pour contrecarrer le développement d'un capitalisme mafieux et conforter son monopole mondial (Bradsher, 2011). Avec l'aide du gouvernement provincial du Zhejiang, la compagnie (publique) des Aciéries de Baoshan s'est emparée des Aciéries de Ningbo, une société au capital essentiellement privé. De même, les Aciéries du Shandong, entreprise publique déficitaire à la traîne, ont pris le contrôle du groupe Rizhao, groupe privé dynamique et profitable (Naughton, 2009). Les entreprises d'État sont aussi parties à l'assaut de régions jusqu'ici considérées comme des sanctuaires de l'économie privée. Située dans la province du Zhejiang, au sud de Shanghai, la municipalité de Taizhou est le berceau et le symbole même du capitalisme chinois. Les autorités locales, cependant, désireuses de maintenir un taux de croissance élevé, ont approuvé un projet d'industrie pétrochimique porté par une compagnie publique décidée à y investir 100 milliards de yuans (*ChinaStakes*, 2009, 01/09). Pour prendre la place d'entreprises privées, l'État utilise parfois les procédés du capitalisme sauvage. Créée par un jeune ingénieur chimiste de retour des États-Unis, la société Cathay Industrial Biotech de Shanghai exploitait avec profit une invention de son fondateur, jusqu'au jour où l'un des managers déserta, emportant avec lui les secrets de fabrication pour ouvrir une entreprise rivale. Contrôlée par l'État, dotée d'importants crédits officiels et protégée par le classement de sa production comme liée à la « sécurité nationale », cette nouvelle entreprise ne tarda pas à s'imposer comme une redoutable concurrente de Cathay Biotech (Barboza, 2011 B).

Souvent citées, ces initiatives correspondent-elles à une véritable reconquête du champ économique par l'État central ou local ? Et, si oui, cette reconquête est-elle durable ? Et significative ?

Allant à contre-courant des interprétations généralement admises, Nicholas Lardy, l'un des meilleurs spécialistes occidentaux de l'économie chinoise, conteste la réalité d'une expansion récente du secteur public. Tout en reconnaissant l'existence de divers empiètements des autorités, tels que ceux évoqués ci-dessus, Lardy considère qu'il s'agit là « d'incidents isolés qui ne visent pas à étendre l'emprise économique de l'État » (Lardy, 2012, 36). La nationalisation des puits de pétrole du Shaanxi ou des petits charbonnages du Shanxi, par exemple, n'aurait eu d'autre but que de réduire le nombre d'accidents dans des forages et des mines dont les propriétaires privés n'appliquaient pas les consignes de sécurité. En réalité, pense-t-il, la réforme a continué de progresser en profitant de l'élan acquis, mais à un rythme beaucoup trop lent pour que soient surmontés les déséquilibres grandissants qui risquent de freiner la croissance à venir (Lardy, 2012, 33-40, 137-138). À l'appui de sa thèse, Lardy présente et recoupe de nombreuses statistiques, de source officielle pour la plupart. Empruntées aux catégories de l'administration chinoise, ces statistiques ne sont pas toujours bien adaptées aux besoins de l'argumentation[1].

---

1. Les statistiques officielles chinoises, par exemple, ne fournissent pas d'indication sur la répartition des crédits du plan de 2008 entre entreprises publiques et entreprises privées. Elles renseignent en

Le problème, cependant, n'est pas tant celui de la réalité de l'expansion du secteur public – qui fait l'objet d'un certain consensus parmi les spécialistes chinois et occidentaux – que celui de l'enracinement de ce retour de l'État, conduisant à une sorte de contre-réforme. On manque encore de recul pour en juger, et l'incertitude donne lieu à diverses hypothèses.

La Chine n'est pas seule à avoir eu recours à un plan de relance financé par des fonds publics pour faire face à la crise : les puissances occidentales ont fait de même, mais, dans leur cas, plans de relance et interventions de l'État n'ont représenté que des entorses faites à la règle, des remèdes provisoires appelés à disparaître avec les difficultés qui les avaient suscités. N'en serait-il pas de même en Chine ? C'est l'avis de Louis Kuijs, de la Banque mondiale, qui considère le rôle accru joué par l'État depuis la mise en œuvre du plan de relance comme un simple accident de parcours. « Lorsque le processus de croissance redeviendra normal, la tendance bien établie d'une contribution déclinante des entreprises publiques reprendra le dessus » (Kuijs, cité par Wines, 2010).

À mesure que le temps passe, cependant, cette hypothèse devient plus fragile. Le plan de relance a en effet

---

revanche sur la répartition de ces crédits entre grandes et petites entreprises. L'équivalence posée par Lardy entre petites entreprises et entreprises privées d'une part, grandes entreprises et entreprises publiques de l'autre, ne se vérifie pas de façon absolue. L'équivalence ainsi postulée permet à l'auteur d'utiliser les statistiques officielles, mais rend sa démarche un peu approximative.

continué de s'appliquer à grande échelle, et les investissements publics se poursuivent après la sortie de crise. Alors que dès le premier trimestre 2010 le PIB a retrouvé un taux de croissance annuel supérieur à 10 %, 150 000 projets sont en cours de construction, tous sous patronage local. Dans la province du Hubei, les investissements envisagés pour la période 2010-2012 atteignent un montant six fois supérieur au PIB provincial (Naughton, 2010). Est-ce la « fin du libre marché qui s'annonce » (Bremer, 2010, 144) ? Selon Huang Yasheng, le système qu'a installé le plan de relance serait l'un des plus étatiques que la Chine ait connus depuis le début de la transition (Huang, 2011).

Est-il possible aux dirigeants centraux d'arrêter ces développements ? Le souhaitent-ils seulement ? Le succès d'une sortie de crise précoce paraît valider la stratégie d'intervention et le recours au pouvoir administratif. « En même temps que nous poursuivons des réformes orientées vers l'économie de marché […], nous devons utiliser au mieux les avantages du système socialiste : capacité de prendre des décisions efficaces, de bien nous organiser et de concentrer nos ressources en vue de grands accomplissements », a déclaré le Premier ministre Wen Jiabao (Wen, 2010). Il n'est donc pas sûr que la marche vers la libéralisation, qui s'était accélérée au début des années 2000, reprenne son cours. « La question fait l'objet d'un débat intense dans la communauté des économistes chinois », nous explique l'un des plus éminents de ceux-ci (Zhang, 2011). Elle est aussi au cœur des débats politiques qui se poursuivent à la veille du XVIII⁰ congrès du parti.

Si le plan de relance a véritablement fait émerger des tendances de fond masquées par les succès de la transition et a donné le signal d'une contre-réforme, celle-ci ne pourra qu'être limitée : point n'est question de ramener la Chine à l'économie de commande planifiée de l'ère maoïste, et il faudra compter avec le secteur privé, dont l'aménagement et le développement se sont poursuivis depuis trois décennies. La perspective qui se dessine est celle d'une économie mixte dominée par un capitalisme d'État prenant en compte certains mécanismes de marché et adapté à la mondialisation : celui-ci continuerait à dominer les hauteurs de l'économie tout en s'appuyant sur un secteur privé dynamique auquel seraient abandonnées les activités manufacturières et d'assemblage.

CHAPITRE 3

Ambiguïtés, dynamisme
et fragilités du secteur privé

Vue d'Occident, la Chine des réformes est apparue à l'orée du XXIᵉ siècle comme une Chine convertie au capitalisme. Cette vision était de plus en plus contredite par la réalité des faits, mais elle était devenue la vulgate de nombreux responsables politiques et des milieux d'affaires, et était confirmée par des chercheurs bien connus comme le spécialiste américain Barry Naughton : « Aujourd'hui, une grande partie des défis initiaux de la transition vers le marché ont été relevés. Le marché est maintenant l'institution économique dominante en Chine. » Sans aller jusqu'à invoquer la « fin de l'histoire », Naughton souligne « la convergence vers des institutions et des modes "normaux" de développement », signifiant par là que l'évolution de la Chine vers l'économie de marché la rendait plus proche du modèle occidental (Naughton 2007, 5,10).

Les Chinois eux-mêmes ont beaucoup contribué à construire l'image d'une Chine libérale alors que l'intégration de leur pays dans les courants économiques internationaux dépendait d'une certaine bonne volonté de ses partenaires occidentaux. C'est une chose bien connue que la capacité des Chinois à présenter aux interlocuteurs dont ils veulent s'attirer la bienveillance une réalité peinte de couleurs séduisantes. Le discours destiné aux étrangers n'est pas le même que celui adressé aux Chinois. « Entre l'intérieur et l'extérieur, il y a une différence » (*neiwai youbie),* dit l'adage. Il n'a pas manqué d'observateurs pour percevoir « le dessous des cartes », dénoncer les contradictions entre les discours et la pratique ainsi que le fonctionnement très imparfait du marché chinois, mais ces critiques n'ont guère été entendues des partisans de la vulgate. Leur vérité s'est également heurtée à celle des multinationales, complices objectives d'un capitalisme sauvage sur lequel se fonde une bonne part de leur prospérité.

Depuis la crise de 2008, cette vision d'une Chine libérale s'est effacée. La mise en œuvre du plan de relance est maintenant dénoncée comme ayant entraîné un retour à une politique interventionniste. Et désormais ce n'est qu'un cri : il faut que la Chine en revienne à la réforme et à l'économie de marché. Autant qu'un retournement de la politique chinoise, il s'agit d'un retournement de la perception de ceux qui, en Occident, s'attachent à l'observer. Comme si le secteur privé avait cessé de compter à partir du moment où il n'a plus été perçu comme dominant par l'opinion occidentale ! Il n'en est évidemment rien. Composante mineure mais indispensable du système d'économie mixte, le secteur privé s'est maintenu, et, selon Nicholas Lardy, il aurait même profité des retombées du plan de relance, obtenu des crédits bancaires en hausse pour les années 2009-2010, augmenté de 18 à 20 % sa contribution à la production industrielle (Lardy, 2012, 34-36)[1].

Ces oscillations de la perception que nous avons du secteur privé, et la difficulté qu'il y a à saisir ses véritables dimensions, appellent un examen attentif de sa nature, de son fonctionnement et de son rôle dans la vie économique chinoise. Abandonnons pour un temps notre logique cartésienne : en Chine, tout ce qui n'est pas public n'est pas pour autant privé. Le résultat de la réforme a été l'émergence d'un secteur dit « non public » (*fei gongbu*), secteur hétérogène, dynamique, mais dont le développement se heurte à de nombreux obstacles. Exemple unique d'un capitalisme généré par un régime socialiste, le capitalisme chinois se caractérise par la confusion du vocabulaire – trop évocateur de la période prérévolutionnaire, le terme de « privatisation » a été remplacé dans le discours officiel par celui de « restructuration » (*gaizhe*) –, ainsi que par l'enchevêtrement des statuts et le chevauchement des catégories. Son dynamisme repose sur une tradition entrepreneuriale appelée à se redéployer dans le cadre de la mondialisation, mais les discriminations dont il continue à faire l'objet freinent son développement, et sa proximité

---

1. Bien que Lardy insiste sur la vitalité du secteur privé, il n'en demeure pas moins convaincu de l'insuffisance du rôle accordé à celui-ci par la politique gouvernementale actuelle, et il plaide dans son ouvrage pour l'accélération de la libéralisation économique, seule susceptible à ses yeux d'éliminer les déséquilibres qui risquent de bloquer la croissance.

avec le pouvoir accentue plus qu'elle ne pallie sa vulnérabilité.

UN SECTEUR HÉTÉROGÈNE

Graduelle, la réforme a entraîné non pas le rempla-
cement d'institutions anciennes par des institutions nouvelles, mais la juxtaposition, la superposition, la
combinaison des unes et des autres, d'où sont nées des
institutions et des pratiques hybrides. Les premières
entreprises privées ont été les microentreprises individuelles et familiales, apparues sur les trottoirs des villes
dès la fin des années 1970, les entreprises de bourgs et
de villages, héritières des ateliers des communes populaires, et les entreprises à financement étranger installées
dans les ZES des provinces côtières du Sud. Profitant
de la tolérance des autorités locales, d'autres entreprises
privées sont apparues, dépourvues de toute existence
légale. Pour survivre, elles se sont souvent logées à l'intérieur de catégories préexistantes dont elles empruntaient
les étiquettes tout en essayant de préserver leur fonctionnement propre. On a estimé à 500 000 le nombre de
ces entreprises « à chapeaux rouges » qui se sont fait enregistrer alors comme collectives.

Peu à peu, le secteur non public a bénéficié d'une
reconnaissance plus large et il a été réglementé. En 1988,
une série de textes législatifs a sanctionné l'existence
d'entreprises régulièrement enregistrées comme « privées » (*siying*) et pouvant choisir entre les statuts de
société unipersonnelle, en nom collectif, à responsabilité

limitée ou anonyme par actions. Ces textes officiels sont bien loin cependant de donner une description fidèle de l'extension et du fonctionnement du secteur privé. Outre les entreprises privées non enregistrées, il existe en effet au sein du secteur non public une foule d'entreprises hybrides dont l'État et ses partenaires se partagent, selon des formules variables, la propriété, la gestion et les profits (Bergère, 2007, 255-259).

Certaines entreprises non publiques ont été créées de toutes pièces au cours de la transition, d'autres – les plus nombreuses et souvent les plus performantes – sont issues de la privatisation des anciennes entreprises d'État. L'initiative est venue des autorités régionales. Le gouvernement a fermé les yeux tout en évitant de se prononcer sur un sujet qui faisait naître de vives controverses au sein du parti. C'est en 1997 seulement que Pékin donne sa caution au mouvement en transférant aux autorités provinciales et municipales son droit de propriété sur toutes les entreprises publiques de moindre taille, avec mission de s'en débarrasser. La privatisation prend alors toute son ampleur. En 2005, deux tiers des entreprises publiques et collectives, représentant des actifs cumulés de 1 400 milliards de dollars, étaient devenues des entreprises non publiques (Gan, Guo & Xu, 2010).

À l'échelle provinciale, municipale et locale, le mouvement a porté principalement sur les petites et moyennes entreprises, et a revêtu des formes diverses. Les entreprises ont été données en location, transformées en coentreprises sino-étrangères, vendues à leurs employés, à leurs managers ou à des investisseurs extérieurs ; parfois, elles ont simplement ouvert leur capital à des fonds privés. Quand, après 1997, le mouvement s'est accéléré, la vente aux managers est devenue la forme prédominante de la privatisation. À ces procédures légales s'est ajouté un détournement massif des actifs de l'État, généralement opéré au profit des cadres gestionnaires et plus ou moins toléré par les autorités locales (Huchet, 2000).

Les entreprises privatisées qui se sont le plus complètement affranchies du contrôle des autorités sont celles qui ont été reprises par leurs managers. Elles ont été complètement restructurées, ont changé leur personnel de direction, adopté les règles de la comptabilité internationale, pratiqué des audits indépendants et établi des conseils d'administration. Ce sont également celles dont les performances ont été le plus améliorées. Elles représentent environ la moitié des entreprises privatisées et sont surtout nombreuses dans les riches provinces côtières de l'Est (Gan, Guo & Xu, 2010).

Dans les autres cas, le transfert des droits de propriété et de contrôle s'est fait de façon incomplète, et la privatisation est demeurée partielle, soit que l'État conserve une part majoritaire ou minoritaire du capital, soit que, ayant renoncé à tout droit de propriété, il conserve un droit de regard et une influence indirecte que favorise l'action des cellules du parti demeurées présentes dans les entreprises (*The Economist*, 2011 A, 03/09).

Un grand nombre d'entreprises de haute technologie comptent parmi les entreprises non publiques au statut incertain. Fondées et financées à l'origine par des laboratoires d'universités ou d'instituts publics désireux de rentabiliser leurs travaux, ces entreprises étaient gérées de façon autonome par des chercheurs issus de ces laboratoires. À mesure cependant que la taille des entreprises s'est développée et que leurs profits ont augmenté, les conflits se sont multipliés entre les chercheurs gestionnaires et leurs unités de tutelle. Au cours des années 1990, ces conflits ont le plus souvent été résolus au bénéfice des gestionnaires, et les entreprises de haute technologie, transformées en sociétés par actions, sont devenues des entreprises privées très compétitives qui néanmoins conservent certains liens avec les institutions publiques dont elles sont issues. Tel est par exemple le cas de Huawei, deuxième fabricant mondial d'équipements de télécommunications, dont les concurrents étrangers ont souvent contesté le statut affiché d'entreprise privée (voir ci-dessus p. 68).

Le statut des coentreprises sino-étrangères est également ambigu. Bien qu'elles soient classées par les Chinois dans la catégorie des entreprises non publiques, leur fonctionnement réel dépend des investissements respectifs des partenaires, qui conditionnent le degré de contrôle de ceux-ci. Dans bien des cas, le partenaire chinois est une entreprise publique, ce qui ménage un droit de regard des autorités de tutelle. Il n'en demeure pas moins que, dans un contexte politique demeuré longtemps hostile aux privatisations explicites, le développement des entreprises à financement étranger a pu offrir à certains patrons chinois la possibilité de développer leurs affaires et de se passer des crédits que leur refusaient les banques officielles.

Les privilèges accordés aux investisseurs étrangers ont même incité des entrepreneurs chinois à exporter clandestinement leurs capitaux pour ensuite les réimporter sous forme d'investissements directs étrangers. Lenovo, la société d'informatique qu'a rendue célèbre son acquisition du département ordinateurs de la compagnie IBM, en 2004, est devenu un cas d'école. Créée et financée à l'origine par l'Académie des sciences de Chine, la société a pu ensuite faire venir des capitaux de Hong Kong, où elle s'est constituée en SARL. Elle apparaît en Chine comme une société à financement étranger, et bénéficie de tous les avantages attachés à ce statut (Huang, 2008, 1-5).

Le mouvement de privatisation a été beaucoup plus limité dans les entreprises dépendant directement du gouvernement de Pékin. Conformément à la politique formulée en 1995 – « garder les grandes et lâcher les petites » –, les entreprises les plus importantes, souvent issues des anciens ministères techniques, sont restées propriété de l'État central et contrôlées par lui. Parmi les autres, certaines ont été réformées : devenues des sociétés par actions et dotées de conseils d'administration, elles ont ouvert leur capital à des investisseurs privés chinois ou étrangers – qui ne possèdent toutefois jamais plus de 30 % des parts. Elles peuvent apparaître formellement comme des compagnies gérées de façon autonome, mais leurs dirigeants sont nommés par le parti, et elles bénéficient de multiples privilèges : crédits officiels, accès facilité aux ressources foncières et aux matières premières, monopoles ou oligopoles.

Ces multiples décalages entre statuts et pratiques, entre vocabulaire et réalité, renvoient à des précédents historiques proprement chinois. Les entreprises réformées ou à demi réformées, qui tentent de combiner dynamique capitaliste et contrôle bureaucratique, évoquent les entreprises à supervision officielle et gestion par les marchands (*guandu shangban*), caractéristiques des débuts de la modernisation de la seconde moitié du XIXᵉ siècle. L'activité plus ou moins autonome de partenaires chinois au sein d'entreprises étrangères ou mixtes rappelle celle des grands compradores de la même époque. Aujourd'hui comme jadis, il s'agit souvent pour les entrepreneurs chinois de profiter d'avantages institutionnels réservés à leurs concurrents publics ou étrangers et de se soustraire à un environnement politique et juridique peu favorable.

Un secteur dynamique, un capitalisme sauvage

En l'absence de catégories clairement définies, il est difficile d'évaluer les performances de l'économie privée. Si l'on s'en tient aux entreprises officiellement enregistrées comme telles, on risque de passer à côté d'une réalité beaucoup plus foisonnante. La manière forcément hasardeuse dont on établit la ligne de partage entre secteur réellement privé et secteur public entraîne d'importantes variations dans les calculs statistiques. Ceux-ci suggèrent plus qu'ils ne mesurent le dynamisme du secteur privé (voir ci-dessus chapitre 1, p. 39).

Ce secteur a connu un essor rapide dans la première décennie de notre siècle. Le nombre des entreprises privées *siying* a doublé depuis 2006 pour atteindre 9 millions en 2011. Leur capital, lui aussi en constante augmentation, se chiffre à 2 800 milliards de dollars.

À ces entreprises privées régulières s'ajoutent les microentreprises *getihu*, qui elles aussi ne cessent de se multiplier : on en compte 36 millions en 2011 (Xiao, 2011 ; *China Daily*, 2012, 12/01). Si l'on intégrait à ces calculs les entreprises non enregistrées, on obtiendrait un chiffre sans aucun doute beaucoup plus élevé (*The Economist*, 2011 B, 12/03). En l'absence de statistiques officielles, la contribution du secteur privé chinois au PIB est difficile à déterminer, mais sa part dans la production manufacturière n'a cessé d'augmenter[1]. En 2010, il a exporté l'équivalent de 481 milliards de dollars de marchandises, 571 milliards en 2011 (Wang, 2011 ; *China Daily*, 2012, 12/01). Il a ainsi devancé les entreprises à financement étranger comme principal moteur des exportations (Lardy, 2012, 39). On peut également mesurer l'importance de ce secteur en termes de contribution fiscale : celle des entreprises *siying* a augmenté de 22 % par an, atteignant 1 120 milliards de yuans (125 milliards de dollars) en 2010 (Xiao, 2011). Le secteur non public a ainsi pris le relais des entreprises d'État, qui représentaient depuis la fondation du régime la première source de financement public.

---

1. Selon les calculs de l'OCDE, la part du secteur non public dans la production industrielle serait passée de 17 % en 1998 à 50,5 % en 2005 (entreprises à financement étranger non comprises). Plus basses, 8 % pour 1998 et 22 % pour 2005, les estimations de Huang Yasheng témoignent de la même tendance (Huang, 2008, 15). Les plus récentes données du Bureau chinois des statistiques donnent le chiffre de 72 % (*The Economist*, 2011 B, 12/03).

Ce secteur privé a en outre la capacité d'absorber une grande quantité de main-d'œuvre. Le nombre de personnes employées par les microentreprises individuelles et familiales, ainsi que par les entreprises privées officiellement enregistrées, est passé de 60 millions en 2006 à 180 millions en 2010 (Xiao, 2011). Ces 180 millions représentent un peu plus du quart des 780 millions de travailleurs, beaucoup plus si l'on exclut du compte les travailleurs agricoles. En 2009, le secteur non public a créé 90 % de tous les nouveaux emplois urbains (*China Daily*, 2010, 30/01).

À l'origine, les entreprises privées ont prospéré dans des niches particulières : fabrication de boutons, de lunettes, d'objets en plastique, de maroquinerie, de meubles ou de carrelages, etc. Grâce à la spécialisation régionale et à la concentration de la production dans des districts ou cantons particuliers, elles ont réussi à dominer certaines branches de production. Par la suite, leurs activités se sont diversifiées : toujours présentes dans le secteur manufacturier, on les retrouve aussi dans des branches telles que la construction, l'exploitation minière, le textile, la pharmacie ou la vente au détail.

Entreprises privées et microentreprises se sont développées dans les zones les plus peuplées, les plus riches et les plus ouvertes du pays, c'est-à-dire dans les provinces orientales, qui forment une véritable « côte dorée ». Au fil des ans, cette prééminence de la Chine côtière s'est un peu atténuée, mais le secteur privé peine à s'étendre vers les régions économiquement attardées de l'intérieur et des marges occidentales. À l'époque maoïste, le développement de ces zones pauvres, éloignées et pour certaines peuplées de minorités nationales, reposait sur la redistribution des ressources que le gouvernement central opérait en leur faveur. Bien après les débuts de la réforme, le secteur public a continué d'y jouer un rôle principal, et l'essor du secteur non public s'y est trouvé freiné par la faiblesse des ressources financières locales, par la rareté des talents et par l'éloignement des grands courants économiques internationaux. Les effets de propagation escomptés par le gouvernement de Pékin sont demeurés limités. Lancée vers le milieu des années 1990, la grande campagne pour l'« ouverture de l'Ouest » encourage les initiatives privées et l'installation d'entreprises étrangères, mais les progrès récemment enregistrés dans ces régions résultent surtout des importants investissements de fonds publics qui y ont été réalisés.

Les particularités du secteur non public tiennent aussi aux précédents historiques qui ont guidé sa naissance – ou plutôt sa renaissance. On trouve dans les entreprises privées chinoises d'aujourd'hui un recours aux solidarités familiales, une organisation en réseau, une proximité avec le pouvoir et bien d'autres traits caractéristiques des entreprises de l'empire finissant ou de l'âge d'or républicain. Vingt-cinq ans de répression maoïste ne réussirent pas, en effet, à effacer les valeurs, ni même toujours à faire disparaître les usages sur lesquels avait reposé le développement de l'économie et de la civilisation chinoises depuis des siècles. Aussitôt que la réforme est venue alléger les contraintes collectives, l'esprit d'entreprise a resurgi. Dans de nombreuses régions s'est affirmé le rôle fondateur d'une tradition dont la survie, ou la réapparition, a aidé au démarrage des premières entreprises. Les provinces côtières orientales, du Jiangsu au Guangdong, offrent de nombreux exemples d'une telle continuité historique. À l'époque de la Révolution culturelle, on disait qu'il fallait aller à Wenzhou (Zhejiang) pour « voir le capitalisme ». Si l'exemple de Wenzhou est devenu une référence classique – on parle du « modèle de Wenzhou » –, bien d'autres localités du Zhejiang apparaissent aussi comme des sanctuaires de l'entreprise privée. C'est le cas de Taizhou, une municipalité de 5,5 millions d'habitants, située au nord de Wenzhou, dont 96 % des entreprises sont privées et engagées dans les industries manufacturières les plus variées, mais qui est surtout connue comme le berceau du groupe Gelly, pionnier de l'industrie automobile chinoise (USDA, 2010).

Le retour du secteur privé et de ses traditions n'est cependant pas un simple retour au passé : il s'inscrit dans le contexte de la mondialisation. D'emblée, les PME chinoises se sont orientées vers les exportations. Elles ont multiplié les rencontres avec les acheteurs étrangers en créant, en dehors de la très officielle foire de Canton, leurs propres centres d'échanges commerciaux, tel celui de Yiwu, dans le nord du Zhejiang : c'est un centre permanent qui accueille des acheteurs venus d'Afrique, du Moyen-Orient aussi bien que d'Occident pour passer commande dans l'un de ses 140 000 points de vente. On trouve aussi ce genre de centre à l'étranger, par exemple aux Émirats arabes unis, où le Dubai Dragon Mart accueille 4 000 entreprises chinoises (*The Economist*, 2011 B, 12/03).

Les PME du secteur non public ont poursuivi leur insertion dans l'économie mondiale en s'associant à des partenaires étrangers qui leur ont ouvert l'accès aux marchés extérieurs, leur ont fourni les crédits que leur refusait le système bancaire officiel et les ont fait profiter des transferts technologiques et des apports de savoir-faire en matière de gestion et de commercialisation. La quête de partenaires par les patrons chinois a été facilitée par le fait qu'une grande partie des investissements étrangers en Chine était réalisée par des PME asiatiques, plus particulièrement par des entrepreneurs venus de Hong Kong, de Taiwan ou des pays de la diaspora.

Prépondérante dans les débuts, la sous-traitance a progressivement fait place à des coentreprises sino-étrangères au sein desquelles le pouvoir de décision et les bénéfices sont partagés entre les partenaires. Cette stratégie a parfois abouti à des détournements opérés au détriment de la coentreprise. C'est ainsi que Zong Qinghou, un des hommes les plus riches de Chine, a bâti son empire[1]. En 1989, il a créé le groupe Wahaha de Hangzhou (Zhejiang), spécialisé dans la production et la distribution de produits laitiers et de boissons non alcoolisées. Sept ans plus tard, il a formé avec Danone une coentreprise qui n'a pas tardé à s'imposer sur le marché chinois, mais il a bientôt été accusé par son partenaire français d'avoir

---

1. Classé en tête de la liste des Chinois les plus riches en 2010, en second rang en 2011. Sa fortune est évaluée à plus de 10 milliards de dollars (Hurun, 2011).

monté une soixantaine d'usines fabriquant et distribuant sous la seule marque Wahaha des produits similaires à ceux de la coentreprise, dont le manque à gagner se serait élevé à plusieurs dizaines de millions de dollars par mois. En 2009, après divers déboires judiciaires – le tribunal de Hangzhou ayant donné raison à Wahaha –, la compagnie Danone a cédé à bas prix sa participation dans la coentreprise (Rousseau, 2009 A). La notoriété de Danone a donné à l'affaire un grand retentissement, mais le scénario n'a rien de très original, et beaucoup de coentreprises de moindre envergure ont connu des problèmes analogues (Rousseau, 2009 B).

Les investissements directs ont suivi, dans les pays en voie de développement aussi bien que dans les pays développés. En s'installant à l'étranger, les PME du secteur non public n'obéissaient pas à la politique officielle de sortie vers l'extérieur. En effet, la campagne lancée au début des années 2000 par le pouvoir central n'a guère été relayée par les autorités locales – celles avec lesquelles les PME sont en relation –, et le dispositif d'aide officielle ne s'applique en général qu'aux compagnies d'État ou soutenues par l'État. En s'expatriant, les entreprises privées cherchaient simplement à développer leurs affaires et à se soustraire à la pression étouffante de la concurrence sur le marché intérieur.

À l'étranger comme en Chine, elles se sont appuyées sur les réseaux de solidarité et sur la présence éventuelle de diasporas. À Prato, petite ville de Toscane vouée à l'industrie de la mode, on compte 2 000 fabriques de vêtements possédées par des entrepreneurs venus de Wenzhou. Profitant de l'exploitation d'une main-d'œuvre illégale importée de Chine et de leur familiarité avec les tendances d'un marché très versatile, les petits patrons chinois ont évincé leurs concurrents italiens (Johanson, 2009). Les entrepreneurs privés chinois se sont aussi aventurés en Afrique, où leurs activités s'étendent du commerce de détail et de l'industrie manufacturière à l'exploitation agricole, forestière ou minière. Fragmentaires, dispersés, leurs établissements ont suivi ceux des compagnies publiques, mais, à la différence de ces dernières, les PME chinoises opèrent sans filet de sécurité, et la crise de 2008 a amené nombre d'entre elles à plier bagage (Jing, 2009). Quelques-unes ont acquis dans cette aventure une envergure internationale. Chassée du marché urbain chinois par la concurrence de la compagnie publique ZTE, Huawei, entreprise privée spécialisée dans la fabrication d'équipements de télécommunications, devait se contenter d'un marché rural beaucoup moins porteur avant de se lancer, à la fin des années 1990, sur les marchés étrangers et de devenir l'une des premières multinationales de son secteur. Une telle réussite apparaît cependant exceptionnelle, et, bien que réputée privée, l'entreprise aurait bénéficié d'importants appuis officiels dans son expansion internationale (Huang, 2008, 10-11).

Le monde des entreprises non publiques est une jungle : il y règne une concurrence exacerbée qui incite les patrons à toujours abaisser leurs prix, à réduire leurs marges bénéficiaires et à adopter des stratégies fondées sur l'exploitation, la tromperie, la corruption. Cette sauvagerie du capitalisme chinois s'exerce au détriment des travailleurs, des consommateurs, des partenaires étrangers, de l'environnement, de l'État et d'un certain nombre de patrons réduits à l'auto-exploitation.

L'essor du secteur non public s'est nourri pendant trente ans d'une exploitation sans frein de la main-d'œuvre. Les migrations rurales et les restructurations du secteur public ont alimenté un immense réservoir de travailleurs prêts à accepter n'importe quel emploi pour n'importe quel salaire. Dans certaines branches – carrières, mines, briqueteries – s'est instauré un véritable esclavage, ailleurs ce sont de longues heures de travail, l'absence de jours de repos, des salaires amputés de multiples retenues et versés avec d'importants retards, des punitions physiques, des licenciements arbitraires. En dépit d'améliorations survenues récemment, les conditions de travail des ouvriers chinois, des migrants en particulier, restent très précaires.

Pour abaisser leurs coûts, les patrons recourent à bien d'autres pratiques illégales et immorales, comme la fabrication de produits défectueux, dangereux pour les consommateurs. L'affaire du lait contaminé à la mélamine, qui a tué six nourrissons et rendu malades 300 000 autres, a poussé le gouvernement central à faire de la sécurité alimentaire une priorité nationale en 2009. Pourtant, de nouveaux scandales ont éclaté : viande de porc traitée au détergent pour être vendue comme viande de bœuf, sauce de soja à l'arsenic, champignons blanchis à la lessive, haricots verdis aux antibiotiques, petits pains à la vapeur recyclés après leur date de péremption, œufs fabriqués à partir de gélatine, paraffine et autres produits chimiques, melons explosifs, sauce de soja fabriquée à partir de cheveux humains, etc. (Prévost, 2012).

Le piratage et la contrefaçon permettent d'économiser sur le paiement des redevances. Et le respect de l'environnement est un moindre souci. Les résidents urbains respirent un air pollué, et leur approvisionnement en eau est souvent menacé. À la campagne, des milliers d'hectares sont rendus impropres à la culture à cause des rejets chimiques abandonnés sur place par les entreprises industrielles. L'évasion fiscale et la contrebande sont d'autres facilitateurs d'affaires. La tricherie ne s'exerce pas seulement à l'égard de l'État. Contrats non respectés, faillites frauduleuses, dettes impayées, livres de comptes truqués (quand ils existent) : la fraude fait partie de la stratégie ordinaire de l'entreprise.

Un secteur privé dynamique parce que sans loi, sans éthique et donc sans entrave ? C'est ce qu'affirment les concurrents étrangers ou les ouvriers des pays développés, victimes des délocalisations. C'est ce que reconnaissent certains patrons chinois eux-mêmes. Comme les enfants capricieux, les capitalistes s'assagissent avec le temps, explique Yin Mingshan, le grand constructeur de motocyclettes de Chongqing (Sichuan). Il leur faut « d'abord se développer et ensuite adopter des procédures régulières » (cité dans Lawrence, 2003). On observe d'autre part que les entreprises privées entrées en Bourse font souvent moins de profit par la suite, à cause vraisemblablement de la nouvelle transparence qui leur est alors imposée : régularisation des titres fonciers, mise en forme de la comptabilité, paiement des arriérés fiscaux (*The Economist*, 2011 B, 12/03). L'entrée en Bourse n'est pourtant pas toujours gage de rigueur. Aux États-Unis, des voix se sont élevées pour dénoncer les actifs surévalués, les fonds détournés vers des filiales non identifiées et les manœuvres utilisées pour échapper aux contrôles préalables à l'introduction[1] (Barboza & Ahmed, 2011).

Il ne faut sans doute pas moins que cet arsenal de tricheries pour surmonter les discriminations dont les entreprises non publiques continuent d'être l'objet de la part du gouvernement chinois.

Un secteur discriminé

Le secteur non public est en effet loin de lutter à armes égales avec les secteurs concurrents des entreprises publiques et des entreprises étrangères, l'un et l'autre bénéficiant de nombreux avantages consentis par le pouvoir.

En théorie, le secteur non public a été légitimé et mis sur un pied d'égalité avec le secteur public. Son émergence a été ponctuée par la promulgation de déclarations politiques et de règlements qui lui ont progressivement conféré un statut officiel et une légitimation idéologique de plus en plus clairement affirmée au fil des congrès nationaux du PCC et des sessions annuelles de l'ANP.

C'est en 1987 que le Parti communiste chinois (PCC), lors de son XIIIe congrès, sanctionne l'existence d'un sec-

---

1. Parmi ces manœuvres, la « fusion inversée » (*reverse merger*) : une compagnie privée chinoise acquiert à bon marché une société paravent déjà listée aux États-Unis ou au Canada mais sans grande activité, et peut alors lever des fonds sans avoir à se soumettre aux contrôles normalement exigés.

teur privé dont le rôle est décrit comme « subordonné et complémentaire ». Puis les diverses formes d'organisation des entreprises privées *siying* sont précisées par une série de textes législatifs promulgués à partir de 1988. Le secteur privé se voit attribuer en 1999 un rôle « important », et non plus simplement « complémentaire », dans le fonctionnement de l'économie chinoise. Accompagnant les dernières négociations d'accession de la Chine à l'OMC, la campagne des Trois Représentativités, lancée par Jiang Zemin en 2002, proclame que le PCC représente toutes les forces productives de la nation et admet en son sein les entrepreneurs privés. En 2005, le gouvernement promulgue 36 articles pour guider le développement du secteur non public, qui devra être traité sur un pied d'égalité avec le secteur public en ce qui concerne les investissements, le financement, la fiscalité, l'utilisation du sol et le commerce extérieur, et qui pourra poursuivre son développement dans des branches qui lui étaient jusqu'alors interdites, telles qu'infrastructures, transports, énergie, travaux d'utilité publique. Lors de la dernière révision de la Constitution, en mars 2004, la propriété privée a été décrétée inviolable, et, après beaucoup de débats, ce principe a trouvé son application dans la loi sur la propriété, adoptée par l'ANP en mars 2007.

En dépit des améliorations ainsi apportées à leur statut, les entreprises privées continuent de souffrir de nombreuses discriminations. Elles ne bénéficient pas d'une véritable protection juridique (les progrès juridiques accomplis après l'accession de la Chine à l'OMC concernent principalement le domaine économique international). Les entreprises ne portent donc guère leurs différends devant les tribunaux. Elles tâchent de les régler par leurs propres moyens, ayant parfois recours à la violence physique – kidnapping, assauts physiques – et faisant d'autres fois appel à la médiation de notables, d'associations professionnelles ou, le cas échéant, à la presse pour attirer l'attention des autorités sur les abus dont elles sont victimes (Tsai, 2007, 130-131).

Les entreprises privées ont aussi beaucoup souffert de leur accès limité aux crédits bancaires (Tsai, 2007, 82-87). Depuis 2009, la situation s'est améliorée, et les microentreprises en particulier ont bénéficié de prêts plus nombreux dans le cadre du plan de relance (Lardy, 2012, 34-35). Les principales banques officielles continuent cependant de privilégier les entreprises d'État ou protégées par l'État. Les prêts consentis aux PME privées représentent moins de 4 % des sommes avancées par trois des Quatre Grandes (*The Economist,* 2011 B, 12/03). Les entreprises privées n'ont guère non plus la possibilité de lever des capitaux sur le marché, car les autorisations d'entrée en Bourse leur sont généralement refusées par les autorités, et elles ne peuvent pas émettre d'obligations. Sur les introductions réalisées de 1990 à 2003 dans les deux Bourses chinoises de Shenzhen et Shanghai, 7 % seulement étaient le fait d'entrepreneurs privés (Huang 2008, 171). La plupart de ceux-ci sont donc obligés de se rabattre sur des systèmes de financement informels. À Wenzhou, bastion du capitalisme chinois, la majorité des entreprises y ont recours : emprunts aux particuliers ou à des sociétés de cautionnement clandestines. Les capitaux viennent d'autres entreprises tentées par l'usure, ainsi que d'épargnants désireux de faire des placements plus avantageux que ceux proposés par les banques officielles : 90 % des ménages auraient ainsi investi leurs économies. Des experts de Hong Kong estiment à plusieurs centaines de milliards de dollars par an le montant de ces crédits non officiels. L'avantage du système est qu'il est fort souple : la plupart des transactions se font en liquide, la comptabilité écrite est souvent inexistante, le rythme des opérations, rapide. Si un projet apparaît prometteur, il est possible de rassembler en quelques jours les investissements nécessaires. La légèreté des procédures permet également d'abaisser le coût de transaction. L'inconvénient pour les emprunteurs est que les taux d'intérêt sont très élevés, souvent plus de 70 % par an. Quant aux prêteurs, ils n'ont d'autre garantie que la confiance gouvernant les relations de solidarité familiale, géographique, professionnelle. Or il arrive souvent qu'en période de crise ou de ralentissement économique les patrons incapables de rembourser leurs crédits disparaissent sans laisser de traces. À Wenzhou, 90 chefs d'entreprise ont pris la fuite à l'été 2011, soulevant l'inquiétude des bailleurs de fonds et faisant peser la menace d'une crise générale du secteur privé. D'après une enquête locale, un cinquième des 360 000 PME de Wenzhou auraient cessé de fonctionner en 2011 à cause de problèmes de trésorerie. La situation a été jugée si grave que le Premier ministre Wen Jiabao est venu sur place début octobre 2011 pour annoncer des mesures d'assouplissement dans l'attribution de crédits officiels aux entreprises privées (*Courrier international*, 2011 A ; *Courrier international*, 2011 B ; *Courrier international*, 2011 C ; Barboza, 2011).

En conséquence de ces difficultés de financement, le capital dont disposent en moyenne les entreprises privées n'est pas très élevé : moins de 1 million de yuans (120 000 euros ; *China Daily*, 2009, 26/03). Bien des entreprises semblent d'ailleurs désireuses de ne pas dépasser ces limites afin d'éviter d'attirer sur elles l'attention des autorités et de susciter la jalousie de cadres locaux toujours prêts à racketter, à fermer ou à exproprier les sociétés qui réussissent trop bien.

Autre handicap dont souffrent les entreprises privées : l'impossibilité où elles se trouvent de s'engager dans des branches d'activité en pleine expansion, porteuses de profits et de développement. Les barrières officielles qui s'opposaient à leur entrée dans de nombreux secteurs réservés aux entreprises publique ont été abolies par les 36 articles de 2005 mentionnés plus haut. Restent les barrières invisibles, qui, dans les faits, écartent les entreprises privées de ces secteurs, barrières d'autant plus difficiles à faire tomber qu'elles sont devenues implicites. Les rapports des associations professionnelles et de la FNIC résonnent des protestations et des plaintes des entrepreneurs ainsi frustrés. Le gouvernement a lui-même reconnu l'échec de sa démarche, et le Premier ministre Wen Jiabao a redemandé l'ouverture de ces secteurs dans les nouveaux 36 articles de mai 2010, ajoutant même pour faire bonne mesure quelques secteurs nouveaux, tels les services financiers (*The Economist*, 2011 C, 10/04). Il y a peu de chances cependant que les directives de 2010 soient mieux entendues que celles de 2005. Un directeur adjoint de la chambre de commerce du Zhejiang résumait ainsi la situation : « Les entreprises privées boivent le bouillon de la soupe tandis que les entreprises publiques mangent la viande » (cité dans *Wines*, 2010).

En outre, les autorisations de sortie vers l'extérieur ne leur sont que chichement accordées. Aussi la plupart des PME opérant sur les marchés étrangers n'ont-elles pas jugé utile de faire enregistrer leurs activités outre-mer. À quoi bon ? Les crédits alloués par l'Exim Bank ne sont pas pour elles. Les tribulations du groupe Hawtai illustrent les dilemmes auxquels peuvent se heurter les entreprises privées lorsqu'elles veulent s'étendre vers l'étranger. Fondée en 2000, cette entreprise privée s'est spécialisée dans la construction d'automobiles. De taille modeste, elle produit 350 000 véhicules par an. Or le gouvernement central pousse au regroupement de l'industrie automobile chinoise sous la houlette d'une demi-douzaine de grandes entreprises publiques qui ne se soucient guère de faire alliance avec de petits producteurs. Hawtai a donc cherché à créer un partenariat avec la marque suédoise Saab, mais cette stratégie allant contre celle du gouvernement central, la compagnie n'a pas pu obtenir les autorisations nécessaires du ministère du Commerce et d'autres administrations. Et les accords préliminaires signés avec les propriétaires de la marque n'ont pas pu être confirmés (Saltmarsh & Jolly, 2011).

Soumises de plein fouet à la loi du marché, en butte à la mauvaise volonté des instances officielles, les entreprises privées sont vulnérables. Elles doivent réduire au minimum leurs marges bénéficiaires, et leur survie est menacée au moindre accident de conjoncture. La crise de 2008 et le déclin consécutif de la demande américaine et européenne les a durement atteintes, et nombre d'entre elles, dans les provinces du Sud, ont dû fermer leurs portes, car elles n'ont bénéficié ni des milliards de dollars du plan de relance, ni des mesures de *bail out* qui ont sauvé nombre d'entreprises d'État. Les augmentations de salaires, la hausse du prix de l'énergie et des matières premières importées, menacent les activités commerciales et industrielles, le dégonflement de la bulle immobilière et le resserrement du crédit réduisent les gains de la spéculation. Tout cela n'est pas de bon augure pour ces PME, qui, d'après un responsable de Wenzhou, ont déjà été obligées d'abaisser leur marge à moins de 3 %, parfois même jusqu'à 1 % (*Courrier international*, 2011 B ; *Courrier international*, 2011 C). Le « modèle de Wenzhou », qui s'inscrit dans une perspective de profits à court terme, pourrait trouver ses limites.

Pour remédier à leur vulnérabilité, beaucoup d'entreprises privées cherchent à se rapprocher du pouvoir. Les plus prospères sont en effet celles dont les dirigeants ont les meilleures relations avec les autorités, celles qui ont à leur tête des cadres, ex-cadres ou parents de cadres agissant à titre individuel tout en bénéficiant de leurs relations officielles. Les cadres qui se sont lancés dans la « mer des affaires » au moment des privatisations gardent de leur carrière antérieure une précieuse connaissance des procédures bureaucratiques, et d'utiles réseaux de relations parmi leurs anciens collègues.

Le rapprochement avec le pouvoir n'offre cependant qu'une protection relative. Les rapports de forces jouent en faveur des fonctionnaires, et ceux-ci peuvent toujours se retourner contre une entreprise dont le succès leur porte ombrage. Des scandales peuvent éclater, mettant au jour des liens de patronage qui apparaissent alors comme autant de signes de corruption et provoquent des sanctions pénales. L'entrepreneur peut avoir choisi le mauvais parti dans les rivalités et luttes factionnelles qui se poursuivent à tous les niveaux de la hiérarchie administrative et politique. La proximité avec le pouvoir comporte presque autant de risques que d'avantages. Il n'en demeure pas moins qu'au-delà d'un seuil situé assez bas l'entreprise privée ne peut poursuivre son développement sans se rapprocher des instances officielles, d'où la prudence de nombreux patrons qui préfèrent limiter leur expansion plutôt que d'aller se jeter dans la gueule du loup bureaucratique.

Non, le capitalisme n'a jamais été la forme dominante de l'économie chinoise réformée. La multiplication des interventions de l'État depuis 2008 ne l'a pas non plus condamné. Il persiste dans son être, pas toujours très visible, borné par la politique officielle, mais dynamique au milieu de circonstances adverses. Il représente le second volet d'une économie mixte dont la Chine a déjà fait l'expérience sous le régime nationaliste de Chiang Kai-shek ou au lendemain de la révolution, dans les années 1950. L'équilibre interne de tels systèmes économiques est instable, et dans les précédents historiques qu'on vient d'évoquer il a été balayé au bout de quelques années par la guerre dans un cas, par la radicalisation révolutionnaire dans l'autre : dans les deux cas, le secteur privé a été éliminé. Au moment où la Chine semble à la recherche d'un nouveau modèle de développement faisant la part moins belle aux investissements publics, l'équilibre actuel va-t-il se modifier au bénéfice du secteur privé ? Les partenaires de la Chine qui voient en elle un des principaux moteurs de la croissance mondiale pressent les dirigeants de Pékin de reprendre une politique de libéralisation économique pour laquelle plaident aussi nombre d'experts et de responsables chinois. Un tel tournant n'est cependant pas facile à négocier, et, s'il s'opère, il prendra du temps.

CHAPITRE 4

Les entrepreneurs chinois

Toujours communiste dans son organisation formelle, sa pratique autoritaire et son discours idéologique, le parti-État ne saurait tolérer qu'on évoque l'existence de capitalistes, exploiteurs et piliers d'un ancien régime honni. Il se contente de célébrer ceux qu'il nomme les entrepreneurs (*qiyejia*) et dont il vante la contribution à la croissance et au développement de la richesse nationale. Du petit patron d'entreprise au dirigeant de groupe international, ces entrepreneurs forment une troupe nombreuse et très hétérogène qui a grossi au fil des réformes. Son émergence a accompagné les mutations de l'ancienne économie de commande et de la société maoïste, dans laquelle les distinctions sociales se fondaient sur des statuts invariables. En enlevant les étiquettes de classe, en minant le système du *hukou* (assignation à résidence dans le lieu de naissance) et en mettant au rebut « le bol de riz en acier » des emplois garantis à vie, la réforme a redonné sa mobilité à la société, où désormais la détention de ressources financières ou la compétence professionnelle introduisent de nouveaux critères de distinction.

Les entrepreneurs font partie de ce que le discours officiel appelle sans grande précision « les nouvelles couches sociales ». Dans les premiers temps de la réforme, l'abandon de l'économie de commande et l'introduction de mécanismes de marché ont pu faire penser qu'allait se développer en Chine une bourgeoisie d'affaires analogue à celle qui avait accompagné la modernisation de l'Occident et contribué à la transformation des rapports entre États et sociétés. L'Occident considérait alors les entrepreneurs privés chinois comme pionniers du progrès économique et porteurs d'espoir démocratique. Le retour du capitalisme d'État a amoindri leur visibilité et mis en vedette une autre catégorie d'entrepreneurs : les bureaucrates et les élites du parti que leur histoire familiale rattache au milieu des hauts dirigeants et qui profitent de leurs relations avec le pouvoir pour s'enrichir en se lançant dans le monde des affaires. Aux différentes facettes du système mixte qui structure l'économie chinoise – capitalisme privé, capitalisme d'État, capitalisme de connivence – correspondent des types divers d'entrepreneurs que distinguent leur identité sociale, leur rôle dans l'activité économique et la nature des rapports qu'ils entretiennent avec le pouvoir.

Tout classement défie la complexité du réel. Les qualificatifs « privés », « bureaucrates », « politiques », n'établissent pas de frontières étanches entre les entrepreneurs auxquels ils s'appliquent. La position des uns et des autres peut se modifier au fil des années, des politiques gouvernementales, des conjonctures économiques, des trajectoires personnelles. Le parti-État lui-même semble attacher moins d'importance aujourd'hui à la nature de la propriété, et établir des distinctions moins tranchées entre entrepreneurs des secteurs public et non public. Il mène à leur égard une politique d'ensemble qui vise à les contrôler sans porter atteinte à leur contribution économique.

LES CAPITALISTES DU SECTEUR PRIVÉ
OU NON PUBLIC

Ce sont ceux qui, à l'origine, ont le plus attiré l'attention des chercheurs, des étrangers particulièrement. Ces derniers guettaient l'apparition d'une bourgeoisie qui, à l'image de la bourgeoisie occidentale des XIXe et XXe siècles, serait susceptible de convertir sa puissance économique en pouvoir politique et de faire triompher la démocratie. Les enquêtes publiées à la fin des années 1990 et au début des années 2000 étaient toutes orientées par cette problématique. Les résultats décevants de ces travaux ainsi que le retour en force du capitalisme d'État ont quelque peu détourné l'attention des entrepreneurs privés. Même si leur visibilité a décliné, ces derniers n'en demeurent pas moins des acteurs essentiels de la vie économique et sociale.

Le groupe des entrepreneurs privés s'est constitué par l'apport de vagues successives, à mesure que se développait la réforme. Au tout début, au moment où il s'engage sur la voie inexplorée de l'économie de marché socialiste, le régime fait appel aux capitalistes de l'époque prérévolutionnaire. Certains sont restés en Chine, où, en tant que « capitalistes nationaux », ils ont poursuivi une collaboration malaisée dite « de front uni » avec les bureaucrates communistes, mais la plupart ont émigré[1]. Le gouvernement de Pékin s'efforce alors de mobiliser l'expertise de ces anciens capitalistes et les ressources financières de leur parentèle de la diaspora. Leur rôle a maintenant beaucoup décliné, et la chute en avril 2009 de Larry Yung, rejeton d'une grande famille d'industriels du coton, qui présidait à Hong Kong la société d'investissements Citic-Pacific, signe symboliquement l'effacement de cette bourgeoisie d'affaires d'origine prérévolutionnaire.

La première vague des nouveaux entrepreneurs se recrute à la campagne, dans les années 1980, parmi les paysans ou les cadres et techniciens des communes populaires qui prennent en charge les entreprises de bourgs et villages. En ville, on ne trouve à cette époque que des microentrepreneurs *getihu* – marginaux, délinquants, chômeurs – qui essaient de survivre grâce à de petits boulots. C'est ainsi que le futur magnat immobilier Zhou Zhengyi, à la carrière aussi fulgurante que brève, commença à bâtir sa fortune en vendant des raviolis dans

---

1. Par opposition aux capitalistes compradores, ayant coopéré avec les impérialistes étrangers et aux capitalistes bureaucratiques qui s'étaient compromis avec le régime du Guomindang, les capitalistes dits nationaux étaient censés n'avoir compté que sur leurs propres forces pour défendre leurs intérêts économiques et ceux de la Chine. Il s'agit là d'une étiquette politique attribuée par le régime communiste aux hommes d'affaires dont la collaboration lui était apparue indispensable au lendemain de la révolution de 1949.

les rues de Shanghai. À mesure, cependant, que le secteur privé se développe et acquiert une plus grande légitimité, le nombre et la qualité des entrepreneurs urbains augmentent. Ils se recrutent parmi d'anciens militaires ou employés et, de plus en plus, parmi d'anciens fonctionnaires locaux ou cadres gestionnaires d'entreprises publiques ou collectives dont ils sont devenus propriétaires au moment de leur privatisation (Bergère, 2007, 301-305). Des enquêtes menées au début des années 2000 montrent que cette dernière catégorie représentait alors près de la moitié des propriétaires d'entreprises privées (Tsai, 2007, 74). Ils ont été rejoints par des chercheurs scientifiques ou des « retours de l'étranger » qui, leur formation acquise, ont choisi de rentrer faire des affaires en Chine.

Dans leur diversité, les entrepreneurs privés apparaissent comme autant de surgeons poussés sur le tronc en voie de dessèchement de l'ancienne société maoïste. La recomposition sociale s'accomplit à travers le recyclage de tous ces éléments que gouverne le rythme de la réforme : mutation originale qui laisse cependant subsister bien des traces du passé.

L'importance de l'entreprise peut aussi servir de critère de distinction. Un certain nombre de microentrepreneurs – marchands ambulants, réparateurs ou petits artisans installés sur le trottoir – ont tendance à se confondre avec les ouvriers ou les paysans, mais beaucoup d'entreprises familiales – artisanales ou commerciales – ont réussi à se développer, à recruter quelques employés, à devenir de modestes PME. Parmi les plus modestes, celles créées par d'anciens employés d'entreprises publiques ou d'ateliers collectifs qui, après la fermeture de ces entreprises, ont continué à travailler à leur compte en mettant à profit leur savoir-faire et quelque tradition de production locale spécialisée : tels, par exemple, les ouvriers de la maille de Yiwu, au Hunan (Guiheux, 2003).

Les entrepreneurs de type Wenzhou ont davantage d'envergure. Ils empruntent leur nom à une ville de la province du Zhejiang réputée pour l'esprit d'entreprise de sa population. Dans cette région montagneuse, pauvre et rebelle, les paysans ont de tout temps complété leurs revenus en se livrant à l'artisanat, en se faisant marchands ambulants, contrebandiers, pirates, quand ils ne choisissaient pas l'émigration. Habitués depuis des siècles à travailler dans un environnement politique instable, souvent hostile et au mieux indifférent, les entrepreneurs ont créé à leur usage une culture qui repose sur une éthique de la confiance et de la solidarité, et qui peut fonctionner de façon quasi autonome, indépendamment du cadre institutionnel et juridique dans lequel elle s'insère. Confiance et solidarité sont fondées sur les relations personnelles (*guanxi*). Généralement dépourvus d'accès au crédit bancaire officiel, les petits patrons ont utilisé ces réseaux pour lever des capitaux et fonder leurs entreprises. La famille, élargie à la parentèle, constitue toujours le principal de ces réseaux. Comme par le passé, le fonctionnement de l'entreprise repose sur la mobilisation de la main-d'œuvre familiale, à laquelle s'ajoutent quelques dizaines ou centaines d'employés. La recherche de débouchés passe aussi par les réseaux de solidarité.

Dans la mesure où l'entrecroisement de ces réseaux structure l'ensemble de la société et où les relations interpersonnelles sont gérées par un code rigoureux d'obligations et de responsabilités réciproques, la possession de nombreuses relations constitue en Chine un capital social encore plus précieux qu'en Occident celle d'un carnet d'adresses bien rempli.

Leurs antécédents ont permis aux gens de Wenzhou de très vite saisir les chances que leur offrait la réforme. Les ateliers ont pris leur essor, fabriquant des produits bas de gamme (briquets, boutons, outils, objets de plastique, textiles) sous leurs propres noms, et, de façon anonyme, des produits plus sophistiqués pour des compagnies étrangères auxquelles ils servent de sous-traitants. Les artisans et colporteurs qui, dès les années 1970, avaient recommencé à émigrer vers d'autres provinces ont servi de relais naturels pour écouler la production de ces ateliers sur le marché national. Implantées dans les provinces les plus lointaines aussi bien qu'à l'étranger, les communautés de gens de Wenzhou comptaient, en 2004, 1,7 million de membres sur l'activité desquels reposaient des flux de marchandises et de capitaux se chiffrant en milliards de yuans (Bergère, 2007, 361).

De la masse des patrons de PME émerge une minorité de grands entrepreneurs privés qui, partis de rien, ont amassé d'immenses fortunes grâce aux protections officielles qu'ils ont pu se procurer et au succès de spéculations immobilières et boursières. Quelques centaines de milliardaires (en dollars américains) se fondent dans la couche des « nouveaux riches » – spéculateurs de tout poil, cadres corrompus ou vedettes du show-biz –

qu'emportent la soif de consommer et le désir de paraître[1]. Leur carrière est souvent brève : sur les listes d'entrepreneurs les plus importants que dressent les divers magazines, les noms retenus changent d'une année à l'autre, des douzaines d'entre eux disparaissent, remplacés par de nouveaux venus dont la longévité sera elle aussi limitée. Le taux annuel d'élimination dans les listes du magazine *Forbes* est d'environ un tiers (Bergère, 2007, 316-317).

Cette vulnérabilité pèse à divers degrés sur tous les entrepreneurs privés. Ils doivent relever les défis d'une croissance accélérée, gérer l'expansion de leurs affaires à travers les changements des modes et des marchés, renouveler leurs technologies, se défendre contre la concurrence féroce de leurs compatriotes et celle d'étrangers mieux équipés et financés qu'eux. Récemment, ils ont dû aussi affronter les difficultés créées par l'augmentation des salaires et l'élévation du cours des matières premières et des prix de l'énergie. Ils sont en outre menacés par les oscillations de la conjoncture mondiale : le déclin de la demande occidentale lors des crises de 2008 ou de l'automne 2011 a entraîné la faillite de nombreux patrons de PME des provinces du Centre et du Sud qui travaillaient pour l'exportation. Grâce à des investissements à long terme consacrés à l'automatisation des

---

1. Le nombre donné par la liste Hurun de 2011 est de 271 milliardaires. Le nombre réel est sans doute beaucoup plus élevé, car nombreux sont ceux qui préfèrent ne pas dévoiler l'étendue de leur fortune afin de ne pas attirer l'attention des autorités. En dépit de la crise, le nombre des milliardaires a plus que doublé depuis 2009, année pour laquelle la liste Hurun n'en recensait que 130 (Hurun, 2011).

opérations d'atelier, les autres ont augmenté leur productivité, ce qui leur a permis de maintenir leur compétitivité et de préserver et même développer leurs débouchés sur le marché international (Bradsher, 2012).

Aux aléas économiques s'en ajoutent bien d'autres. La zone grise dans laquelle ils évoluent met les entrepreneurs privés à la merci de l'arbitraire administratif. Si beaucoup sont enregistrés et ont adopté le statut *siying*, nombreux sont aussi ceux qui poursuivent leurs affaires à la faveur de statuts hybrides, grâce à des tolérances, à des connivences achetées par des pots-de-vin dont le tarif est révisable. Leur situation dépend d'un bon vouloir officiel qui n'est jamais définitivement acquis. La protection des bureaucraties locales facilite la création et le premier développement des entreprises privées, mais cette protection n'a qu'un temps. Lorsque les entreprises prennent de l'importance et accroissent leur visibilité, elles attirent l'attention et éventuellement l'intervention des instances supérieures. Celles-ci trouvent toujours de bonnes raisons d'intervenir. Les difficultés de leur position et l'absence de protection juridique conduisent en effet les entreprises privées à pratiquer un capitalisme sauvage. Fraudes fiscales, faillites frauduleuses, tricheries sur la qualité, corruption de cadres, recours à la violence physique contre des partenaires déloyaux ou des concurrents gênants : tous les moyens sont bons pour survivre dans la jungle des affaires. Si les autorités décident de poursuivre un entrepreneur, elles sont sûres de trouver des raisons propres à justifier leur démarche.

Les entrepreneurs privés se heurtent aussi souvent à l'hostilité d'une société que peuplent les laissés pour compte de la croissance et sur laquelle plane le souvenir idéalisé de l'égalitarisme maoïste, quand ce n'est pas l'ombre portée par la condamnation confucéenne de la richesse. Il suffit du moindre incident mettant en cause ces nantis de la réforme pour qu'éclatent de véritables manifestations de haine sociale. La personnalité des protagonistes transforme accidents ou incidents de rue en confrontations sociales symboliques dans lesquelles s'exprime l'animosité latente de la population à l'égard d'entrepreneurs considérés comme des privilégiés détournant à leur profit et par des moyens jugés immoraux les bénéfices de la croissance.

ENTREPRENEURS BUREAUCRATES DU SECTEUR PUBLIC ET ENTREPRENEURS « POLITIQUES »

Les dirigeants des compagnies d'État sont aussi officiellement désignés comme « entrepreneurs », mais ils se rattachent à la nomenklatura par leur carrière, leur origine familiale, ou par l'une et l'autre.

Les entrepreneurs bureaucrates gèrent les entreprises dépendant directement de l'État, ainsi que les entreprises publiques réformées sur lesquelles le gouvernement conserve son influence. Les plus nombreux relèvent d'autorités provinciales ou municipales, les plus importants, du gouvernement central. On trouve ces derniers à la tête des 121 grandes compagnies contrôlées par la CSGAP, des grandes banques et compagnies d'assurances officielles, des sociétés de médias placées sous l'autorité du Conseil des affaires d'État. L'importance de ces personnalités tient à celle des compagnies d'État qu'elles dirigent.

Ces grands patrons ne se perçoivent pas seulement comme des industriels ou des financiers ayant pour objectif d'accroître le chiffre d'affaires et les bénéfices de l'entreprise, mais aussi comme des responsables auxquels il incombe de contribuer à la stabilité du régime et au progrès de la Chine en servant la politique macroéconomique du gouvernement. Ils portent une double casquette d'entrepreneur et de cadre. En 2010, tous ceux dont l'entreprise relève du gouvernement central sont membres du parti, qui a nommé les plus importants d'entre eux (une cinquantaine) aux postes de direction qu'ils occupent. Ils cumulent souvent leurs fonctions de président ou directeur avec celles de secrétaire ou secrétaire adjoint de la cellule du parti de leur entreprise. Pour beaucoup, le passage par l'entreprise ne représente qu'une étape dans une carrière de nomenklaturiste qui les amène à occuper de hautes fonctions politiques ou administratives. Zhang Qingwei conjugue la direction de la société de construction aéronautique Comac avec le gouvernement de la province du Hebei ; Zhu Yanfeng a présidé la plus grande compagnie automobile chinoise, la FAW, avant de devenir gouverneur adjoint de la province du Jilin ; Su Shulin a été responsable du bureau de l'organisation du parti dans la province du Liaoning avant de prendre la tête de la compagnie pétrolière Sinopec (Li, 2011, 1-3). Le patron de Chinalco (China Aluminium Company) a accédé du jour au lendemain au poste de vice-président du Conseil des affaires d'État, équivalent d'un poste de vice-Premier ministre (McGregor, 2010, 60).

Nés dans les années 1960, ces grands patrons sont encore jeunes, et leurs carrières peuvent rappeler celles de hauts dirigeants de la génération précédente, tels l'ancien président Jiang Zemin ou l'ancien Premier ministre Li Peng, respectivement directeur d'usine et de centrale thermique à leurs débuts. Cependant, les responsabilités économiques qu'assument les nouveaux entrepreneurs bureaucrates sont à l'échelle de l'importance que revêtent sur le marché mondial les compagnies géantes dont ils ont la charge. Il ne leur suffit pas, comme à leurs prédécesseurs, d'être de bons administrateurs, il leur faut aussi avoir l'intelligence de la conjoncture internationale et un sens aigu des affaires. Sur leur bureau, l'ordinateur trône près du téléphone rouge : le premier leur permet de suivre l'évolution des cotations en Bourse, et le second, de rester en contact avec les hiérarques du parti et du gouvernement. Ils gardent ainsi un œil fixé sur les succès de leur entreprise et l'autre sur leurs perspectives de promotion bureaucratique ou politique (McGregor, 2010, 57).

Parmi les entrepreneurs en liaison étroite avec les milieux officiels figurent aussi des membres de l'entourage familial des hauts dirigeants. Un silence absolu est imposé aux médias chinois sur tous les sujets touchant à la vie privée de ces dirigeants et de leur famille et il a fallu le travail d'enquêteurs américains pour que soit révélé le montant de la fortune accumulée par la famille de Wen Jiabao : 2,7 milliards de dollars d'actifs détenus par la mère, le fils, la fille, le frère cadet et le beau-frère du Premier ministre, agissant le plus souvent par inter-médiaires pour mieux protéger le secret de leurs démarches (Barboza, 2012). Dans la catégorie des entre-preneurs politiques, les fils et filles de hauts dirigeants forment un groupe à part. Leur filiation leur ouvre une voie royale pour entrer dans le monde des affaires et y faire fortune.

Élevés au sérail, les « petits princes » (*taizi*) ont fré-quenté les meilleurs établissements d'enseignement, et, se mariant entre eux, ils forment une nouvelle caste par-fois appelée noblesse rouge. Certains ont poursuivi leurs études à l'étranger et tous profitent de leur accès privi-légié au pouvoir. Les investisseurs chinois ou étrangers ne peuvent rêver d'intermédiaires mieux introduits ni plus utiles. Gestionnaires d'entreprises publiques ou à la tête d'entreprises qu'ils ont créées eux-mêmes, souvent en partenariat avec des compagnies étrangères, ils figu-rent parmi les principaux bénéficiaires de la réforme éco-nomique. En 2000, alors que son père, Jiang Zemin, exerçait encore les fonctions de président de la Répu-blique, Jiang Mianheng a créé la plus grande entreprise de circuits intégrés de Chine, aidé dans sa démarche par d'importants prêts des banques officielles. Hu Haifeng, fils de l'actuel président Hu Jintao, a fondé en 1997, à sa sortie de l'université Qinghua de Pékin, la compagnie de scanners de sécurité Nuctech. Dix ans plus tard, cette compagnie avait acquis le monopole de l'équipement des aéroports chinois et exportait ses produits dans une soixantaine de pays (voir ci-dessus chapitre 2, p. 68). Wen Yunsong, fils de l'actuel Premier ministre Wen Jiabao, dirige une grosse entreprise publique de communications par satellite. Li Xiaolin, fille de l'ancien Premier ministre Li Peng, est présidente et directrice générale de China Power International, l'une des cinq grandes compagnies publiques qui se partagent le marché chinois de l'électricité. Son frère, Li Qiaopeng, dirige une autre de ces grandes compagnies d'électricité, après avoir été vice-gouverneur de la province du Shaanxi. Le temps qui passe ne ternit pas les quartiers de noblesse de cette petite élite : aux « enfants de » commencent à succéder « les petits-enfants de », tels la présidente du Brilliant Culture Group spécialisé dans l'organisation de grands événements de relations publiques, qui n'est autre que la petite-fille du maréchal Ye Jianying, fidèle compagnon de Mao Zedong, ou encore Alvin Jiang, petit-fils de Jiang Zemin, qui a entrepris de lever 1 milliard de dollars pour créer le fonds d'investissement Boyu Capital (Barboza & LaFraniere, 2012 ; Sheridan, 2010 ; Anderlini, 2010). Comme celui des conquêtes de Don Juan, le catalogue pourrait s'allonger indéfiniment.

Ces privilégiés dont les entreprises bénéficient de crédits officiels, de concessions et de monopoles n'ont pas à redouter la réprobation de l'opinion publique : la presse n'a même pas le droit d'évoquer leurs noms. Ils peuvent compter sur la solidarité de caste qui, au-delà de rivalités personnelles ou politiques, unit les élites du régime. La plupart d'entre eux travaillent surtout à leur enrichissement personnel et mènent un train de vie luxueux, guettant les nouvelles possibilités offertes par le marché pour devancer leurs concurrents et agissant souvent en partenariat avec des étrangers.

Un accident étant toujours possible, beaucoup de ces entrepreneurs et de leurs protecteurs politiques déposent de l'argent à l'étranger : de source officielle, l'on estime à 120 milliards de dollars les sommes illégalement transférées depuis le milieu des années 1990 (MacFarquhar, 2012). D'après un rapport Hurun, les Chinois les plus riches, ceux dont le patrimoine est supérieur à 10 millions de yuans (1,583 millions de dollars américains), conservent 19 % de leurs actifs à l'étranger (*The Economist*, 2012).

LES RAPPORTS ENTRE LES ENTREPRENEURS ET LE RÉGIME

Ils sont déterminés par la nature du régime et par les stratégies que les entrepreneurs mettent en œuvre pour préserver leurs intérêts.

Autoritaire, le régime cherche à contrôler les entrepreneurs pour empêcher leur puissance économique de se transformer en pouvoir politique et éviter l'émergence d'une force autonome qui pourrait devenir force d'opposition. En même temps, le régime, dépourvu de base idéologique depuis l'abandon de fait du marxisme-léninisme et du maoïsme, compte sur la prospérité économique pour se créer une nouvelle légitimité, et il se doit donc de ne pas entraver le fonctionnement d'entreprises créatrices de richesses. Au service de ces objectifs contradictoires, il met en œuvre des stratégies diverses.

La répression s'exerce sans restriction sur les micro-entrepreneurs. Soumis à l'enregistrement obligatoire, ceux-ci doivent aussi se regrouper au sein d'une association professionnelle particulière, organisation de masse d'ancien type, servant de courroie de transmission aux consignes du parti-État. Ces démarches donnent lieu au paiement de droits et de cotisations qui sont autant de prélèvements obligatoires. Les clandestins qui essaient de se soustraire au contrôle des autorités sont pourchassés et passibles d'amendes et de saisie de matériel. D'autres formes de répression s'exercent sur les grands entrepreneurs privés, dont on a vu la vulnérabilité. Ceux dont la fortune et l'influence font ombrage aux responsables politiques voient leurs biens confisqués, font l'objet de procès et de condamnations à la prison, et sont parfois exécutés. Ces procédures ne se déclenchent pas à cause des délits ou crimes officiellement invoqués – fraudes, tricheries, corruption –, dont bien des entrepreneurs privés se rendent coupables sans être inquiétés : la chute des *tycoons* accompagne en général celle de hauts cadres avec lesquels ils ont conclu des liens de patronage et que des rivalités internes au parti viennent écarter du pouvoir.

Il est long, le cortège de ceux qui, s'étant hissés au sommet de la fortune et de l'influence, ont connu une chute soudaine : Yang Bin, le roi des orchidées, en 2003, Zhou Zhengyi, promoteur immobilier shanghaien condamné pour emprunts frauduleux en 2004, Huang Guangyu, fondateur de la grande compagnie d'équipement ménager Gome, condamné en 2008 pour manipulations boursières. Lai Changxin, l'empereur des contrebandiers, devenu le véritable maître du grand port de Xiamen (dans le Fujian), s'était réfugié au Canada pour échapper aux poursuites, mais il fut rattrapé par la justice chinoise et condamné à la prison à vie en mai 2012. Il y en a bien d'autres encore dont la chronique n'a pas toujours retenu les noms (Bergère, 2007, 318-319 ; Dean & Ng, 2010 ; Jacobs, 2012).

La répression s'accompagne d'une politique de cooptation par laquelle le régime vise à rallier les entrepreneurs privés en les intégrant à ses marges et en les subordonnant à son pouvoir. Cette politique s'inspire de celle menée au lendemain de la révolution, au début des années 1950, puis abandonnée quand la ligne politique s'est radicalisée. Sa renaissance a été facilitée par la réhabilitation des entrepreneurs privés opérée par Jiang Zemin, qui, en 2001, lors de la campagne sur les Trois Représentativités, a levé l'interdiction faite à ces entrepreneurs de devenir membres du parti.

On compte, d'après les enquêtes les plus récentes, 38 % de membres du parti parmi les entrepreneurs privés (Chen & Dickson, 2010, 41). Parmi eux, cependant, beaucoup sont d'anciens gestionnaires d'entreprises publiques ou collectives ayant adhéré au parti avant la privatisation de leur entreprise. L'entrée au parti est présentée aux nouveaux candidats comme une consécration de leur carrière, et elle est soumise à de lourdes procédures, ainsi qu'en témoigne la mise en attente de la demande présentée par Yin Mingshan, le grand fabricant de motocyclettes et d'automobiles de Chongqing, pourtant bien introduit auprès des autorités municipales et provinciales (Bergère, 2007, 338). Membres des instances locales du parti, les entrepreneurs privés n'ont en général pas accès à ses organes dirigeants. Il se peut, cependant, que Liang Wengen, cofondateur et patron de la compagnie de machines-outils Sany, fasse son entrée au comité central lors du XVIIIᵉ congrès du parti, en novembre 2012. Promotion symbolique : Liang Wengen, dont la fortune est évaluée à 9,3 milliards de dollars, arrivait en 2011 au premier rang du classement des riches Chinois de la liste Hurun (Hurun, 2011 ; *Les Échos,* 2011, 26/09).

Le parti a aussi incité les entrepreneurs à entrer dans les institutions représentatives : Assemblée nationale populaire, Conférence politique consultative du peuple chinois et leurs branches provinciales et locales. Un entrepreneur sur cinq environ exercerait ainsi des fonctions de député à divers niveaux (Chen & Dickson, 2010, 149). D'après les statistiques officielles, ils auraient représenté en 2006 un peu moins de 7 % des 2 900 membres de l'Assemblée nationale populaire (Tsai, 2007, 125).

Symbiotique pour les entrepreneurs bureaucrates, cette intégration dans les instances officielles est proposée aux entrepreneurs privés. Ils ne l'ont pas revendiquée. En elle-même, elle ne peut guère les aider à défendre leurs intérêts, étant donné leur présence minoritaire, le poids de la hiérarchie dans le parti et le faible pouvoir dont disposent les assemblées populaires, qui sont des chambres d'enregistrement, ou les conférences politiques consultatives, dont le rôle se limite à informer et conseiller. Elle leur apporte cependant du prestige, la reconnaissance de leur valeur par le système bureaucratique dominant, et surtout l'occasion de nouer avec des personnalités influentes des relations dont ils pourront éventuellement tirer profit, utilisant ainsi la politique du parti à leurs propres fins.

Ces entrepreneurs, de leur côté, ont en effet pour objectif de protéger et développer leurs affaires. Ils veulent avant tout défendre leurs intérêts particuliers, et pratiquent le clientélisme pour échapper à l'arbitraire administratif et obtenir des faveurs telles que crédits officiels, monopoles, commandes du secteur public, autorisation de mise en Bourse, appui à l'expansion internationale. Ils cherchent aussi à améliorer le cadre législatif et réglementaire dans lequel s'exercent leurs activités. Qu'il s'agisse de droit de propriété, de fiscalité, de tarifs douaniers, de protection des brevets, ils désirent faire entendre leur voix et s'en remettent alors le plus souvent à leurs associations professionnelles.

La plupart des entrepreneurs recherchent activement la faveur des autorités en place. Le petit patron courtise le maire du village et les administrateurs du canton ou du district. Le grand patron cultive l'amitié du secrétaire du parti et du gouverneur de la province, parfois même celle de dirigeants centraux. Pour entretenir ces bonnes relations, il leur faut offrir des cadeaux et de l'argent, inviter à des banquets, accorder des participations aux bénéfices, contribuer aux projets philanthropiques officiels. C'est un investissement très coûteux en temps et en argent, et qui – face oblige – ne peut guère être poursuivi que par le patron en personne. Yin Mingshan, le grand fabricant de motocycles de Chongqing (Sichuan), reconnaît qu'il « passe les deux tiers de son temps à faire de la politique », c'est-à-dire à rencontrer les cadres dont dépend la prospérité de ses affaires. Lorsqu'en 2009 Bo

Xilai, alors secrétaire du parti pour la municipalité, lance une grande campagne contre les mafieux et les entrepreneurs privés, apparemment classés dans des catégories voisines, Yin Mingshan se sent obligé d'inviter à un festin les amis et collaborateurs de Bo pour mieux se mettre à l'abri (Wong & Ansfield, 2012).

Le zèle déployé par les entrepreneurs privés pour s'attirer des faveurs officielles relève du répertoire traditionnel des marchands chinois. Ce qui, vu d'Occident, apparaît comme corruption représente en Chine une stratégie normale d'entreprise et ne soulève pas d'indignation particulière dans l'opinion tant qu'un certain seuil n'est pas franchi. On peut observer qu'en cas de scandale, quand la chute d'un responsable haut placé permet de mettre en lumière les pots-de-vin reçus en échange de protections, la critique est plus sévère à l'égard du corrompu que des corrupteurs, du cadre que des hommes d'affaires, comme si ces derniers, de par la nature même de leurs activités, devaient recourir à des procédés que réprouve la morale mais que tolère et encourage la pratique des affaires.

La proximité avec le pouvoir comporte cependant bien des risques qui poussent certains entrepreneurs à pratiquer une politique d'évitement. Les microentrepreneurs *getihu* fuient autant qu'ils le peuvent les contacts avec les pouvoirs publics qu'incarnent pour eux les agents du fisc ou de la sécurité publique. Les PME du modèle de Wenzhou, qui fonctionnent dans le cadre des réseaux de solidarité traditionnels, essayent elles aussi de limiter leurs relations avec les cercles officiels, dont elles ont beaucoup à craindre et peu à gagner. Très autonomes au sein de leurs guildes et de leurs amicales régionales, elles ne peuvent cependant complètement ignorer le système à la marge duquel elles s'inscrivent. Ce sont leurs associations qui, fortes de la richesse et de la réussite économique de leurs membres, négocient l'indispensable collaboration avec les autorités locales.

D'une façon qui peut paraître paradoxale, la prédominance des *guanxi* et des relations directes entre entrepreneurs et autorités n'exclut pas l'existence de nombreuses associations professionnelles. Ces associations se posent en alliées plutôt qu'en partenaires du pouvoir. Leur existence même et la manière dont elles s'intègrent à l'appareil gouvernemental les désignent comme les instruments d'un corporatisme d'État qui, dans la pratique, ne se réalise que très imparfaitement.

La principale association patronale est la Fédération nationale de l'industrie et du commerce (Fnic). Bien qu'elle se dise la plus importante ONG du pays, la Fnic n'est pas née d'un rassemblement d'entrepreneurs : c'est une organisation de masse créée au début des années 1950 par le parti et relevant du comité central. Disparue pendant la Révolution culturelle, elle a été ressuscitée par Deng Xiaoping en 1979. Comme à l'époque de sa création, la Fnic actuelle demeure étroitement insérée dans l'appareil du parti, et de l'État. Son autorité de tutelle est le département de Front uni du comité central du parti, et elle prend rang parmi les organismes gouvernementaux en tant que membre de la Conférence politique consultative du peuple chinois. Comme il a toujours été d'usage dans le régime communiste chinois, la cohésion de l'appareil et l'intégration de ses composantes sont renforcées par les chevauchements de personnel et le cumul des fonctions. La Fédération compte dans ses rangs soixante députés à l'Assemblée nationale populaire (Bergère, 2007, 344). Constitués à la fois d'entreprises, d'associations et d'individus, ses effectifs n'ont cessé d'augmenter pour atteindre 1,7 million de membres en 2005, dont 80 % représentent des intérêts privés. La Fédération est à la tête d'un réseau national de plus de 3 000 organisations subsidiaires dont la hiérarchie épouse celle des circonscriptions administratives territoriales : provinces, municipalités, districts.

À côté de la Fnic, institution d'État, il existe de multiples associations industrielles et commerciales dont l'essor depuis 1980 a accompagné celui des « organisations sociales » (*shetuan*) et qui, à l'instar de celles-ci, sont régies par les lois de 1989 et de 1998, et soumises à une lourde procédure d'enregistrement auprès du ministère des Affaires civiles ou de ses bureaux locaux. L'enregistrement s'opère dans la circonscription administrative concernée, qui n'autorise qu'une seule association dans un domaine d'activité donné. Ce monopole, qui vise à faciliter les contrôles en limitant le nombre des associations, est loin d'être appliqué de façon rigoureuse, et l'existence de nombreuses « associations de second rang » non enregistrées mais patronnées par des organismes gouvernementaux ou par des associations régulières vient assouplir le système.

Parmi les associations de second rang, on compte beaucoup de chambres de commerce de branche (*hangye shanghui*) créées à l'initiative des entrepreneurs, qui ressemblent aux anciennes guildes de métier. À la différence des associations dûment enregistrées, elles ne reçoivent pas de fonds publics, ne sont pas logées dans des locaux appartenant au gouvernement, ne servent pas de point de chute à des cadres retraités. Les chambres qui viennent ainsi se greffer sur les institutions gouvernementales ou sur le réseau associatif officiel jouissent d'une large autonomie : elles établissent leur règlement, choisissent et salarient leurs gestionnaires, fixent leur agenda. Leur activité est soumise à l'approbation de l'instance qui les patronne. La Fédération nationale de l'industrie et du commerce, qui patronne en 2004 environ 5 000 chambres de branche, ne semble pas exercer sur elles un contrôle bien rigoureux (Bergère, 2007, 347). Il n'en demeure pas moins que, dépourvues de statut officiel, les associations de second rang demeurent vulnérables et sujettes à suppression. Le fait que d'une association à l'autre on retrouve souvent les mêmes membres introduit une certaine unité dans cet enchevêtrement d'institutions aux statuts divers, tout en augmentant la confusion de l'ensemble.

En l'absence d'adhésion obligatoire, de monopole de la représentation par les associations dûment enregistrées et de chaîne hiérarchique de subordination entre les parties prenantes – les associations de second rang, bien qu'affiliées aux associations principales, ne leur sont pas assujetties –, on ne peut caractériser le système chinois comme un corporatisme d'État et considérer les associations industrielles et commerciales comme de simples appendices de l'administration. Elles disposent dans leur foisonnement d'une autonomie limitée et d'une marge de manœuvre qui peut les rendre utiles aux entrepreneurs sans les rendre dangereuses pour le pouvoir (Kennedy, 2005).

Les entrepreneurs se tournent vers elles quand ils veulent que soit modifiée la législation – par exemple, en 2007, pour que soit reconnue et protégée la propriété privée ; quand ils veulent faire changer la réglementation fiscale ou douanière ; quand ils cherchent à obtenir l'application réelle des textes législatifs bafoués par ceux qui sont chargés de les mettre en œuvre, tels les 36 articles de 2005 décrétant l'ouverture aux entrepreneurs privés de certains secteurs économiques protégés. Les associations sont aussi parfois appelées à venir au secours de groupes d'entrepreneurs lésés par les mesures arbitraires d'autorités locales. C'est ainsi que la Fnic est intervenue pour faire partiellement indemniser des propriétaires de puits de pétrole de la province du Shaanxi, dans le Nord-Ouest, victimes d'expropriations abusives par les autorités régionales en 2003 (Bergère, 2007, 352).

Le rôle et l'efficacité des associations d'entrepreneurs varient en fonction de leur ancrage géographique, de la nature – privée ou publique – des entreprises membres et des caractéristiques économiques des secteurs qu'elles représentent. De façon très générale, on peut dire que les associations les plus actives se trouvent dans les provinces du Sud, recrutent la majorité de leurs membres parmi les entrepreneurs privés et représentent des secteurs manufacturiers et commerciaux dominés par la présence de PME, ou par celle d'industries récentes à technologie avancée. Inversement, les associations qui se sont développées dans les provinces plus proches de Pékin, celles qui regroupent surtout des entreprises publiques et qui représentent des secteurs tels que l'énergie, la sidérurgie ou l'industrie automobile, ont un rôle plus effacé, car les cadres responsables de ces entreprises et de ces secteurs ont le moyen de se faire directement entendre des hauts dirigeants politiques (Kennedy, 2005, 163-169).

Ni complètement autonomes, ni complètement intégrées à l'appareil d'État, les associations industrielles et commerciales sont présentées et se présentent elles-mêmes comme des « ponts » jetés entre les autorités et les entrepreneurs, essentiellement les entrepreneurs privés. Sur ces ponts, la circulation se fait à double sens, et les courants descendants, porteurs de directives, croisent des courants ascendants porteurs d'informations, de conseils, de demandes, mais pas de revendications. Les contacts que les associations entretiennent avec les autorités s'inscrivent dans une perspective de négociations et de collaboration. Il ne s'agit pas de s'opposer au gouvernement pour défendre des intérêts spécifiques, mais de participer à la prise des décisions officielles en vue de protéger des intérêts communs. Dans la mesure où les objectifs des grands entrepreneurs convergent avec ceux du régime et que, de part et d'autre, l'on vise à maintenir la stabilité sociale et le rythme élevé de la croissance, cette stratégie se veut celle du gagnant-gagnant.

Relais utiles et partenaires dociles, les associations professionnelles ne représentent donc pas de nouveaux centres de pouvoir, et ce n'est pas à l'extérieur mais à l'intérieur du parti qu'émergent des forces susceptibles sinon de changer le régime, du moins d'infléchir sa politique. On manque encore de recul pour juger du rôle joué par les patrons des entreprises publiques géantes apparues sur le marché mondial depuis quelques années seulement, mais on pressent qu'ils représentent déjà des partenaires avec lesquels le parti devra compter.

Encore jeunes, ces patrons forment un groupe à part. Ils ont reçu une éducation plus poussée et diversifiée que celle des dirigeants politiques actuels. Souvent titulaires d'un doctorat, ils ont étudié non seulement les techniques de l'ingénieur, mais le droit, la gestion, les finances. La conduite de leurs entreprises leur a donné l'expérience des opérations économiques internationales : exportations, levées de capitaux, investissements directs, participations financières, acquisitions, fusions. Ils doivent aussi compter avec les actionnaires étrangers présents dans les conseils d'administration de leurs compagnies, actionnaires minoritaires mais toujours prêts à affirmer leur présence et à réclamer le respect des procédures. Ils conjuguent souvent, nous l'avons vu, leurs activités d'hommes d'affaires avec des carrières politiques de haut vol, et leur présence commence à s'affirmer au sein du parti : on compte en 2011 quinze anciens patrons d'entreprises publiques au sein du comité central, deux dans le bureau politique, deux dans le comité permanent du bureau politique (Li, 2011, 24).

Leur présence au sein des instances dirigeantes leur permet d'exercer à l'intérieur même du parti une influence qui vise à promouvoir les intérêts de leurs propres compagnies et ceux du secteur public dont dépend leur prospérité. Les compagnies publiques géantes, rappelons-le, sont souvent mises en concurrence entre elles, et chacune doit veiller à sa propre réussite commerciale sous peine de perdre ses privilèges. Il fait peu de doute qu'ici comme ailleurs les relations personnelles jouent leur rôle et que les réseaux dont disposent les grands patrons facilitent leur tâche. Il leur arrive d'exercer les pressions les plus violentes pour défendre les bénéfices de leur groupe, tel le chantage auquel se livrent PetroChina et Sinopec, qui, en 2005, organisent la pénurie sur le marché intérieur pour obliger le gouvernement à relever les prix du pétrole après l'élévation des cours mondiaux (McGregor, 2010, 61-64).

Principaux bénéficiaires du statu quo, certains de ces entrepreneurs bureaucrates sont même amenés à s'opposer à la politique voulue depuis plusieurs années par la direction du parti et visant à rééquilibrer la croissance et à mieux en répartir les fruits. De l'aveu même du *Quotidien du peuple*, organe officiel du parti, « toute une série de mesures essentielles à la transformation de notre modèle de développement […] sont devenues des gestes vides. […] Si nous désirons poursuivre notre développement, […] nous devrons faire face à des groupes d'intérêts fortement enracinés » (cité dans Naughton, 2011, 5). Nul doute, par exemple, que la résistance de ces grands patrons ait fait échouer l'ouverture à l'entreprise privée de branches d'activité protégées, décrétée par le Conseil des affaires d'État dans les 36 articles de 2005.

Parmi ces grands patrons, les dirigeants des banques officielles – tels Zhou Xiaochuan de la banque centrale, Chen Yuan de la Development Bank, Liu Mingkang de la Banque de Chine, Guo Shuqing de la China Construction Bank et quelques autres de leurs collègues – forment un groupe à part. Ouverts à l'Occident, où ils se sont initiés aux arcanes de leur métier, et conscients des complexités et des contraintes du libéralisme économique, ils s'insurgent contre les usurpations des cellules du parti qui empiètent sur les prérogatives des conseils d'administration, et plaident pour une plus grande liberté laissée aux mécanismes du marché (McGregor, 2010, 51). En 2005, ils préconisent la fin de l'indexation systématique du yuan sur le dollar et une réévaluation du yuan sur le marché des devises. Ils se sont faits également les avocats d'une libéralisation des taux d'intérêt sur les dépôts bancaires (Lardy, 2012, 146-148). Et ils se sont montrés défavorables en 2008 au lancement de l'énorme plan de relance, qu'ils jugeaient porteur d'inflation et de déstabilisation (Naughton, 2010, 146-147). Ce faisant, ils ne s'opposent pas au parti, ils cherchent seulement à infléchir sa politique dans un domaine où leur expertise leur confère, pensent-ils, une certaine autorité : ils agissent en cadres responsables. Les hommes d'affaires cosmopolites qu'ils sont peuvent changer en un clin d'œil de vêtement et de discours, abandonnant costume et cravate pour une veste à la Mao, et les références boursières pour des citations marxistes. Ils ne semblent pas gênés par les contradictions des deux mondes entre lesquels ils évoluent. C'est ainsi que Guo Shuqing proclamait : « La seule manière de mettre en œuvre les principes communistes les plus récents, c'est de porter au maximum le profit des actionnaires » (cité par McGregor, 2010, 67). On peut juger de leur influence par l'hostilité qu'ils inspirent aux cercles les plus conservateurs, qui les dénoncent comme des suppôts de Wall Street (Xiang, 2011). Ces banquiers modernes font revivre la tradition établie par leurs prédécesseurs des années 1930 qui essayaient, avec un succès inégal, de limiter et orienter l'intervention de l'administration dans la vie économique et d'assouplir le fonctionnement du capitalisme d'État imposé par le régime nationaliste de Chiang Kai-shek.

La présence des patrons d'entreprises publiques au sein du parti demeure minoritaire, et leur rôle dans les instances dirigeantes, moins important que celui des élites issues des directions provinciales ou de la Ligue de la jeunesse. Le poids croissant du secteur public, cependant, renforce leur influence, ils aspirent à orienter la politique d'un régime avec lequel ils ont partie liée et à la mettre au service des intérêts de leurs groupes respectifs.

L'ancienne classe marchande avait profité de la faiblesse de l'empire déclinant et des désordres de la jeune république pour s'affranchir des contrôles officiels et se transformer en bourgeoisie conquérante. L'hétérogénéité des groupes d'entrepreneurs, la présence parmi eux de nombreux bureaucrates et étrangers d'un côté, la stabilité et la cohésion du régime communiste de l'autre, ont fait jusqu'ici obstacle à une telle métamorphose. La *doxa* libérale qui associe le développement du secteur privé à celui d'une classe de capitalistes et finalement à l'établissement de la démocratie ne s'est pas vérifiée. On ne trouve en Chine ni bourgeoisie triomphante, ni bourgeoisie tout court, mais seulement des entrepreneurs dépourvus d'esprit de classe dont les plus importants partagent les objectifs du régime et vivent en symbiose avec ses élites politiques et administratives, et dont les autres ne peuvent que se soumettre ou essayer de contourner les règles. Les observateurs et les politiques qui avaient misé sur le miracle économique pour conduire la Chine à se convertir à la démocratie se sont lourdement trompés.

CHAPITRE 5

En clé de voûte, un régime autoritaire

En clé de voûte du nouveau capitalisme d'État, on trouve un pouvoir autoritaire. On s'étonne toujours qu'un régime communiste, seul rescapé ou presque d'une époque révolue, ait pu survivre au délitement de sa base idéologique marxiste-léniniste et piloter l'émergence d'une nouvelle puissance économique mondiale. Héritier de la dictature maoïste, le régime n'est plus ni maoïste ni dictatorial, mais il continue d'imposer sa règle.

Le parti-État a laissé se développer une économie de marché et a permis à la société de revivre en levant les contraintes pesant sur la vie privée des individus. Séduits par la vitalité d'une nation en pleine renaissance, absorbés dans l'admiration des nouveaux paysages urbains, fascinés par l'envol des courbes statistiques, touristes et observateurs étrangers s'aperçoivent à peine de l'existence du parti. Certains spécialistes évoquent même son apathie (Shambaugh, 2008).

Le contrôle direct du parti-État a, il est vrai, reculé. La disparition de la planification centrale a laissé le champ libre aux autorités régionales, devenues des acteurs majeurs de la vie économique chinoise. Ces autorités de niveau provincial et inférieur ont été investies de grands pouvoirs. Elles contrôlent d'importantes ressources foncières, financières et autres, assurent ou non l'application des lois, conduisent, devancent ou paralysent la mise en œuvre des réformes : leurs décisions obéissent au souci de promouvoir le développement régional, qu'elles gèrent en fonction des situations particulières. Parties prenantes aux bénéfices du piratage industriel, elles n'appliquent que de façon épisodique les lois sur la propriété intellectuelle. Riches des revenus que leur fournissent les cessions de terrains aux promoteurs, elles ne s'associent qu'avec réticence aux mesures prises pour freiner le développement de la bulle immobilière en 2009-2010[1].

Le centre n'en préserve pas moins un contrôle indirect mais efficace sur les politiques décentralisées grâce à la prérogative qui est toujours la sienne de nommer, démettre ou promouvoir les cadres des administrations et gouvernements régionaux. Le souci de progresser dans la hiérarchie pousse ces derniers à montrer une certaine docilité à l'égard du centre, dont ils contournent les directives, mais qu'ils ne sauraient critiquer ouvertement. Très différent du fédéralisme – les responsables régionaux et locaux sont désignés et non pas élus –, ce « régime autoritaire décentralisé », cette combinaison entre décentralisation économique régionale et centralisation politique, peut apparaître comme un héritage du gouvernement

---

1. Rappelons qu'en 2010 ces revenus représentent 70 % du produit des impôts perçus par les gouvernements locaux.

impérial, qui, à travers le contrôle des cursus mandarinaux, réussissait à préserver son autorité sur l'immense étendue de ses territoires (Xu, 2011).

Le parti-État est donc toujours là, puissant même si plus discret. Les structures léninistes héritées de la révolution de 1949 sont encore en place : elles n'ont pas été submergées par les bouleversements de la réforme, elles s'y sont même adaptées. À la fois solides et flexibles, elles forment l'armature d'un régime auquel elles ont permis de conserver le pouvoir de contrôle et de répression, naguère associé à son identité socialiste.

UN PARTI PUISSANT

Conformément au schéma défini par Lénine, le Parti communiste chinois demeure l'arbitre suprême dont l'autorité s'impose à l'appareil de l'État comme à toutes les institutions économiques et sociales. Représentant d'une espèce disparue, le parti a cessé de retenir l'attention d'observateurs plus intéressés par les évolutions économiques. Le temps des kremlinologues et des tian'anmenologues est passé, et l'on peine aujourd'hui à identifier le schéma inventé par Lénine, à déchiffrer ce subtil équilibre qu'il avait installé entre les apparences du pouvoir, détenues par les appareils réguliers, et sa réalité, exercée par le parti. Dans la Chine des réformes, le parti n'a qu'une faible visibilité, aux yeux des étrangers en tout cas.

Après son arrivée au pouvoir, en 1978, Deng Xiaoping s'est employé à restaurer la façade des institutions étatiques que la Révolution culturelle avait mises en sommeil et remplacées par des comités ou commissions directement contrôlés par l'armée ou par les partisans de Mao Zedong. Issue d'élections indirectes et contrôlées, l'Assemblée nationale populaire a retrouvé son rôle de chambre d'enregistrement, le pouvoir d'exécution a été rendu aux ministères et au Conseil des affaires d'État. Aux échelons inférieurs de la hiérarchie, les assemblées et les gouvernements provinciaux et locaux ont aussi été ressuscités. Conscients du rôle de l'expertise dans le pilotage de la modernisation, les dirigeants ont même travaillé à rendre l'appareil de l'État plus professionnel, plus autonome, plus efficace.

En dépit de sa relative émancipation, cet appareil n'en reste pas moins sous la coupe du parti. Fort de 11 millions de cadres, de 80 millions de membres répartis dans 3,9 millions d'organisations de base – comités, cellules, « petits groupes dirigeants » –, le parti a toujours une structure pyramidale : au sommet, le congrès, composé de membres théoriquement élus mais en réalité désignés, qui élit le comité central (370 membres), lequel choisit à son tour le bureau politique d'où sont issus les membres du comité permanent, détenteurs du pouvoir suprême[1] (Li, 2011, 3). La tâche première de tous ces organismes est de maintenir le contrôle du parti sur l'appareil de l'État, les activités économiques, les forces armées, les tribunaux, les associations – y compris les

---

1. Le nombre de ces membres varie selon les périodes. Ils étaient 9 de 2002 à 2012. Le XVIIIᵉ Congrès de novembre 2012 l'a ramené à 7.

églises et les ONG –, la presse et les médias, les syndicats ouvriers et les fédérations patronales, l'éducation et la santé, les minorités ethniques.

Peu visible de l'extérieur, ce contrôle s'exerce grâce à la présence dans les administrations, les entreprises, les associations, de cellules du parti qui doublent les hiérarchies régulières et l'emportent sur elles. Depuis la mise en œuvre des réformes, la présence de ces cellules s'est faite plus irrégulière, et leur rôle a parfois décliné, mais l'appartenance au parti de tous les hauts responsables des diverses branches d'activité pallie ce déclin. Le cumul des fonctions estompe la distinction entre sphère politique et administrative d'une part, organisation du parti de l'autre. De façon significative, la réunion annuelle de l'ANP est toujours précédée d'un plénum du comité central ou d'une convocation du congrès du parti, au sein desquels sont préparées les principales décisions – choix du haut personnel gouvernemental et des responsables provinciaux, adoption de lois, mise au point de plans de développement – qui seront ensuite invariablement sanctionnées par l'Assemblée. La crème de cette nomenklatura rassemble quelques centaines de hauts dirigeants, reliés au centre par la ligne directe et cryptée des téléphones rouges, symboles d'appartenance à la sphère supérieure du pouvoir (McGregor, 2010, 9).

Le pouvoir du parti se concentre dans le département de l'organisation du comité central, qui conserve les dossiers personnels, valide les candidatures et contrôle les promotions et nominations, au centre et en province, des membres du gouvernement comme des hauts fonctionnaires, des patrons des grandes entreprises comme des présidents de tribunaux ou des professeurs d'université. Emprunté à l'organigramme du parti soviétique, ce département a prospéré en Chine, où il prolonge la pratique de la cour impériale, qui, dans les périodes d'affaiblissement du pouvoir central, réussissait à maintenir son autorité sur l'ensemble du pays à travers sa maîtrise des carrières mandarinales (Leung, 1990). Le département de l'organisation et ses bureaux locaux représentent la principale scène du théâtre politique chinois, où se règlent, à l'abri du regard public, affrontements de lignes et rivalités de factions. Peu visible, son action pénètre profondément les appareils et la société.

Comme tous les régimes autoritaires, le régime chinois trouve son ultime recours dans les forces armées. On l'a bien vu en juin 1989, lorsque, après plusieurs semaines de protestation étudiante et populaire sur la place Tian'anmen, l'intervention de l'armée a écrasé les manifestants et mis un terme brutal aux demandes de libéralisation politique. L'Armée populaire de libération (APL) est l'héritière de l'Armée rouge créée en 1927 par le Parti communiste pour servir sa politique. Celui-ci tirait alors la leçon de sa défaite devant Chiang Kai-shek et les nationalistes du Guomindang, qui avaient su l'évincer de la direction des forces armées révolutionnaires pourtant forgées en commun quelques années auparavant à l'académie de Whampoa, dans la base de Canton.

Placée sous l'autorité d'une commission des Affaires militaires dépendant du comité central, l'armée chinoise n'a jamais cessé depuis d'être celle du parti. La chose allait de soi dans le cadre d'un mouvement révolutionnaire qui privilégiait la lutte armée et dont tous les dirigeants conjuguaient compétence militaire et capacité politique. Passée l'heure des vétérans, des Mao Zedong ou des Deng Xiaoping, aussi habiles à la manœuvre sur le champ de bataille que dans les comités du parti, la subordination de l'armée au parti est devenue plus difficile à maintenir. Les généraux peinent à s'incliner devant l'autorité de dirigeants civils : il n'est que de voir le retard et la difficulté avec lesquels Jiang Zemin, devenu en 1992 secrétaire général du parti et président de la République, a affirmé son contrôle sur la commission des Affaires militaires. Ce scénario de prise de pouvoir décalée s'est reproduit lors de l'arrivée à la direction suprême du président, Hu Jintao en 2003. La présence et le rôle des commissaires politiques, dont la hiérarchie doublait au sein des troupes celle des officiers, tendent à s'estomper. Devenue moins nombreuse, plus moderne, plus professionnelle, parangon de patriotisme et non plus de vertu révolutionnaire, l'armée est tentée de se percevoir avant tout comme l'instrument de la nation. En déchargeant les militaires des tâches courantes du maintien de l'ordre (confiées de préférence à la Police armée du peuple [PAP] créée après 1989), en limitant la représentation de l'APL au sein du bureau politique et de son comité permanent, en augmentant régulièrement le budget militaire (de 12,7 % en 2011), le parti n'en a pas moins réussi jusqu'ici à se concilier les officiers supérieurs et à maintenir son contrôle sur les forces armées (Swaine, 2012, 3-4).

Plus remarquable encore, il a réussi à préserver son influence sur les grandes orientations d'une économie qu'il se flatte d'avoir transformée en économie de marché et sur des entrepreneurs qu'il a encouragés à s'émanciper et à devenir des acteurs majeurs de la mondialisation. Certes, il ne s'agit plus du contrôle réglé et tatillon exercé auparavant dans le cadre du système planifié. Les mesures de privatisation et de semi-privatisation adoptées depuis les années 1990 ont rendu aux chefs d'entreprise – y compris à ceux des entreprises publiques – la liberté de décision indispensable à une gestion efficace. À l'étranger, ce mouvement de privatisation a été perçu comme un changement radical des structures économiques. Zhu Rongji, l'un des principaux artisans de la réforme, s'est pourtant vivement défendu d'être « un Gorbatchev chinois », compliment empoisonné que lui adressaient certains observateurs étrangers (McGregor, 2010, 43).

Le parti se réserve toujours le droit de fixer les priorités et les grandes orientations du développement dans des plans quinquennaux soumis à l'approbation du congrès puis de l'ANP. Il ne s'agit que de plans indicatifs, et leur application semble s'être heurtée parfois à la résistance de groupes d'intérêt à l'intérieur même du parti (voir ci-dessus p. 131). Significatif à cet égard est le semi-échec de la politique de société harmonieuse voulue par Hu Jintao et Wen Jiabao : les préconisations du 11ᵉ plan quinquennal (2006-2010) n'ont été que partiellement suivies, et beaucoup ont dû être reprises dans le 12ᵉ plan (2011-2015). Cette difficulté à imposer des consignes n'est que relative. Elle semble tenir surtout à la forme qu'a prise l'exercice du pouvoir. Privé aujourd'hui de chef historique et charismatique, le parti s'en remet à une direction collective – celle des membres du comité permanent du bureau politique – dont l'autorité repose sur le consensus. « Plus les groupes de pression gagneront en puissance, plus la définition d'un consensus sera complexe », avertit Zhang Yuyuan, directeur du Centre de recherche sur l'économie et la politique internationale (Zhang, 2011). Le consensus est-t-il devenu maintenant plus difficile à atteindre qu'à l'époque où le débat faisait rage entre les diverses factions idéologiques, favorables ou hostiles à la réforme ? Le parti a une longue expérience des négociations et des arbitrages. Après avoir laissé libre cours aux divergences et oppositions internes, il sait refaire l'unité à temps pour préserver son autorité. Quels que soient les heurts d'intérêts et les divergences sur les orientations économiques, une nécessité supérieure s'impose à tous les responsables : préserver le monopole du pouvoir détenu par le parti, et donc ne pas briser l'unité de celui-ci.

Une fois le consensus établi, le gouvernement central dispose toujours des moyens d'en imposer la mise en œuvre. Comme nous l'avons vu (*cf.* ci-dessus chapitre 2, p. 53-54), la fixation des taux d'intérêt, de la valeur du yuan sur le marché des devises, des prix de facteurs de production, ne dépend que de lui. En outre, le privilège qu'il se réserve de nommer les dirigeants des principales entreprises publiques formant l'épine dorsale du système économique actuel lui permet de contrôler de façon indirecte mais efficace les orientations du développement.

On imagine mal l'intervention du département de l'organisation dans des entreprises publiques dont beaucoup ont été dotées d'un conseil d'administration après leur restructuration et qui, lorsqu'elles sont cotées sur les marchés d'outre-mer, doivent répondre de leur gestion devant des administrateurs étrangers aussi bien que chinois. Le rôle joué par ce département n'apparaît jamais dans les dossiers préparés pour obtenir les autorisations d'entrée en Bourse. Et c'est souvent au hasard de quelque accident que les partenaires étrangers découvrent cette main du parti, plus invisible que celle du marché. C'est ainsi que le département de l'organisation a, de sa propre initiative et au mépris de toutes les règles de gouvernance, remanié en novembre 2004 la direction des trois grandes compagnies publiques de télécommunications, China Mobile, China Unicom et China Telecom, transférant les directeurs d'une entreprise à l'autre. Les conseils d'administration de ces entreprises n'ont été ni consultés ni avisés. Les principaux intéressés eux-mêmes n'ont pas été avertis. Une telle ingérence n'a pas manqué de surprendre et d'indigner les investisseurs étrangers et certains managers chinois soucieux de développer une véritable culture d'entreprise (McGregor, 2010, 84-85).

Ce curieux jeu de chaises musicales semble avoir eu surtout pour but de rappeler que le parti reste aux commandes. Qu'elles aient été ou non restructurées en compagnies par actions et dotées d'un conseil d'administration, qu'elles soient ou non cotées en Bourse, en Chine ou à l'étranger, et quelle que soit l'autonomie dont elles disposent pour gérer au mieux leur stratégie et s'imposer sur le marché mondial, toutes les grandes entreprises d'État chinoises sont en dernier ressort soumises à l'autorité du parti. Des réunions de cellule précèdent celles du conseil d'administration, et, en cas de situation critique, l'avis du bureau politique du PCC l'emporte sur celui des gestionnaires. Tel fut le cas au début de l'année 2009, lorsque les patrons des grandes banques durent renoncer aux mesures de prudence qu'ils préconisaient et soutenir la politique de crédit à tout-va, voulue par le parti afin d'éviter un ralentissement de la croissance économique (McGregor, 2010, 68).

Bien qu'elles soient parfois perçues comme des ingérences, les interventions du parti sont le plus souvent acceptées, dans la mesure où les patrons des entreprises publiques ne se considèrent pas seulement comme des industriels ou comme des financiers, mais aussi comme des cadres. Certains font même figure de stars montantes de la 6ᵉ génération de dirigeants et peuvent caresser l'ambition d'un destin national d'ici une dizaine d'années[1]. Lorsqu'ils quittent la direction des entreprises pour l'exercice de hautes responsabilités dans le parti ou le gouvernement, les grands patrons des entreprises d'État ne changent pas de monde : ils demeurent dans la sphère de la haute nomenklatura qu'ils enrichissent de leurs compétences économiques et de leur expérience cosmopolite.

---

1. Dans le vocabulaire politique chinois, la 2ᵉ génération désigne celle que Deng Xiaoping amena au pouvoir dans les années 1980, après la mort de Mao Zedong. La troisième, conduite par Jiang Zemin, s'installa aux postes de responsabilité après la répression de Tian'anmen. La quatrième, dominée par le président Hu Jintao, s'est retirée en novembre 2012, lors du XVIIIᵉ congrès du parti – qui a ouvert la voie à la cinquième.

UN PARTI RÉNOVÉ

À première vue, le parti et l'idéologie marxiste-léniniste dont il est porteur apparaissent comme des survivances, des anachronismes. L'alignement des hiérarques du bureau politique sur la scène du grand Hall du peuple dans le déploiement de bannières rouges, les discours fleuves égrenant slogans et statistiques, les applaudissements programmés, semblent bien étrangers aux réalités de la Chine actuelle : économie bondissante, société en plein bouleversement, cosmopolitisme envahissant. Et il y a belle lurette que la morale et les valeurs socialistes se sont effacées devant la recherche du profit, la fièvre de la consommation et la violence de la concurrence. Aux yeux de nombreux observateurs, ces grand-messes que le parti continue de célébrer, ces mantras marxistes qu'il continue de réciter, n'ont plus aucune importance. Et, convaincus que la Chine n'est plus communiste, ils en concluent que le parti n'y joue plus aucun rôle.

On ne peut négliger pourtant le travail que le parti a accompli sur lui-même afin de s'adapter, de se renforcer et d'accompagner le changement tout en essayant de le contrôler. Alors même que le régime chinois garde profondément gravée l'empreinte de ses structures léninistes originelles, il prend en compte les conséquences de la modernisation et de la mondialisation qui s'imposent à lui, et n'hésite pas à emprunter certaines normes et pratiques caractéristiques des États démocratiques (Brady, 2008, 189). Répondant à des préoccupations purement pragmatiques, le processus d'hybridation à l'œuvre dans les transformations économiques, sociales et culturelles du pays affecte également le fonctionnement de son système politique, quoique à un moindre degré.

Rénovation et transformation du Parti communiste chinois

La poursuite des mornes célébrations dans le grand Hall du peuple, le secret qui continue d'entourer les débats des dirigeants suprêmes derrière les hautes murailles rouges de Zhongnanhai[1], le recours toujours actuel à la langue de bois, entretiennent l'idée que tout continue comme avant. Sous l'immobilisme apparent, pourtant, le parti n'a cessé de changer depuis vingt ans, de se reconstruire, de se réinventer. Les événements traumatisants qu'ont représentés pour lui les manifestations de Tian'anmen en 1989 et l'écroulement des régimes communistes d'Europe de l'Est et de l'URSS dans les deux années suivantes n'ont cessé d'alimenter la réflexion de ses cadres et de ses intellectuels. « Nous pouvons tirer un grand bénéfice des pénibles leçons que représente la perte du pouvoir par les partis communistes de l'Union soviétique et de l'Europe de l'Est. Pendant la longue période où ils sont restés au pouvoir, leur système de gouvernement est devenu rigide, leur capacité de gouverner a diminué », déclare le vice-président de la République et membre du comité permanent du bureau

---

1. Résidence officielle des principaux dirigeants, réplique communiste de l'ancienne Cité interdite, située à l'ouest du palais impérial.

politique, Zeng Qinghong, en 2004 (cité dans Shambaugh, 2008, 126). La chute de l'URSS et de ses satellites a été attribuée par les analystes chinois à des raisons systémiques et considérée comme la conséquence de dysfonctionnements anciens : incapacité de la planification socialiste à assurer le développement économique, abandon de la direction collective remplacée par le totalitarisme stalinien, dogmatisme idéologique, ossification et corruption bureaucratiques, etc. (Shambaugh, 2008, 53-81). De critiques en autocritiques, cette réflexion a guidé l'effort de rénovation du parti tant sur le plan de l'idéologie que sur celui de l'organisation.

La rénovation idéologique

Le Parti communiste chinois n'a jamais cessé de proclamer sa fidélité à l'idéologie marxiste-léniniste. Cela ne l'a pas empêché d'infléchir et même de tordre cette idéologie pour l'adapter à la situation de la Chine. Le vocabulaire et les concepts orthodoxes ont souvent couvert et légitimé des pratiques qui l'étaient beaucoup moins : il suffit d'évoquer pour s'en convaincre la manière dont Mao Zedong, dans les années 1920-1930, a substitué la paysannerie à la classe ouvrière comme avant-garde de la révolution, donnant ainsi au terme prolétariat un sens tout à fait nouveau. La relative libéralisation du marxisme à laquelle se livrent les dirigeants chinois actuels procède du même souci d'adaptation au contexte que sa sinisation dans le courant du XXe siècle : il s'agit de valider des politiques répondant à des urgences et à des besoins particuliers. La répétition des slogans socialistes toujours moulinés par l'appareil de propagande sans que personne n'y prête grande attention ne reflète plus le souci d'orthodoxie qui s'imposait dans les années 1920-1930. Le camp socialiste a disparu et ses chiens de garde aussi. La persistance de thèmes marxistes-léninistes et même maoïstes dans le discours public peut être interprétée comme une concession faite aux conservateurs du parti, mais, plus que de la manœuvre politique, elle relève de l'histoire culturelle. Les Chinois conservent certaines habitudes de pensée inculquées par des décennies de propagande. « Ils sont "culturellement communistes" de la même manière qu'une personne élevée dans la religion catholique mais qui ne va plus à la messe peut être "culturellement catholique" (Brady, 2008, 190). Cette fidélité formelle aux dogmes n'empêche pas l'apparition de nouveaux principes destinés à rapprocher l'idéologie de la politique et de l'économie réelles.

Le principe des Trois Représentativités est avancé par Jiang Zemin, et, intégré aux statuts du parti en 2002, il fait l'objet d'une intense diffusion par appareil de propagande. Selon les Trois Représentativités, le parti ne doit plus désormais représenter le seul prolétariat, mais toutes les forces productives du pays (y compris les entrepreneurs et les intellectuels, ces anciennes « catégories noires » naguère vilipendées par Mao Zedong). Il doit aussi représenter la culture moderne avancée et les intérêts de la grande majorité du peuple. Le recrutement et les orientations du parti sont ainsi modifiés pour mieux refléter les changements économiques et sociaux entraînés par la réforme, en particulier l'émergence d'un secteur privé et d'une classe moyenne. En adoptant les Trois

Représentativités, le parti adoube les élites indispensables pour assurer la croissance économique.

Quatre ans plus tard, le successeur de Jiang Zemin, Hu Jintao, lance le mot d'ordre de la « Société harmonieuse », respectueuse de la justice et de l'équité sociale, pratiquant la solidarité, encourageant la créativité, l'ordre et la stabilité, permettant à tous les citoyens de vivre à l'aise, en paix avec leurs voisins et en accord avec la nature. Inspiré de l'idéal confucéen de la Grande Unité (*Datong*), ce nouveau concept n'en répond pas moins au souci très actuel de remédier aux déséquilibres économiques et aux maux sociaux engendrés par la croissance accélérée. Il est d'ailleurs étroitement combiné à un autre mot d'ordre, celui du « développement scientifique », qui met en avant le rôle réservé au peuple – et non plus aux seules élites – dans le progrès économique, souligne la nécessité de réduire la fracture entre les régions modernisées de la côte et celles attardées de l'intérieur, d'améliorer la situation dans les campagnes, d'élever la qualité des cadres et d'introduire une certaine dose de démocratie à l'intérieur du parti.

Ces diverses campagnes, qui se réclament toutes du marxisme-léninisme, visent à ancrer les réformes dans l'orthodoxie et à empêcher qu'elles n'aillent se rattacher à des idéologies concurrentes : libéralisme politique, droits de l'homme, démocratie représentative. La ligne du parti ondule en fonction des impératifs économiques et sociaux, et se confond avec les divers plans de développement qu'elle reflète ou oriente. L'idéologie de la réforme manque de base théorique et demeure mal intégrée, fertile en contradictions et en butte aux attaques de la vieille garde marxiste-léniniste comme à celles d'une « nouvelle gauche » plus populiste et nostalgique de la Révolution culturelle. La pureté doctrinale n'est cependant pas le problème. Le problème est de maintenir la stabilité du régime et le pouvoir du parti. Or, si les accommodements auxquels ont été soumis les dogmes marxistes-léninistes ont facilité la réforme, le développement du secteur privé ainsi que le ralliement des entrepreneurs et des intellectuels, ils ont en revanche affaibli les structures du parti. D'où l'effort de ce dernier pour les renforcer.

La consolidation de l'appareil

Lancée en 2004, la campagne pour « renforcer la capacité du parti à gouverner » dure dix-huit mois et se présente, la violence en moins, comme une de ces campagnes de rectification à l'ancienne : elle se développe au niveau national aussi bien que local et appelle tous les membres du parti à se réunir pour étudier la pensée des grands dirigeants et à multiplier critiques et autocritiques pour mieux se réformer. Cette campagne répond aux inquiétudes suscitées par la dégradation des comités du parti dans les campagnes, leur fréquente disparition dans les entreprises d'État et leur absence dans la plupart des entreprises privées. À cela s'ajoute la qualité déclinante des cadres, et plus particulièrement des cadres locaux, que diverses enquêtes montrent passifs, dogmatiques, corrompus et souvent détestés d'une population qu'ils ne cherchent qu'à exploiter. Ce déclin de l'organisation menace la capacité du parti à pénétrer la société, à se tenir informé de ses évolutions profondes et à les contrôler.

Pour remédier à cette situation, le parti combine une stratégie de reprise en main avec des efforts d'ouverture et de démocratie interne. Son objectif est de rendre les organisations de base plus attentives aux directives de la hiérarchie et en même temps plus proches des populations locales. C'est ainsi qu'est étendu aux comités de parti des villages le système d'élections déjà introduit pour la désignation des assemblées et gouvernements locaux. Dans les deux cas, la dose de démocratie reste limitée, car les candidats multiples entre lesquels les électeurs ont le choix doivent avoir reçu l'aval du parti, mais les nouveaux comités n'en sont pas moins amenés à faire preuve de plus de transparence et de ménagements à l'égard de la communauté villageoise. En 2007, cependant, ce système d'élection n'aurait encore concerné que 20 % des comités du parti (Shambaugh, 2008, 139).

Le parti fait preuve d'une égale souplesse pour implanter ses cellules dans les entreprises privées. D'après des sources officielles, moins de 30 % d'entre elles en sont dotées en 2006 (Dickson, 2008, 123). Pour surmonter la résistance des patrons de PME, avant tout soucieux de leurs intérêts économiques, les cadres locaux s'efforcent de les faire entrer au parti et de les transformer en capitalistes rouges pour leur confier ensuite le soin de créer et diriger une cellule au sein de leur propre entreprise. Il est cependant une catégorie d'entreprises privées particulièrement rétives à la présence d'une cellule du parti en leur sein : les entreprises à financement étranger. Les activités du parti, quand elles existent, y sont généralement clandestines, et quand une cellule arrive à s'y implanter, ses fonctions s'alignent sur celles du syndicat, au détriment de l'activisme politique. En dépit de ces difficultés, le nombre des cellules du parti a augmenté dans les entreprises privées chinoises les plus importantes (celles qui emploient plus de 50 personnes) comme dans les entreprises à financement étranger : la grande société de distribution américaine Wal-Mart, qui interdit les syndicats dans ses établissements américains, a autorisé en 2006 la création de cellules dans ses établissements chinois (Dickson, 2008, 119-131).

Ce double souci de contrôle et d'ouverture apparaît aussi dans la politique d'amélioration de l'encadrement. Le système d'évaluation annuelle par le département de l'organisation s'est fait relativement plus transparent, et ses critères ont été élargis pour prendre en compte, à côté de la compétence et de l'obéissance, les accomplissements professionnels, l'acceptation par les masses, sans oublier la contribution à l'augmentation du PIB local. En même temps, le système de formation continue des cadres a été renforcé : un stage obligatoire de trois mois tous les cinq ans a été institué, dont le programme fait place, à côté de l'endoctrinement idéologique, à des matières telles que gestion économique, administration publique, comptabilité, relations internationales. Les 2 700 écoles du parti se sont ainsi professionnalisées. Créé en 2005, le magnifique campus de l'Académie des cadres de Pudong, à Shanghai, a été doté d'une architecture d'avant-garde, symbole de modernité et de cosmopolitisme. Au sommet de ce réseau scolaire et universitaire, l'École centrale du parti complète la formation des cadres appelés à occuper les plus hautes fonctions en même temps qu'elle sert de lieu de réflexion où sont élaborés et formulés les nouveaux concepts destinés à enrichir l'idéologie de la réforme (Shambaugh, 2008, 143-151).

CONTRÔLE ET RÉPRESSION

Devenu plus moderne, plus flexible, le parti garde toujours ouverte l'option de la répression lorsque son pouvoir est menacé. Il a cependant tiré les leçons des événements de Tian'anmen et compris que, efficace à court terme, le recours à la force pouvait avoir des séquelles fâcheuses et affaiblir la légitimité du régime en Chine et à l'étranger. Il cherche donc à éviter l'apparition de troubles. Cette stratégie préventive fait une large place au contrôle de la pensée qu'assure la propagande. Depuis l'époque maoïste, cependant, les méthodes et les objectifs de cette propagande – rebaptisée « information » – ont beaucoup changé.

Une stratégie préventive de contrôle

L'objectif n'est plus d'interdire à la société toute existence en dehors du parti. Les contrôles ont cessé de s'exercer sur la vie privée. Mariage et divorce, études, orientation professionnelle, voyages à l'étranger, activités sociales et dans une certaine mesure religieuses : chacun est libre de ses choix. La seule contrainte qui continue de peser sur les existences individuelles est celle d'un contrôle des naissances, devenu cependant un peu moins rigoureux. Le domaine de la vie politique demeure en revanche étroitement surveillé, mais les campagnes de masse et les mouvements de rectification assortis de violence ont été remplacés par des techniques d'action psychologique, de relations publiques et de communication politique souvent empruntées à l'Occident et adaptées aux besoins du régime (Brady, 2008, 70 *sq.*).

Le parti laisse se développer toute une « zone grise » au sein de laquelle se poursuivent de nombreuses activités sociales et citoyennes, où les associations, y compris les ONG, jouissent d'une certaine autonomie, où les religions, y compris celles qui refusent le contrôle direct de l'État, comme le catholicisme « clandestin », peuvent trouver place et où des critiques publiques peuvent s'élever contre tel ou tel aspect de la politique gouvernementale. Mais il ne faut pas s'attaquer au monopole du pouvoir exercé par le parti en s'érigeant en interlocuteur indépendant et en critiquant la nature même du régime. Cette zone de semi-liberté est difficile à baliser, car elle ne cesse de fluctuer : des périodes de relative tolérance alternent avec des reprises en main pendant les célébrations nationales entraînant rassemblements et liesse populaire, ou, au contraire, lorsque éclatent des luttes factionnelles au sommet, des tensions ethniques ou des crises diplomatiques. Les acteurs qui évoluent dans cette zone incertaine sont conscients des limites à ne pas franchir et habitués à pratiquer l'autocensure pour éviter de s'attirer des ennuis.

Le département de la propagande du comité central supervise le fonctionnement du système. Ses cadres sont présents à tous les échelons du parti et de l'administration, et leur action s'étend aux forces armées, aux secteurs de l'éducation, de la santé, de la culture, des sports, des médias, des organisations sociales. Leur rôle est d'établir des normes propres à guider la diffusion de l'information et l'expression publique des opinions.

Il est par exemple conseillé aux journaux et aux médias de ne pas divulguer de mauvaises nouvelles en périodes dites « sensibles ». C'est ainsi que le scandale du lait contaminé par la mélamine distribué par la compagnie Sanlu, dont furent victimes des milliers de nourrissons, fut étouffé pendant plusieurs semaines en 2008 pour ne pas troubler la sérénité des jeux Olympiques. Il est également recommandé aux organes d'information de toujours accompagner l'annonce de difficultés par des commentaires positifs, soulignant par exemple la mobilisation des secours, la solidarité et l'union nationales face à un tremblement de terre, un accident de TGV ou une inondation. Il y a enfin des sujets complètement tabous, comme la vie privée des hauts dirigeants et de leurs familles. Même si certains journalistes sont parfois tentés de jouer avec le feu, les interdits implicites sont le plus souvent respectés.

Pour le département de la propagande, le secteur dont le contrôle se révèle à la fois le plus important et le plus difficile est celui d'Internet. Ses utilisateurs, au nombre d'environ 500 millions, se recrutent en majorité parmi la jeunesse urbaine éduquée. Par la quantité d'informations qu'il diffuse ainsi que par les possibilités d'organisation autonome qu'il offre, Internet représente une menace potentielle pour l'ordre établi. Son développement, pourtant, n'a cessé d'être encouragé par un pouvoir désireux d'intégrer la Chine dans le courant mondial du progrès technologique et de promouvoir une économie de la connaissance. Les cybercafés se sont multipliés, procurant un accès bon marché aux utilisateurs, dont le nombre a quadruplé entre 2006 et 2011. Mais, en même temps, le département de la propagande, en collaboration avec divers ministères et agences gouvernementales – sécurité publique, éducation, culture, etc. –, a développé son contrôle sur le fonctionnement et les usages du réseau. Les sites Internet doivent s'enregistrer auprès des autorités, tout comme les propriétaires de cybercafés et leurs clients, ou les auteurs de blogs. Les fournisseurs d'accès et les moteurs de recherche sont chargés de surveiller le trafic vers les sites étrangers et de bloquer la consultation des sites interdits. Pour échapper à cette obligation de censure, Google transfère vers son site de Hong Kong depuis 2010 toutes les requêtes venues de Chine continentale, s'exposant ainsi à perdre sa licence d'exploitation et à laisser le champ libre à son concurrent chinois Baidu. Des techniques informatiques sophistiquées de filtrage ont été mises en place. L'apparition de certains mots ou expressions tabous, tels que « Falungong », « 4 juin », « parti unique », provoque l'extinction de l'écran et le rappel à l'ordre des responsables[1]. La « Grande Muraille virtuelle » qui s'élève autour de l'Internet chinois fait de celui-ci un immense intranet fonctionnant en milieu clos sous la surveillance, dit-on,

---

1. Le Falungong est une secte bouddhique pourchassée par le gouvernement, qui la soupçonne d'opposition politique. Le 4 juin est la date de la répression de Tian'anmen, en 1989.

de 30 000 à 40 000 policiers spécialisés et d'un Bureau d'État pour l'information créé au printemps 2011 et chargé de coordonner l'action de toutes les instances ayant droit de regard sur le cyberespace (Brady, 2008, 127-136, Wines, 2011 A).

Plus difficiles à contrôler sont le trafic des courriels et tous les usages du Web 2, le « Web social » qui fait des internautes des intervenants actifs poursuivant sur la Toile des échanges entre eux et avec les divers sites : il y faut des filtres, une surveillance spéciale consacrée aux communications des dissidents connus, ou le recours à des « propagandistes payés pour aller répandre la bonne parole dans les forums de discussion » (Doan Bui, 2010). À la surveillance des courriels sur Internet se rattache celle des milliards de messages (SMS) échangés sur les téléphones mobiles de 650 millions d'abonnés. À en croire les experts, le régime chinois a cependant réussi jusqu'ici à établir son contrôle sur le flux des informations véhiculées par Internet et par les autres technologies de l'information et de la communication, il a réussi, comme le recommandait Deng Xiaoping, à « ouvrir la fenêtre tout en empêchant les mouches et les moustiques d'entrer », infirmant les prophéties qui faisaient de ces technologies des instruments propres à introduire la démocratie en Chine à brève échéance.

Les méthodes, les instruments et les cibles de la répression

Ils ont également beaucoup évolué depuis l'ère maoïste. Il ne s'agit plus de mettre en échec la contre-révolution, mais de maintenir la stabilité et l'harmonie sociales. La signification de ces deux termes mis en avant dans le programme lancé par Hu Jintao et par son Premier ministre Wen Jiabao n'a pas tardé à dériver, et, pour beaucoup de Chinois, ils sont devenus synonymes de contrôle et de répression. Les dirigeants ont infléchi leur stratégie au fil des années et des menaces qu'ils ont eu à affronter : celles-ci sont nombreuses, de natures diverses, et le régime tente de les réprimer sans trop porter atteinte à l'image d'une Chine forte et pacifique qu'il cherche à projeter. Il importe, en effet, d'éviter la désapprobation unanime dont la Chine avait été l'objet dans le monde après le massacre de Tian'anmen.

Aux manifestations pour la démocratie de 1989 ont succédé les mouvements sociaux provoqués par les licenciements massifs lors de la privatisation des entreprises publiques, dans les années 1990 et 2000, le défi lancé par la secte bouddhique du Falungong, qui prétendait s'organiser de façon autonome, les manœuvres juridiques des activistes profitant des avancées de la réforme légale, les soulèvements récurrents des paysans lésés par la confiscation de leurs terres, les rébellions renaissantes de certaines minorités ethniques. Le régime est poursuivi par la crainte de voir naître des troubles pendant les périodes de passation du pouvoir suprême, quand des divisions au sommet risquent d'apparaître, ou de voir s'étendre à la Chine des mouvements de protestation nés à l'étranger, chez les anciens satellites de l'URSS lors des « révolutions de couleur » en 2004, ou dans les pays du Maghreb et du Moyen-Orient lors du printemps arabe de 2011.

Le gouvernement de Pékin ne cesse donc d'être sur le qui-vive. Supervisé par Zhou Yongkang, membre du comité permanent du bureau politique et directeur de la commission des Affaires politiques et judiciaires[1], l'appareil de répression est actif à tous les échelons du parti, et il a de multiples prolongements dans les administrations et dans l'armée. À la base, 300 000 comités dits de maintien de la stabilité ont été mis en place pour régler les incidents locaux et les empêcher de dégénérer en troubles plus graves. On a installé dans les grandes villes 7 millions de caméras de surveillance, et leur nombre doit doubler dans les quatre années à venir. Le budget de la sécurité intérieure a augmenté de 14 % en 2011, dépassant le budget (officiel) des armées (*NYT*, 2011, 05/03).

La répression est permanente, quoique d'intensité variable. Depuis le printemps 2012, la politique du gouvernement à l'égard de ses opposants réels ou supposés s'est beaucoup durcie. Les méthodes de répression sont graduées. Tout commence par l'intimidation : des menaces téléphoniques, des invitations à aller « prendre le thé », c'est-à-dire à se rendre à la station de police locale pour admonestations ou corrections. Puis viennent les mesures administratives – perte d'emploi, suspension de publications, dissolution d'associations – accompagnées de diverses formes de harcèlement allant des filatures, accusations de fraude fiscale, obstacles mis à

---

1. Instance de coordination du parquet, des tribunaux et de la sécurité publique, cette commission assure la subordination du système judiciaire à la police et au parti.

l'embauche, jusqu'aux accidents truqués. « Ils vous suivent jusqu'à ce que vous perdiez toute force et que vous craquiez… », confesse l'artiste dissident Ai Weiwei (cité par Fish, 2011).

On passe ensuite aux interpellations et mises en détention. La rééducation par le travail ou mise en détention provisoire (généralement limitée à quatre ans) peut être décidée par la police sur simple mesure administrative. Quand procès il y a, les chefs d'accusation demeurent vagues et généraux : subversion, divulgation de secrets d'État, atteinte à la stabilité sociale, à la sûreté publique. La procédure s'appuie encore sur des aveux arrachés par la torture ; les procès, dont l'issue est généralement décidée à l'avance par les autorités, sont bâclés (Amnesty International, 2011). Les juges sont d'ailleurs encouragés à abandonner les procédures judiciaires pour des « médiations » imposées aux accusés. Les condamnations envoient ceux-ci dans des camps de travail. Le terme *laogai* (réforme par le travail) a disparu depuis 1994, remplacé par celui de « prison », mais les pratiques du goulag chinois ne semblent pas avoir été abandonnées pour autant, même si désormais elles visent moins la rééducation idéologique des détenus que l'exploitation commerciale de leur force de travail.

En dehors de ces formes légales de poursuites et de détention, il existe de nombreuses pratiques irrégulières. Les autorités y ont recours, par exemple, pour se débarrasser des « plaignants » qui encombrent les rues et les bureaux de Pékin, donnant à voir leur misère et leur insatisfaction. Montés des provinces vers la capitale pour obtenir le redressement des injustices subies, ils sont poursuivis par des agents de sécurité privés et enfermés dans des « prisons noires », c'est-à-dire clandestines (Jacobs & Ansfield, 2011). Les « disparitions forcées » représentent une autre forme de détention arbitraire. À la mi-février 2011, une dizaine d'avocats bien connus comme défenseurs des droits de l'homme ainsi qu'une centaine d'autres activistes ont ainsi été arrêtés sans mandat et séquestrés pendant des jours et des semaines dans des lieux tenus secrets, sans que leurs familles soient informées de leur sort. Cette intensification de la répression a coïncidé avec la crise des printemps arabes, dont les dirigeants chinois redoutaient la contagion. En juin, la plupart de ces détenus ont été relâchés, et certains ont enfreint les consignes de silence qui leur avaient été imposées pour révéler les sévices dont ils avaient été victimes pendant leur « disparition » (Pedroletti, 2011 ; LaFraniere, 2012). Lors de la révision du Code de procédure pénale approuvée par l'ANP en mars 2012, cette forme de détention a été légalisée, avec toutefois quelques atténuations (*Le Monde*, 2012, 08/03). Comme le constate un responsable chinois : « La loi n'est pas un bouclier pour les gens qui créent des troubles en Chine » (cité par Becquelin, 2011).

La mise en œuvre de cette répression repose sur des forces de police avec lesquelles collaborent les administrations judiciaire, pénitentiaire, fiscale. « Le bureau des impôts, le tribunal, la police, représentent les différents visages d'une même personne », constate Ai Weiwei (cité par Fish, 2011). Au contact direct de la population, la police régulière assure les tâches courantes du maintien de l'ordre. En cas de troubles graves, c'est un corps paramilitaire, la Police armée du peuple, qui intervient. Inquiet des réticences manifestées par certaines unités de l'APL sommées de sévir contre les contestataires de Tian'anmen, le pouvoir a en effet déchargé l'armée des tâches du maintien de l'ordre et les a confiées à ces forces spéciales dotées d'un armement lourd pour maîtriser émeutes et « attaques terroristes ». Estimés de façon vague à plus ou moins d'un million de membres, les effectifs de la PAP sont stationnés sur tout le territoire et peuvent être regroupés en cas de nécessité. La qualité de ces troupes, cependant, n'égale pas celle des soldats de l'armée régulière, et elles sont souvent apparues comme des instruments au service des pouvoirs locaux. La loi d'août 2009 a redéfini leurs missions et les a soustraites à l'autorité des échelons inférieurs de l'administration. La réforme en cours vise à améliorer la qualité de leur recrutement, moderniser leur équipement et coordonner leur action à l'intérieur des frontières avec celles de l'APL à l'extérieur (Puig, 2012). Elles ont joué un rôle important dans la répression des soulèvements du Tibet en 2008 et de celui du Xinjiang qui a fait 197 morts et 1 700 blessés en juillet 2009 (Wong, 2012). Leurs blindés sont également intervenus lors des émeutes qui ont mobilisé plus de 2 000 paysans au printemps 2011 dans le canton de Suijiang, au Yunnan (Wong, 2011).

Les groupes soumis à la répression sont bien ciblés. Il s'agit de paysans ou d'ouvriers protestant pour défendre leurs terres ou leurs salaires, de bouddhistes du Falungong s'insurgeant contre l'interdiction dont leur culte est l'objet, d'activistes des minorités ethniques réclamant autonomie ou indépendance. Ce sont ces deux derniers groupes qui sont le plus durement réprimés et dont les membres peuplent actuellement les prisons où se perpétuent les traditions du goulag.

Le pouvoir s'en prend en outre à des artistes, des écrivains, des journalistes, des avocats, des professeurs qui osent élever la voix pour demander une meilleure application de la loi, un plus grand respect des droits de l'homme, et parfois même une libéralisation du régime. La notoriété de ces personnalités donne de l'éclat à leur dissidence, et la répression dont elles sont victimes entraîne d'importantes retombées médiatiques et parfois diplomatiques, certains chefs d'État étrangers intervenant en leur faveur. Au premier rang de ces causes célèbres, Liu Xiaobo, lauréat d'un prix Nobel de la paix décerné en 2010 alors qu'il purgeait une peine de onze ans d'emprisonnement. La photo de sa chaise vide lors de la cérémonie de la remise du prix à Oslo a fait le tour du monde. Chen Guangcheng est une autre cause célèbre. Arrêté et condamné à quatre ans de prison pour s'être élevé contre les stérilisations et avortements forcés, l'avocat aveugle a été assigné à résidence après sa libération. Échappant à la surveillance de ses gardiens, il s'est enfui, a demandé asile à l'ambassade américaine à Pékin et a finalement gagné les États-Unis au printemps 2012. Parmi tant d'autres avocats « disparus », on peut citer Gao Zhisheng, qui eut l'audace de plaider la cause des victimes du Falungong, et dont on est sans nouvelle depuis avril 2010 (Wines, 2011 B). Dans cette cohorte de victimes, on compte aussi des vétérans de la contestation, tel Liu Xianbin. Emprisonné à plusieurs reprises depuis 1989, cet activiste vient d'être à nouveau condamné à dix ans de détention (Jacobs, 2011). Quant à l'artiste peintre, sculpteur et « auteur d'installations » Ai Weiwei, ce n'est pas tant son œuvre d'avant-garde qui lui a valu d'être arrêté que son jugement critique sur les réactions des autorités face à la catastrophe du tremblement de terre du Sichuan, en 2007.

Conjuguant souplesse et brutalité, le système de répression chinois se révèle d'une grande efficacité. L'expression des mécontentements demeure cloisonnée. Partiellement satisfaites ou brutalement réprimées, les protestations sont étouffées dans l'œuf et ne se rejoignent pas dans un mouvement d'opposition générale.

L'appareil de répression du parti n'a donc rien perdu de sa force. Il ne fonctionne plus au service d'une idéologie révolutionnaire qu'hier encore le régime prétendait incarner, mais au service du seul régime et de son maintien au pouvoir. Le recours unique à la force ne saurait cependant suffire à assurer durablement l'autorité de dirigeants à la tête d'une Chine confrontée aux difficultés de la modernisation et aux vertiges de la mondialisation. Le besoin d'adhésion populaire conduit le Parti communiste chinois à rechercher de nouvelles sources de légitimité.

CHAPITRE 6

La quête d'une nouvelle légitimité

Le déclin de l'idéologie prive le régime de la légitimité révolutionnaire qui avait fait sa force depuis 1949. L'URSS et les autres États du camp socialiste, en pleine déroute, n'offrent plus aucun modèle. La répression de Tian'anmen a consacré la rupture du consensus qui avait pu exister entre les masses et leurs dirigeants. Les conservateurs, qui au début des années 1990 se sont emparés du pouvoir, se tournent alors vers les régimes autoritaires non communistes de l'Asie orientale pour étudier les raisons de leur succès et de leur stabilité. Singapour, en particulier, leur offre l'exemple d'un État dominé par un parti unique qui a su fonder sa légitimité sur une bonne gestion du développement économique et social, et sur son magistère moral. Le Parti communiste chinois va donc s'employer à substituer satisfactions matérielles et consensus nationaliste à l'ancien idéal révolutionnaire pour cimenter l'union entre le régime et la société, ou plutôt pour renforcer l'adhésion et la soumission de l'une à l'autre.

Loin d'asseoir son autorité sur la seule force, le parti veut se rendre non seulement acceptable, mais indispensable, en pilotant une croissance économique propre à satisfaire les besoins d'une partie croissante de la population et en se faisant le champion d'une ferveur nationaliste populaire qu'il s'emploie à attiser et canaliser. Politique avisée : toutes les enquêtes montrent que dans sa majorité la population, ou du moins la population qui compte politiquement, c'est-à-dire la population urbaine, accepte le statu quo et ne songe pas à s'opposer au régime. La nouvelle légitimité ainsi conquise est cependant menacée par un danger qui vient du parti lui-même : la corruption.

LA CROISSANCE, SOURCE DE LÉGITIMITÉ

Bien des problèmes peuvent être résolus quand le PIB atteint un taux de croissance à deux chiffres, comme cela a été le cas de la Chine pendant plus d'une décennie. Le PIB par habitant a atteint 5 400 dollars américains, soit, calculé en parité de pouvoir d'achat, environ 7 600 dollars. Cette nouvelle richesse s'est infiltrée à travers presque toutes les couches de la population. Les grandes famines récurrentes, qui jusqu'au XXe siècle ont ponctué l'histoire de la Chine, ont disparu. Les besoins fondamentaux en nourriture sont satisfaits, et la misère a beaucoup reculé. On estime à environ 10 % de la population (130 millions de personnes) le nombre de ceux qui vivent encore sous le seuil de la pauvreté, c'est-à-dire, selon le barème récemment révisé par le gouvernement chinois, avec moins d'un dollar PPA par jour[1]. D'après la Banque mondiale, 65 % de la population chinoise vivaient au-dessous de ce seuil en 1981. Ce sont donc 500 à 600 millions de personnes qui auraient échappé à la misère en trois décennies.

L'amélioration du niveau de vie que montrent les statistiques a cependant été très inégale. Les campagnes ont beaucoup moins profité de la croissance que les villes. Le revenu moyen des ruraux représente aujourd'hui au mieux le tiers de celui des résidents urbains, et c'est à la campagne qu'habite la majorité des pauvres et très pauvres. Systématiquement freinée à l'ère maoïste à travers l'institution du *hukou*, l'urbanisation a explosé dans la Chine des réformes. Chaque année, dix à vingt millions de nouveaux migrants arrivent en ville et s'y installent, plus ou moins illégalement. D'après la commission nationale de la Population et du Planning familial, cette population de migrants atteint 221 millions en 2010 (Wong, 2011 A). Le recensement de 2010 a pris en compte pour la première fois le lieu réel de résidence de ces migrants, qui, dans les recensements précédents, avaient été comptabilisés dans les zones rurales dont les faisait dépendre leur *hukou* (Wines, 2010). Cette migra-

---

1. Le seuil de pauvreté retenu auparavant par les autorités chinoises était de 0,57 dollar PPA par jour. Le nombre de pauvres, calculé selon ce critère, s'élevait à 14,8 millions. Le seuil officiel a été relevé en 2011 et se rapproche maintenant de celui de 1,25 dollar PPA retenu par la Banque mondiale, qui permet à celle-ci de chiffrer à 254 millions le nombre de pauvres chinois (voir ci-dessus chapitre 2, p. 48).

tion explique la rapide augmentation de la population urbaine[1]. D'après les statistiques officielles, celle-ci a atteint 690 millions à la fin de l'année 2011 : la majorité des Chinois habitent désormais dans les villes.

Le souci qu'a le régime de la population urbaine ne s'adresse guère qu'à une fraction de cette population : celle des résidents « légaux ». Nés en ville, ces résidents bénéficient d'un *hukou* urbain qui leur confère à vie un statut privilégié, leur ouvrant droit à de multiples avantages – salaire, emploi, logement, éducation, protection sociale. Les migrants, nouveaux venus, continuent de porter le fardeau de leur *hukou* rural. Leur présence est tolérée, mais ils vivent souvent comme des hors-la-loi. Créé à la fin des années 1950, le système d'enregistrement sur le lieu de naissance avait pour objectif de fixer les populations au sol et de freiner l'urbanisation. La transition urbaine de ces dernières années et les grands mouvements migratoires qu'elle a entraînés auraient dû le rendre caduc. En fait, il est de moins en moins rigoureusement appliqué. À Chongqing (Sichuan), par exemple, les migrants ont désormais la possibilité d'acquérir un *hukou* urbain après trois ans de séjour dans la métropole (Bell, 2012). Pourtant, bien qu'on ait souvent évoqué sa réforme ou son abrogation, le *hukou* perdure. Il a maintenant pour effet de délimiter la frontière entre les anciens résidents, appelés à former la classe

---

1. Certains des migrants retournent dans leurs villages pour y investir ou dépenser les sommes gagnées en ville. D'autres y retournent après avoir perdu leur emploi à la suite de fermetures ou de délocalisations d'entreprises. On ne peut chiffrer le nombre de ces retours, mais le solde de la migration rurale demeure très positif.

moyenne, et le prolétariat des migrants, dont le sort en ville ne s'améliore que lentement.

La définition et le dénombrement de la classe moyenne chinoise suscitent de très nombreuses controverses. Le concept même de classe moyenne est souvent rejeté par les autorités chinoises, qui le considèrent comme le cheval de Troie d'une bourgeoisie classique à tendance démocratique. Saluée prématurément par les observateurs étrangers comme une étape importante dans l'évolution pacifique de la Chine vers la démocratie, la formation d'une classe moyenne est redoutée, au même titre, par les dirigeants du régime. Leur politique va donc s'employer à prévenir ce danger en empêchant l'intégration, la fusion des divers groupes appelés à former cette classe, en préservant le morcellement et l'hétérogénéité de ces groupes qui apparaissent dans les statistiques officielles comme des « strates intermédiaires ».

Un autre obstacle auquel se heurte l'identification de la classe moyenne est la diversité des critères censés la définir : ressources financières, catégories professionnelles, niveau d'éducation, habitudes de consommation. En fonction des critères retenus, on aboutit à des évaluations divergentes qui oscillent entre 100 et 300 millions ou plus. Pourtant, l'observation montre qu'il existe indiscutablement un certain nombre de groupes sociaux dont l'essor résulte directement ou indirectement de celui du marché. Ce sont eux que nous désignerons sous le terme de classe moyenne, sans attribuer à celui-ci de signification sociologique et théorique rigoureuse.

Nous avons déjà rencontré au chapitre 4 l'un de ces groupes : les entrepreneurs. La plupart d'entre eux, comme nous avons pu le constater, entretiennent avec le pouvoir des rapports de subordination et d'identification. Ceux qui font preuve d'une certaine autonomie, par exemple les patrons de PME de Wenzhou et des provinces côtières du Sud, tendent à limiter le plus possible leurs contacts avec les autorités, s'abstenant de critiquer comme de soutenir le régime. Aux côtés des entrepreneurs, on trouve des « cols blancs » : ingénieurs, gestionnaires travaillant pour des entreprises privées chinoises ou étrangères ; des intellectuels : universitaires, journalistes, écrivains, artistes ; des salariés d'État : cadres du parti et du gouvernement, employés des entreprises publiques. C'est même dans cette dernière catégorie que la classe moyenne recrute ses cohortes les plus nombreuses. Cette prééminence est particulièrement frappante à Pékin et dans les provinces du Nord et de l'Ouest. Elle s'explique par le rayonnement plus fort du gouvernement central dans ces régions et par la politique volontariste de ce gouvernement, qui a donné à ses employés les mieux notés et les plus loyaux la possibilité de « s'enrichir avant les autres », comme le recommandait Deng Xiaoping, en leur ouvrant l'accès à la propriété immobilière.

À partir des années 1990, en effet, les salariés des administrations et des entreprises d'État, qui bénéficiaient, contre paiement d'un loyer modique, de logements attribués par leur unité de travail, ont reçu la possibilité de racheter leurs logements à des prix très inférieurs à ceux du marché. Une fois que les unités de travail ont cessé de prendre en charge le logement de leurs employés, en 1998, le marché urbain de l'immobilier s'est développé rapidement grâce aux investissements chinois et étrangers. Les employés d'État ont alors reçu des indemnités et des facilités de crédit qui leur ont permis de se rendre acquéreurs d'appartements sur le marché. Ces nouveaux propriétaires ont par la suite grandement profité des diverses vagues de la spéculation immobilière qui augmentaient la valeur de leurs biens, et, se servant de ces biens comme garantie collatérale, nombre d'entre eux se sont enrichis en participant à ces spéculations.

Les membres de la classe moyenne sont donc des propriétaires. Une très grande majorité d'entre eux (83 %) vivent dans des logements qui leur appartiennent, de préférence au sein des enclos résidentiels (*gated communities*) qui se sont multipliés dans les grandes villes chinoises. Toutes catégories confondues, ils se sont installés à l'abri des grilles et des gardiens dans de coquettes villas ou d'élégants appartements, et profitent des nombreux équipements et services offerts à leur communauté de résidents.

L'accès à la propriété immobilière n'est qu'un des aspects du grand mouvement qui emporte cette nouvelle classe moyenne dans le tourbillon de la consommation. Le revenu des foyers urbains a triplé au cours des deux dernières décennies (Jacobs, 2011), et, malgré la propension des Chinois à épargner, la consommation de ces foyers n'a cessé de se développer et de se diversifier. Qu'il s'agisse de nourriture, de voitures, de vins, de voyages, de loisirs, d'équipement ménager ou informatique, le genre de vie de ces nouveaux riches n'a cessé de se rapprocher de celui des nantis occidentaux. C'est ainsi que le nombre des voitures privées est passé de 240 000 à 26 millions entre 1990 et 2009, et celui des cartes de crédit, de 3 à 150 millions (Li, 2010 A, 8-9). Une partie importante de la population urbaine (de 25 à 50 %) est ainsi entrée dans la civilisation de consommation.

Une minorité de super-riches émerge de la classe moyenne. Réduite en pourcentage, cette minorité n'en est pas moins impressionnante en valeur absolue. Elle compte en effet près d'un million de millionnaires (en dollars américains), sans même parler des 271 milliardaires recensés sur la liste Hurun (*cf.* ci-dessus chapitre 3, p. 112 n. 1). Ce sont ces super-riches qui ont fait de la Chine un des principaux marchés des produits de luxe, un pays qui a augmenté de 40 % ses importations de voitures Mercedes-Benz et BMW en 2011, et qui est devenu le premier acheteur mondial de vins de Bordeaux. Un pays où les maisons de mode – Dior, Hermès, Chanel, Gucci, Vuitton et bien d'autres – ouvrent de plus en plus de boutiques et n'hésitent pas à s'installer non seulement dans les métropoles côtières, mais également dans les grandes villes de l'intérieur (*Jing Daily*, 2011, *passim*). D'après l'économiste chinois Wang Xiaolin, la consommation des produits de luxe serait alimentée par les profits de l'« économie grise » et de la corruption, en plein développement depuis la mise en œuvre du plan de relance de 2008 (Tatlow, 2012 A).

La classe moyenne est en constante progression, et ses effectifs se gonflent sans cesse de nouveaux entrants. Un PIB moyen de 7 000 dollars PPA par tête représente pour les économistes et les sociologues le seuil à partir duquel une société commence à accéder à la civilisation de consommation. Or ce PIB est actuellement celui des résidents urbains (légaux) chinois ; ce qui laisse à penser que beaucoup pourraient à brève échéance rejoindre les rangs de la classe moyenne. Quant aux migrants, leur objectif est d'atteindre le statut et l'aisance des autres résidents urbains. Leur situation s'améliore lentement, celle à tout le moins des ouvriers, des cols bleus. On ne peut en dire autant des « fourmis », jeunes gens arrivés diplômes en poche de petits centres provinciaux, qui ne trouvent pas de travail correspondant à leur qualification et vivent par dizaines de milliers dans de très mauvaises conditions aux marges des grandes métropoles (Liu, 2010). 6,9 millions de diplômés sont sortis des universités et instituts techniques chinois en 2009, nombre très supérieur à celui des emplois s'offrant sur le marché, d'où l'apparition d'un véritable « prolétariat de cols blancs » dans la jeune génération (Yu, 2012). À l'autre extrémité de l'échelle sociale, le passage dans la classe des superriches s'accélère. Selon les prévisions du Crédit suisse, le nombre des millionnaires devrait dépasser 2,4 millions en 2016 (*Jing Daily*, 2011, 29/11).

Né de la croissance accélérée, le dynamisme social entretient dans une grande partie de la population urbaine une vue positive de l'avenir, un optimisme qui contraste fortement avec la morosité des classes moyennes occidentales. Cette évolution résulte à la fois de l'introduction de l'économie de marché et de la politique volontariste d'un État soucieux de canaliser les profits du marché vers ses serviteurs les plus loyaux. Il n'est donc guère étonnant que l'élévation du niveau de vie n'ait pas amené la classe moyenne à remettre en question le régime, que la liberté de choix du consommateur n'ait pas conduit, comme le voudrait la théorie libérale, à une revendication de liberté politique pour le citoyen.

Au sein des communautés résidentielles vivant derrières leurs grilles, une certaine solidarité de groupe est bien apparue, porteuse d'identification sociale, d'autonomie et de revendications. Les comités élus par les résidents sont prompts à se mobiliser pour protester contre les négligences et les abus des sociétés privées gestionnaires des enclos. Mais l'activisme du copropriétaire ne se transforme pas en zèle citoyen : il exprime seulement les réactions du « consommateur en colère » (Tomba, 2010, 205). Il demeure ponctuel, limité aux horizons de la vie privée, géographiquement et socialement borné par les grilles des enclos. Les résidents ont développé une certaine autonomie qu'a favorisée le déclin de l'intervention de l'État et de ses agents dans leur vie quotidienne, mais ils n'en demeurent pas moins liés au régime, dépendant de lui et partageant avec lui des intérêts essentiels : poursuite de la croissance économique, ordre social et restriction de la participation des masses à la vie politique. D'après les enquêtes menées par le sociologue sino-américain Jie Chen à Pékin et dans deux autres grandes villes du Nord et du Nord-Ouest, et portant sur 3 600 foyers, la classe moyenne est unanimement attachée à la défense des libertés et droits individuels (à l'emploi et à l'éducation, au respect des communications privées, etc.). Elle est en revanche hostile, pour les trois quarts, au multipartisme et aux manifestations populaires qui risquent de semer le trouble. Elle perçoit l'ordre comme une valeur plus importante que la liberté, et la démocratie semble se limiter pour elle à la pratique, déjà courante, de laisser plusieurs candidats du Parti communiste chinois se présenter à un même poste (Chen, 2010, 337, 344).

Le changement ne devrait donc pas venir de cette classe moyenne, bridée par son identité sociale confuse et par sa dépendance à l'égard d'un régime qui l'a cooptée et la soutient, qui protège les carrières d'une grande partie de ses membres, et dont la politique économique favorise son enrichissement. Un pacte implicite lie la classe moyenne au parti-État et fait d'elle un pilier du statu quo : elle veut continuer à toucher les dividendes de la croissance et être protégée du chaos, sans cesse présenté comme seule alternative au règne du parti ; elle veut conserver son confort et ses privilèges, et être défendue contre les revendications des classes les plus pauvres, qu'elles jugent trop peu éduquées pour participer à la vie publique.

Pour que ce pacte continue de fonctionner, il faut que le gouvernement assume sans défaillance son rôle de pourvoyeur de croissance, de richesse, d'emploi, d'ordre. La tâche n'est pas facile. Les coûts sociaux et environnementaux de la croissance accélérée maintenue depuis trois décennies se font de plus en plus lourds. Freiner l'augmentation du PIB n'est pas toutefois sans danger, car il faut donner du travail aux millions de jeunes qui entrent chaque année sur le marché du travail. Il faut aussi protéger l'ensemble de la population urbaine contre l'inflation qui menace son pouvoir d'achat, contre la spéculation immobilière qui a bien servi la première génération entrée sur le marché dans les années 1990, mais freine ou ferme l'accès des générations actuelles à la propriété. Nous reviendrons plus loin sur ces difficultés. Qu'il suffise ici de constater que ces équilibres à maintenir exigent des arbitrages délicats, et que la prospérité chinoise est en outre à la merci de possibles évolutions défavorables du marché mondial.

La légitimité économique conquise par le régime est réelle mais fragile. D'où la nécessité pour lui de s'arc-bouter à un autre piler : celui du nationalisme.

Le consensus nationaliste

Le nationalisme a joué un rôle essentiel dans le mouvement révolutionnaire chinois du XXe siècle et dans la prise du pouvoir par les communistes, en 1949. C'était alors un nationalisme frustré qui prenait la forme de l'anti-impérialisme. Après le déclin du maoïsme et l'effacement de l'utopie révolutionnaire, le nationalisme est devenu plus que jamais source de légitimité pour le parti et le régime. Il a toutefois changé de nature : c'est désormais un nationalisme triomphant. Le régime s'en est fait le champion et en use pour rassembler la population sous sa direction. Ses campagnes de propagande, ses relectures de l'histoire, ses mises en scène de la grandeur nationale, sa promotion des « intérêts cruciaux » (*hexin liyi*) du pays, visent deux objectifs indissociables : exalter la nation et l'identifier au parti.

C'est au lendemain de la répression de Tian'anmen que la défense des intérêts nationaux s'impose officiellement comme idéologie de substitution et principale direction de la diplomatie chinoise. « Seul le socialisme peut sauver la Chine », déclare Deng Xiaoping (cité dans Gries, 2004, 133). Il s'agit de refonder l'unité entre dirigeants et dirigés après les affrontements sanglants du printemps 1989. De nombreuses campagnes de propagande sont alors lancées, par exemple celle de 1994 intitulée Programme national pour l'éducation patriotique. Les deux thèmes récurrents de ces campagnes sont ceux du « siècle d'humiliation » et de la « régénération nationale ».

Le thème du siècle d'humiliation renvoie au passé semi-colonial de la Chine, qui, des guerres de l'opium en 1842 jusqu'au lendemain de la Seconde Guerre mondiale, a subi la domination collective des puissances européennes, des États-Unis et du Japon. Des livres, des films, des émissions de télévision, des expositions, décrivent les injustices et l'exploitation dont le pays fut alors victime, véhiculant un message de méfiance et d'antagonisme à l'égard de l'Occident. On fait appel aux témoignages des victimes de l'impérialisme, comme autrefois à ceux des victimes du « féodalisme », pour entretenir dans les jeunes générations la conscience de ce passé douloureux et le désir de revanche. La publication en 1996 du best-seller ultranationaliste *La Chine peut dire non* développe le thème de l'oppression continue de la Chine par les étrangers, thème repris et développé en 2009 par un autre best-seller : *La Chine malheureuse*.

En contrepoint, le thème de la régénération nationale fait état des succès chinois actuels et ouvre la perspective d'une Chine enfin rétablie au rang de première puissance mondiale, rang qu'elle a occupé autrefois et qui, pense-t-elle, doit lui revenir en raison de son vaste territoire, de sa nombreuse population, de sa longue histoire, de sa brillante culture. De façon significative, la propagande fait remonter le début de la régénération nationale à la fondation du Parti communiste chinois ; c'est le message que porte le film *Le Début de la grande renaissance*, sorti en juin 2011, à l'occasion du 90e anniversaire du parti. Ce film à gros budget et brillante distribution a été projeté dans des milliers de salles. Sur le dernier écran apparaît la leçon politique dont il est porteur : « Sous la conduite du Parti communiste chinois, la Chine a suivi la route glorieuse de l'indépendance ethnique, de la libération, de la richesse nationale et de la puissance » (Yang, 2011).

Dans son désir de légitimation, le parti n'invoque pas seulement l'histoire récente : il s'adosse à toute la tradition chinoise. Il favorise le renouveau de la culture classique, considérée à l'époque maoïste comme une des causes du retard chinois. Dans le Programme de développement culturel du 11e plan, publié en 2006, on peut lire : « La culture chinoise, brillante et cinq fois millénaire, [...] est le lien spirituel de notre héritage, du dynamisme incessant de notre nation » (Billoud, 2007, 56). Cet héritage, il faut le protéger en censurant les œuvres littéraires et artistiques ou les divertissements populaires susceptibles de véhiculer des normes ou des modes importées, jugées contraires à l'éthique traditionnelle ou communiste. Le roman d'anticipation politique *Les Années fastes*, de Chan Koonchung, qui connaît un succès mondial, n'a pas pu paraître en Chine, et les œuvres du plasticien Ai Weiwei sont condamnées. Les émissions de la télé-réalité, imitées du modèle américain, sont particulièrement visées. La liberté sexuelle et la soif d'argent qu'elles mettent en scène assurent leur succès auprès de dizaines de millions de spectateurs. Pour lutter contre leur influence, leur nombre a été ramené de 126 à 38 par la réglementation entrée en vigueur en janvier 2012 (Wong, 2011 B). De même l'importation de films américains, dont le succès auprès du public chinois l'emporte sur celui de la production locale formatée par le pouvoir, a elle aussi été limitée à un quota de 20, puis 34 films par an.

Tout le patrimoine historique et culturel est mobilisé pour renforcer la cohésion de la société et souligner le rôle dirigeant du parti. Inévitablement, ce recours au passé ne va pas sans relecture de l'histoire et réinvention de la tradition.

Parmi les grandes figures que le pouvoir cherche à s'approprier, l'Empereur Jaune, Huang Di, souverain légendaire de l'Antiquité, considéré comme l'ancêtre des Han. On lui attribue la création de l'État centralisé, l'invention de la monnaie, du calendrier, de la métallurgie. Géniteur de la race, créateur de la civilisation, il est le symbole même de la Chine. Le régime a fait de lui une icône nationaliste et a redonné vie au culte qui lui a été consacré à travers les siècles, et qui était tombé en déclin sous le maoïsme.

Confucius est une autre des grandes figures que le régime cherche à instrumentaliser. La création par le gouvernement d'une Fondation confucianiste de Chine, en 1984, donne le signal de la réhabilitation du vieux sage et de sa doctrine. En dépit des valeurs universelles dont il est porteur, le confucianisme est utilisé pour renforcer les fondements du nouveau nationalisme. L'organisation de cérémonies dans le temple de Qufu (Shandong), lieu de naissance de Confucius, la multiplication des publications savantes et populaires, la réintroduction dans les programmes scolaires de l'étude des classiques, la création à travers le monde de centres culturels chinois baptisés instituts Confucius, témoignent de la renaissance orchestrée du confucianisme. Cette politique culmine avec l'érection en janvier 2011 d'une statue géante du vieux maître sur la place Tian'anmen, dans cet espace qui symbolise le cœur du pouvoir politique. Campée en face du mausolée de Mao Zedong, qui, en 1973, lança une grande campagne « contre Lin Biao et Confucius », cette statue dut apparaître à certains comme une provocation, car au bout de trois mois elle disparut, transportée de nuit vers une destination non révélée (*The Economist*, 2011, 28/04)[1].

Les spécialistes se sont longuement interrogés sur la signification philosophique et idéologique du mouvement, soulignant l'opposition entre les valeurs universelles véhiculées par le confucianisme et son instrumentalisation au service du nouveau nationalisme chinois, jaugeant ce que l'existence d'une communauté civilisée implique de rejet à l'égard des « barbares », ce que l'organisation sinocentrique du monde comporte de subordination pour les

---

1. Exemple du double langage utilisé par les Chinois qui se servent de références historiques pour traiter des problèmes contemporains, la campagne « contre Lin Biao et Confucius » était en fait dirigée contre Zhou Enlai, soupçonné de vouloir liquider les acquis de la Révolution culturelle. Chemin faisant, elle s'attaqua aussi à Confucius et au confucianisme.

tributaires. Même si certains déplorent son « incarcéra-tion dans une idéologie nationaliste » (Dirlik, 2011, 13), ce confucianisme renaissant n'en est pas moins utilisé comme antidote à l'occidentalisation portée par la modernisation. L'importance du confucianisme pour le régime tient à son rôle dans la définition de l'identité nationale, dans la reconstruction d'une vision du monde faisant à la Chine une place centrale, dans la fierté retrouvée qu'inspire aux Chinois une civilisation n'ayant rien à envier à la civilisation occidentale.

Célébrations et commémorations sont autant d'occa-sions de mettre en scène la grandeur nationale, indisso-ciable de celle du parti. La Chine des réformes maintient vivante la tradition communiste des grandes parades militaires, comme celle organisée le 1er octobre 2009 pour commémorer le 60e anniversaire de la fondation de la République populaire. Au printemps 2011, des mani-festations officielles et populaires d'une ampleur excep-tionnelle se sont déroulées à travers le pays pour célébrer le 90e anniversaire du parti. Au milieu de la place Tian'anmen, on a dressé l'emblème géant de la faucille et du marteau. Des concerts, des ballets, des concours de chants révolutionnaires, ont été organisés dans toutes les grandes villes. À Chongqing (Sichuan), sous l'égide du néoconservateur Bo Xilai, alors secrétaire municipal du parti, la ferveur patriotique a pris la forme d'une véri-table résurgence maoïste : cent mille choristes se sont ras-semblés dans le stade pour interpréter des chants datant de la Révolution culturelle. Le « tourisme rouge » s'est intensifié. La visite des sites révolutionnaires a permis à la population, aux enfants en particulier, de découvrir ou de redécouvrir les épisodes héroïques qui illustrent l'histoire du parti, et de renouveler leur allégeance à ce dernier. À Pékin, des centaines de jeunes gens rassemblés dans le quartier de l'ancienne concession française ont prêté serment de loyauté devant le bâtiment où fut fondé le parti, en 1921. Sur les écrans de télévision, les divertissements ont fait place aux émissions patriotiques. Au Hunan, province natale de Mao Zedong, dans le centre de la Chine, les danseuses de cabaret ont elles aussi voulu apporter leur contribution en arborant des dessous rouges pour faire leurs numéros de strip-tease (Barboza, 2011).

La grandeur de la Chine, sa richesse et sa modernité se donnent également à admirer lors des grandes manifestations internationales dont le gouvernement de Pékin, pour la première fois dans son histoire, a obtenu l'organisation. Symboles de la nouvelle place que la Chine occupe dans le monde, les jeux Olympiques de 2008, puis l'Exposition universelle de 2010, ont rempli les Chinois de fierté et servi le prestige et l'autorité du parti-État. Pour assurer le succès des Jeux de Pékin, le gouvernement a fait d'énormes investissements : 40 milliards de dollars, de source non officielle (*The Guardian*, 2008, 28/07). Baptisé « nid d'oiseau » à cause de sa structure imbriquée et aérienne, le nouveau Stade national est le plus remarquable des équipements construits pour la circonstance. En dépit des manifestations protibétaines qui ont troublé le parcours de la flamme olympique, les Jeux se sont déroulés normalement et ont été regardés par 4,7 milliards de téléspectateurs, portant au monde le message du réveil chinois.

Deux ans plus tard, l'Exposition de Shanghai réitère le message. Installés sur les rives du Huangpu, en aval de la ville, les divers pavillons se présentent comme « un contrepoint moderne et nationaliste aux bâtiments coloniaux du Bund historique » (Foxnews.com, 2010, 25/04)[1]. L'Exposition a battu tous les records, rassemblant le plus grand nombre de pays participants (192), attirant le plus grand nombre de visiteurs (73 millions), bénéficiant des investissements les plus importants : 45 milliards de dollars américains (Barboza, 2010).

Qu'il s'agisse de la hauteur des tours, de la longueur des ponts, de la puissance des barrages, de la vitesse des TGV, la Chine semble être obsédée par l'idée qu'elle peut et doit faire mieux que le reste du monde. Cette hantise des records a conduit le gouvernement de Pékin à accorder une attention particulière à la préparation des athlètes devant concourir aux Jeux de 2008. Un réseau de centres d'entraînement a été établi, dont les méthodes s'inspiraient de l'ancien modèle soviétique. « Nous pouvons travailler plus dur que tous les autres. C'est là notre grande supériorité », déclarait le directeur de l'un de ces centres (Beech & Weifang, 2008). Cinquante et une médailles d'or sont venues récompenser ces efforts, fai-

---

1. Le Bund était la portion du rivage, relevant de la concession internationale, le long de laquelle les grandes banques et entreprises étrangères avaient bâti leurs sièges. C'était le symbole de la force et de la richesse des puissances présentes dans la Chine semi-coloniale du premier XXᵉ siècle. Transformés en bureaux et très peu entretenus à l'époque maoïste, les édifices du Bund ont été depuis rénovés. Rendus à leur ancienne splendeur, ils abritent aujourd'hui restaurants et entreprises de luxe.

sant de la Chine le grand vainqueur des Jeux, aux côtés des États-Unis.

Ce renouveau nationaliste se traduit naturellement dans la manière dont la Chine conduit ses relations internationales. Il semble bien loin, le temps où Deng Xiaoping exhortait les responsables des affaires étrangères et de la sécurité nationale à rester discrets. « Observez froidement, assurez vos positions, réagissez calmement, gardez un profil bas et ne revendiquez pas le leadership. » Enhardis par leur réussite économique, les dirigeants chinois se posent désormais en défenseurs intransigeants des intérêts de leur pays sur la scène mondiale. Les États-Unis, qui en poussant à l'intégration de la Chine dans l'ordre international espéraient faire d'elle un partenaire dans la gestion de cet ordre, constatent avec amertume qu'ils ont affaire à « un pays qui ne songe qu'à ses intérêts, [...] hypernationaliste et puissant » (Shambaugh, cité par Landler & Chan, 2010).

Depuis 2008, la Chine multiplie ses manifestations verbales de force. Elle, qui a dû si longtemps se mettre à l'école de l'Occident, veut reprendre son magistère moral et politique. Elle n'hésite plus à chapitrer ses anciens mentors. Un communiqué de l'agence officielle Xinhua donne le ton, publié le 6 août 2011, alors que l'agence Standard and Poor's venait d'abaisser la note des États-Unis : « Les jours où l'Oncle Sam, perclus de dettes, pouvait facilement dilapider des quantités infinies d'emprunts de l'étranger semblent comptés » (cité par Hiault, 2011).

Introduit en 2009, lors de la visite du président Hu Jintao aux États-Unis, le concept des intérêts cruciaux de la Chine confère à la diplomatie de Pékin une rigidité accrue. Non négociables par définition, ces intérêts concernaient à l'origine la sécurité et la souveraineté nationales et l'intégrité territoriale (c'est-à-dire, selon la conception qu'en a Pékin, l'appartenance à la Chine de Taiwan, du Tibet et du Xinjiang). Leur domaine s'est élargi, et il semblerait que désormais les revendications chinoises sur les îles de la mer du Sud tout comme « le maintien du système politique et la poursuite du développement économique et social » entrent dans la catégorie des intérêts cruciaux (*White Paper*, 2011).

Le gouvernement chinois invoque depuis longtemps le principe de souveraineté nationale pour rejeter les observations concernant son manque de respect des droits de l'homme. Il défend l'intégrité territoriale du pays en maintenant par la force son autorité sur le Tibet et le Xinjiang et en poursuivant ses pressions pour amener le retour de Taiwan sous sa loi. Apportera-t-il la même intransigeance à défendre ses nouveaux « intérêts cruciaux » ? Cela se peut bien si l'on s'en fie aux réactions très vives de Pékin contre la proposition faite en 2010 par la secrétaire d'État américaine, Hillary Clinton, d'un règlement multilatéral des problèmes de souveraineté sur les îles de la mer de Chine méridionale.

Au service de ses intérêts, la Chine mobilise ses ressources financières et économiques (rappelons qu'elle dispose d'une réserve en devises de plus de 3 000 milliards de dollars) et laisse planer la menace de sa puissance militaire. L'attribution d'aides et de crédits, la signature d'énormes contrats, les investissements immobiliers, industriels, boursiers, les reprises de compagnies en difficulté, sont autant d'avantages que la Chine accorde aux États et aux entreprises qui se plient à ses exigences. Ces avantages sont très convoités en ces temps de crise, et l'on constate qu'en conséquence les remontrances adressées à la Chine au sujet de son non-respect des droits de l'homme se sont faites discrètes. Pourtant, l'Union européenne a jusqu'ici refusé le marché offert par le gouvernement de Pékin : attribution du statut officiel d'économie de marché à la Chine contre apport de fonds pour aider à résoudre la crise de la dette[1].

La menace militaire demeure implicite, car la Chine se défend de nourrir des projets de conquête et de domination, mais elle n'en est pas moins rendue plausible par la politique de renforcement et de modernisation de l'Armée populaire de libération. Le budget (officiel) de l'armée augmente d'environ 13 à 19 % par an depuis 2005, taux supérieur à celui de l'augmentation du PIB. Le budget militaire officiel s'élève à 106 milliards de dollars en 2012. La plupart des observateurs pensent qu'il est en réalité beaucoup plus élevé. L'effort de modernisation porte particulièrement sur les forces aériennes et navales propres à améliorer les capacités de projection de la puissance chinoise. En 2011, la Chine a construit

---

1. En reconnaissant la Chine comme « économie de marché », l'Union européenne renoncerait à toute possibilité de protection contre l'importation de produits chinois à prix anormalement bas. Aux termes de l'accord de son accession à l'OMC, le pays devrait automatiquement acquérir ce statut officiel en 2016, mais le Premier ministre Wen Jiabao a exprimé le vœu que les nations de l'Union européenne manifestent leur sincérité en devançant cette échéance.

et commencé à mettre en service son premier chasseur furtif, le J-2, ainsi que son premier porte-avions (*Time Magazine*, 2012). Il n'est pas question ici d'entrer dans les débats d'experts sur la capacité réelle des forces chinoises ainsi modernisées et sur la menace éventuelle qu'elles représenteraient pour la suprématie militaire américaine. Il semble clair, en revanche, que l'APL joue un rôle croissant dans la formulation de la politique étrangère chinoise (Li, 2010 B, 3-4).

L'APL demeure, nous l'avons vu, sous le contrôle du parti, mais elle ne vit plus en symbiose avec lui comme à l'époque de la guerre contre les Japonais et Chiang Kai-shek, ou celle de la Révolution culturelle, lorsque Mao Zedong faisait appel à elle pour rétablir l'ordre dans le pays. En se modernisant et en se professionnalisant, elle a élargi son autonomie. De par le caractère spécifique de ses activités, elle se sent particulièrement appelée à veiller sur les intérêts de la nation, d'autant plus que le parti est désormais dirigé par des civils dépourvus de l'expérience de la lutte armée. Le parti et l'APL sont animés d'un même sentiment nationaliste, mais leurs stratégies ne coïncident pas toujours. Soucieux des enjeux économiques et stratégiques globaux, le parti et le ministère des Affaires étrangères, qui est son bras exécutif, conduisent une politique plus nuancée, plus ouverte à la négociation et aux compromis. Les généraux, de leur côté, sont animés d'une hostilité viscérale à l'égard des États-Unis et sont persuadés que ceux-ci ne cherchent qu'à freiner la montée en puissance de la Chine en pratiquant une politique d'encerclement de l'Asie centrale au Pacifique occidental. Ils réclament une politique plus radicale et, peu satisfaits du statu quo à la faveur duquel le gouvernement de Pékin travaille à ramener progressivement Taiwan dans l'orbite continentale, ils rêvent d'une reconquête militaire de l'île.

Les généraux ne se posent pas en rivaux des dirigeants politiques, mais ils représentent au sein même du parti un centre de pouvoir dont les avis ne sauraient être négligés. Ils n'hésitent pas en outre à s'adresser directement à l'opinion publique. Publié en 2010 par un colonel de l'APL, le best-seller *Le Rêve chinois* plaide pour un développement des forces militaires de la Chine qui permettrait à celle-ci de se poser en rivale des États-Unis (Li, 2010 B, 4). Jusqu'à une époque récente, les déclarations martiales des membres de l'APL étaient souvent considérées en Occident comme des gesticulations à destination surtout du gouvernement de Pékin et de l'opinion nationale, mais la multiplication des patrouilles chinoises et des incidents en mer de Chine orientale ou méridionale inquiètent de plus en plus les autres pays riverains – le Japon, la Corée du Sud et les pays d'Asie du Sud-Est – tout comme les États-Unis, soucieux de maintenir leur présence dans la région.

À ce nationalisme d'État correspond un nationalisme populaire qui s'exprime au cours de violentes manifestations visant surtout les États-Unis et le Japon. Le bombardement de l'ambassade de Chine à Belgrade par les forces de l'Otan, le 8 mai 1999, provoque des réactions de fureur dans une centaine de villes chinoises. La population se refuse à croire que le bombardement est accidentel, comme le répètent les dirigeants américains. À Pékin, l'ambassade des États-Unis est attaquée à coups de briques, en province, des fast-foods McDonald's sont saccagés, un consulat, brûlé. « À bas les barbares », affichent des internautes. Les manifestants réclament « du sang en paiement du sang » (des deux journalistes tués dans le bombardement). Le *Guangming Ribao,* pour lequel travaillaient ces journalistes, reçoit des centaines de messages de condoléances, pleins d'indignation : « 1,2 milliard d'hommes crient à l'unisson : la race chinoise ne supportera pas d'être insultée » (Gries, 2004, 106).

Six ans plus tard, en avril 2005, c'est contre le Japon que se déchaîne la foule des manifestants. Ces démonstrations d'hostilités s'inscrivent dans un lourd contentieux légué par la guerre sino-japonaise de 1894-1895, la pénétration japonaise en Chine du Nord et en Mandchourie dans les années 1920-1930, et surtout l'invasion et l'occupation de la Chine par les troupes nipponnes de 1937 à 1945. Les Chinois reprochent à leurs voisins de n'avoir jamais fait acte de repentance. Le gouvernement de Tokyo est accusé de laisser publier des manuels d'histoire qui minimisent les crimes commis par les troupes d'occupation japonaises en Chine pendant la Seconde Guerre mondiale et qui traitent de simple « incident » le massacre perpétré à Nankin en novembre 1937. On reproche aussi à ce gouvernement les visites de ses ministres au temple de Yasukuni, où est vénérée la mémoire des morts pour la patrie, y compris d'anciens dirigeants condamnés pour crimes de guerre par le Tribunal militaire international de Tokyo, en 1946. À ces griefs se mêlent les revendications sur les îles Diaoyu-Senkaku dans la mer de Chine orientale, îles riches en poissons et en hydrocarbures, dont le Japon et la Chine se disputent la souveraineté. De Pékin à Shanghai, de Chengdu à Shenzhen, les violences se multiplient à l'encontre des représentations diplomatiques, des magasins et des ressortissants nippons. Une autre grande vague de manifestations antijaponaises déferle sur les grandes villes à l'automne 2010, à la suite d'un incident naval au large des mêmes îles, manifestations accompagnées de violences et de dénonciations identiques. « Ils [les Japonais] font cela pour nous humilier [...]. La Chine est maintenant devenue un grand pays, on ne peut plus se laisser taper dessus comme quand on était faible » (témoignage cité par Grangereau, 2010). De la mi-août à la mi-septembre 2012, les manifestations reprennent, plus violentes que jamais, provoquées cette fois par le rachat des îles Diaoyu-Senkaku – jusqu'alors propriété privée – par le gouvernement de Tokyo.

Il ne fait aucun doute que ces manifestations populaires soient encadrées par la police et que les autorités y mettent fin dès qu'elles le jugent opportun. On aurait bien tort cependant de considérer ce nationalisme de masse comme le simple résultat de manipulations pratiquées par le pouvoir, comme un effet de la propagande. Il plonge ses racines dans l'histoire du premier XXᵉ siècle chinois, de ses grandes mobilisations anti-impérialistes, de ses mouvements récurrents de boycottage des produits étrangers, de ce consensus qui réunissait étudiants, ouvriers et marchands désireux de « sauver la Chine » (*jiuguo*) en l'arrachant à l'emprise de l'étranger. Le parti nationaliste du Guomindang comme le Parti communiste se sont nourris de cette ferveur populaire, et bien des Chinois se sont ralliés au nouveau régime en 1949, non pas en raison de son programme social et politique, mais dans l'espoir qu'il aurait la volonté et la force de défendre l'indépendance du pays.

Même s'il arrive que les autorités utilisent les manifestations populaires à des fins spécifiques – par exemple en 2005 pour empêcher le Japon d'obtenir un siège au Conseil de sécurité permanent de l'ONU –, ces manifestations n'en demeurent pas moins spontanées. Certaines d'entre elles sont déclenchées par de menus incidents de la vie quotidienne. En mai 2012, un touriste étranger qui s'en était pris à une passante dans une rue de Pékin a été molesté par la foule. L'incident a été filmé par des assistants et commenté par un présentateur vedette de la télévision centrale qui a dénoncé « les ordures étrangères ». Il s'en est suivi – car il est difficile de croire à une coïncidence – une campagne lancée par les autorités, appelant à la dénonciation et à l'expulsion des résidents étrangers en situation irrégulière ou de conduite désordonnée. Et le présentateur de télévision de conclure : « L'époque où l'Occident était le centre de l'univers doit prendre fin. L'émergence des autres régions est en train de changer la face du monde » (Tatlow, 2012 B).

Nationalisme de masse et nationalisme d'État convergent et participent de la même méfiance à l'égard de l'étranger, de la même ferveur patriotique, bien que l'un soit davantage gouverné par les émotions et l'autre contraint par les impératifs de la politique globale. En raison de ces impératifs, les autorités sont amenées à canaliser et contrôler les manifestations populaires en même temps qu'elles les encouragent. Politique ambiguë et stratégie complexe qui renouent avec celles de Chiang Kai-shek et du parti Guomindang, confrontés aux menaces de l'impérialisme japonais au début des années 1930. Aujourd'hui comme alors, le risque est que les autorités soient débordées par la ferveur populaire : elles ont parfois été accusées, en 2005, en 2010, de n'être pas assez efficaces dans leur défense des intérêts de la Chine. Il se peut que les durcissements récemment observés dans la diplomatie chinoise ne traduisent pas seulement l'arrogance née du succès ou le poids des généraux dans la prise de décision, mais qu'ils s'expliquent également par le souci d'éviter qu'une surenchère populaire ne provoque la dissociation entre la cause de la nation et celle du régime, affaiblissant ainsi la légitimité de celui-ci.

Le parti n'est plus le dépositaire de l'idéal révolutionnaire, mais, pourvoyeur de bien-être et champion de la grandeur nationale, il semble avoir réussi à établir une nouvelle légitimité et une emprise solide sur le pays. Légitimité et emprise pourraient cependant bien être remises en question par une menace qui ne vient pas de l'extérieur, mais de l'intérieur même du parti : la corruption.

LA CORRUPTION

Les hauts dirigeants n'ont pas de mots assez forts pour la dénoncer. « Cette bombe à retardement enfouie au sein de la société [...] pourrait provoquer une série d'explosions propres à répandre le chaos dans la société et à paralyser l'administration », déclare Hu Jintao en 2006 (cité par McGregor, 2010, 139). Tout système politique a ses dérives, et l'échange de dons et de faveurs facilite le fonctionnement de toutes les sociétés. En Chine, les relations personnelles ont toujours structuré la vie publique autant que privée. Il n'en demeure pas moins qu'aujourd'hui la généralisation des transactions illicites à tous les degrés de la hiérarchie politique et administrative et à toutes les couches sociales ainsi que l'ampleur sans précédent des sommes en jeu distinguent clairement la corruption de la tradition culturelle, et font d'elle l'un des traits spécifiques du régime. Une étude de la banque centrale chiffre à plus de 800 milliards de yuans (87,5 milliards d'euros) le montant des détournements de fonds et pots-de-vin dont se sont rendus coupables de hauts cadres depuis vingt ans (Le Monde.fr, 2011, 17/06).

À l'échelle locale, les cadres sont tout-puissants, et leur pouvoir discrétionnaire sert leur fortune. Les entreprises dépendent d'eux. Ils peuvent à leur gré leur faire attribuer ou refuser des marchés publics et des crédits bancaires, ils peuvent décider ou s'abstenir de faire contrôler et sanctionner leur niveau de pollution, d'envoyer la police pour les protéger des revendications ouvrières, de donner des consignes aux tribunaux pour annuler d'éventuelles poursuites judiciaires. En échange de leur protection, ces cadres demandent des pots-de-vin et des participations aux bénéfices pour eux-mêmes, leur famille et leurs amis.

Les expropriations abusives de terres rurales ou urbaines revendues à des promoteurs immobiliers représentent une autre source importante de profits : les compensations payées par les entrepreneurs ne sont en effet que très partiellement reversées aux anciens occupants ; ce qu'il reste doit être remis aux gouvernements locaux, mais les cadres ayant négocié les opérations se remplissent souvent les poches au passage.

Le commerce de charges officielles représente une activité également fort lucrative. Au niveau local, le secrétaire du parti travaille souvent aussi pour le département de l'organisation. C'est donc de lui que dépend le personnel, et il tire le meilleur profit de ses prérogatives. Les postes les plus demandés sont ceux qui permettent à leurs titulaires d'intervenir au nom de l'État dans les activités économiques : douaniers, agents du fisc, responsables chargés des infrastructures ou des marchés publics. Ces postes offrent en effet de nombreuses occasions de monnayer les coups de tampon officiels, les passe-droits et les faveurs. Les hommes d'affaires se prêtent volontiers au jeu, ils devancent même les demandes, persuadés que c'est là le meilleur moyen de faire prospérer leurs entreprises. Les millions qu'ils dépensent en pots-de-vin font partie de leur budget de fonctionnement. Promoteurs, agents immobiliers, banquiers, spéculateurs et cadres locaux ont pleinement profité de la bulle immobilière. Ils sont si nombreux qu'ils en viennent à constituer une couche sociale particulière, celle des « cols noirs ». On les a parfois comparés aux barons de la drogue. Riches et puissants, ils gèrent les affaires en liaison avec les milieux mafieux et exercent un pouvoir opaque. « Leurs revenus sont secrets. Leur vie est secrète. Leurs activités sont secrètes. Tout ce qui les concerne est secret. Ils sont comme des hommes vêtus de noir, se dressant sur le fond obscur de la nuit » (blog cité par McGregor, 2010, 141).

Comment les cadres pourraient-ils résister à la société qui les entoure ? Humilier les solliciteurs en refusant les cadeaux proposés ? Inquiéter leurs collègues en affichant une honnêteté que ceux-ci ne pratiquent pas ? Décevoir la famille et les amis qui espèrent bien profiter de la promotion de l'un des leurs pour s'enrichir ? La voie de la vertu apparaît comme celle de l'isolement et du rejet social. Le cadre « honnête » est celui qui pratique une certaine modération dans ses déportements. « C'est un bon fonctionnaire par rapport à d'autres. Il n'a touché que 60 000 yuans et n'a eu que cinq maîtresses » (Han Han, 2010). Le département de l'organisation, chargé de veiller au recrutement de fonctionnaires compétents et intègres, ne peut qu'être débordé par ce marché noir des nominations, minutieusement organisé et tarifé.

Très répandues au niveau local, de telles pratiques existent également dans les instances supérieures, dans les provinces et les grandes municipalités. Ce qui change alors, c'est l'importance des sommes en jeu. Si, dans un petit bourg du Sichuan, les pots-de-vin reçus par un secrétaire du parti peuvent atteindre l'équivalent de 2,5 millions de dollars, à Suzhou, cité prospère, voisine de Shanghai, les gains illicites du vice-maire chargé de la construction se sont élevés à 12 millions de dollars (McGregor, 2010, 139-140).

Le système judiciaire est impuissant à enrayer le développement de la corruption. Il n'a d'ailleurs à en connaître qu'en second rang. Le principal gendarme est le parti, à travers sa commission centrale de la Discipline. Les cadres, en effet, doivent d'abord être reconnus coupables par les instances du parti avant d'être livrés à la justice des tribunaux. La discipline du parti s'exerce avant la loi et prévaut sur celle-ci. La commission centrale de la Discipline et les bureaux qui en dépendent sont dotés de pouvoirs exorbitants. Ils travaillent dans le plus grand secret et interviennent souvent sur dénonciations anonymes. Ils peuvent, selon la procédure dite du « double règlement » (*shuanggui*), faire enlever les suspects et les détenir au secret dans n'importe quel lieu pendant une période susceptible de s'étendre sur six mois. Pendant cette détention, les suspects sont soumis à des interrogatoires dont les méthodes n'ont rien à envier à celles utilisées contre les prisonniers de Guantanamo. Beaucoup se suicident, presque tous avouent et livrent les noms de complices. Le verdict prend la forme d'une déclaration les excluant du parti. Ils sont alors traduits devant les tribunaux, mais leur culpabilité est déjà établie et leur sort scellé : leur condamnation inéluctable ne fait que confirmer la sanction disciplinaire édictée par le parti (McGregor, 2010, 141-144).

L'efficacité de ce redoutable système souffre de la restriction imposée au déclenchement des enquêtes disciplinaires, qui doivent être autorisées par les instances du parti immédiatement supérieures à celle dont relève le suspect. Conformément aux règles de la communication à l'intérieur de la hiérarchie, le dossier d'accusation devrait donc être transmis aux autorités supérieures par le suspect ou par des collègues qui lui sont proches : les voleurs n'ont guère de chances d'être attrapés quand ils

LA QUÊTE D'UNE NOUVELLE LÉGITIMITÉ

sont aussi les gendarmes. En outre, une telle procédure risque d'exposer les redresseurs de torts à la colère de celui dont ils ont voulu dénoncer les crimes. D'où le recours fréquent aux dénonciations anonymes, qui mettent leurs auteurs à l'abri mais ont l'inconvénient d'être souvent fondées sur des rumeurs, et qui peuvent être utilisées comme instruments de vengeance ou de chantage.

Plus on monte dans la hiérarchie, plus il devient difficile d'obtenir l'autorisation préalable d'enquête. Pour poursuivre un membre du comité central, il faut l'autorisation du bureau politique, et pour poursuivre un membre du bureau politique, il faut l'autorisation du comité permanent de ce bureau. Dans les cercles clos des instances supérieures, les solidarités collégiales et amicales freinent toute intervention extérieure. Quant aux membres du comité permanent du bureau politique, qui trônent au sommet de la hiérarchie, ils sont intouchables, tout comme leurs familles.

Certains hauts dirigeants ont pourtant été durement condamnés. Chen Xitong, membre du bureau politique, maire de Pékin et secrétaire du comité municipal du parti, gérait la capitale comme son fief. Protégé par Deng Xiaoping, dont il avait soutenu la politique de répression en 1989, il avait profité des grands travaux de modernisation de la capitale pour monnayer les permis de construire que se disputaient entrepreneurs chinois et étrangers. Très lié avec le patron des Aciéries de la capitale (Shougang), il avait participé à la spéculation sur les vastes terrains que possédait l'entreprise publique dans les environs de la ville. Il a été exclu du parti en 1995 et condamné à seize ans de prison en 1998. Sa chute a entraîné celle d'un certain nombre de cadres, parents, amis, collègues, parmi lesquels un fils de Deng Xiaoping.

Peu de temps après a éclaté le scandale de Xiamen, port situé sur la côte sud-est face à Taiwan, où a été ouverte l'une des premières ZES, en 1979. Au centre du scandale, Lai Changxin, un entrepreneur énergique qui, grâce à un immense réseau de complicités, avait organisé un trafic de contrebande estimé à plus de 6 milliards de dollars (McGregor, 2010, 159). Lai Changxin importait frauduleusement voitures, postes de télévision, cigarettes et surtout du pétrole en quantités telles que le monopole d'État s'en est trouvé ébréché. Le maire adjoint de la ville, le directeur adjoint de la Sécurité provinciale, le chef des douanes municipales, bien d'autres cadres locaux ou provinciaux, et jusqu'au vice-ministre de la Sécurité chargé de la lutte contre la corruption à Pékin, ont été impliqués ; le gouvernement central a été obligé d'envoyer plus de mille enquêteurs sur place pour démêler tous les fils du racket. Averti de son arrestation imminente au printemps 1999, Lai Changxin s'est enfui au Canada, d'où il a été extradé en 2011 pour être jugé et condamné en Chine au début de l'année suivante. Ses complices sur place ont été arrêtés par centaines, et certains, exécutés : cette vaste purge a amené un renouvellement important du personnel politique local et provincial, et a porté un coup d'arrêt aux activités économiques du port.

La chute de Chen Liangyu, secrétaire du comité municipal du parti à Shanghai, condamné à dix-huit ans de prison en 2008, provient également des liens que celui-ci entretenait avec un homme d'affaires millionnaire peu scrupuleux. Une même folie des grandeurs a poussé les deux hommes à s'engager dans la réalisation de gigantesques travaux d'infrastructures et d'aménagement : piste de courses automobiles de formule 1 à un demi-milliard de dollars, courts de tennis pour la Masters Cup presque aussi coûteux, train à lévitation magnétique pour desservir l'aéroport, port en eau profonde au large de l'estuaire du Yangzi. Des expropriations abusives et des spéculations immobilières ont financé ces activités et enrichi le promoteur et le secrétaire du parti, ainsi que leur entourage. Le promoteur sera le premier à tomber. Chen Liangyu, par la suite, aura à répondre aux charges non seulement d'enrichissement illicite, mais aussi de détournement de 270 millions de dollars de fonds publics destinés à financer le système municipal de retraite (McGregor, 2010, 159-169).

Ces procès pour corruption ont eu un grand retentissement à cause de l'importance des sommes en jeu – millions et milliards de dollars – et des hautes fonctions occupées par les criminels. Bien d'autres affaires analogues n'ont pas reçu la même publicité, mais toutes mettent en lumière les liens entre cadres et affairistes dans le contexte d'une économie en plein essor qui n'obéit ni aux lois de la morale socialiste, ni aux règlements de l'activité capitaliste. Elles soulignent la part importante d'autonomie laissée aux appareils provinciaux et locaux, et la brutalité des reprises en main par la commission centrale de la Discipline. Quand le crime de corruption est établi, des accusations d'un genre nouveau ne tardent pas à apparaître. Elles concernent la moralité de ces cadres, dont on dénonce le genre de vie dépravé et les dépenses d'apparat : grosses voitures, villas luxueuses, orgies et bacchanales. Le message des autorités est que la corruption ne représente pas un défaut du système politique, mais découle du manque de vertu de certains cadres – c'est un problème non pas d'organisation du pouvoir, mais d'éthique individuelle.

Destinées à faire des exemples et à garder les cadres dans le droit chemin, ces condamnations spectaculaires ne suffisent pas à prévenir l'extension de la corruption. Aux yeux de l'opinion, elles ne répondent pas à une volonté de justice, et les cadres du Fujian ou de Shanghai sont prompts à se défendre en disant qu'ils font comme tout le monde et que certains ont fait bien pis sans jamais avoir été inquiétés. Ceux que l'on condamne ne seraient pas les plus coupables, mais ceux qui, par suite des rivalités de factions et de luttes de pouvoir au sommet, se trouveraient soudain dépourvus de protection et devenus vulnérables, victimes collatérales des affrontements entre les hauts dirigeants. Leur punition apparaît avant tout comme un signal envoyé au monde politique.

Tel fut sûrement le cas de Chen Xitong à Pékin. Poursuivi par l'hostilité du président Jiang Zemin, dont il avait essayé de freiner la promotion, Chen Xitong était protégé par Deng Xiaoping. Sa chute coïncida avec la retraite politique de ce dernier et l'affirmation du pouvoir de Jiang. De même, l'affaire de Chen Liangyu à Shanghai s'insère dans le contexte de rivalité qui, au début des années 2000, opposa la « clique des Shanghaiens », autour de Jiang Zemin, à la nouvelle équipe dirigeante sous l'autorité de Hu Jintao.

La lutte contre la corruption fait partie de l'arsenal qu'utilisent les factions politiques pour abattre leurs adversaires. Quand la situation se stabilise et que le parti refait son unité au sommet, les réseaux de patronage se remettent à fonctionner normalement et la corruption se développe de nouveau sans obstacle.

Le régime a survécu à la disparition des structures de production socialistes comme au délitement de son idéologie marxiste-léniniste. Il a pris la forme d'un régime autoritaire qui appuie son pouvoir sur l'omniprésence d'un parti rénové et sur l'efficacité d'un système de répression conjuguant souplesse et brutalité. Il jouit d'une légitimité certaine aux yeux d'une grande partie de la population. D'après une enquête réalisée par le PEW Research Center, le taux de satisfaction des Chinois vis-à-vis de leur gouvernement était de 87 % en 2010, et c'était l'un des plus élevés du monde (Li, Eric, 2011). Cette légitimité, qu'il tire d'un habile pilotage de la croissance économique et de l'exploitation du consensus nationaliste, est menacée par une corruption quasi impossible à enrayer, dans le parti comme dans la société. Et c'est bien là le talon d'Achille du système. « 90 ans d'histoire du Parti communiste nous enseignent que la punition sans faiblesse et la prévention efficace de la corruption décideront de la loyauté du peuple, et c'est une affaire de vie ou de mort pour le parti » (Hu Jintao, 2011).

CHAPITRE 7

La question du modèle

L'idée d'un modèle chinois n'est pas née en Chine, mais en Occident. John Ramo introduit en 2004 l'expression « consensus de Pékin ». Stefan Halper prolonge cette démarche quelques années plus tard et accrédite des termes tels que « autoritarisme de marché » ou « capitalisme illibéral », qui cessent d'être considérés comme autant d'oxymorons (Ramo, 2004, Halper, 2010). L'existence même d'un modèle chinois, ses implications théoriques, sa nature, ses capacités d'adaptation et de rayonnement, ont fait depuis l'objet de nombreux débats qui, d'Occident, se sont propagés en Chine.

L'ÉMERGENCE DU MODÈLE ET LES DÉBATS QUI L'ENTOURENT

Le modèle chinois n'a pas de fondement théorique. Il est né d'un constat : celui de la réussite d'un vaste pays qui en trois décennies s'est imposé comme grande puissance mondiale, a sorti sa population de la misère, sinon toujours de la pauvreté, et s'est fait une place de premier rang sur la scène internationale. Ce modèle se ramène à une prescription pragmatique, à un ensemble de recettes propres à accélérer le développement économique tout en sauvegardant l'ordre politique et social ainsi que la tradition culturelle en place. Bien qu'un tel modèle semble concerner au premier chef les pays en quête de développement, il remet aussi en cause la vision que l'Occident peut avoir de lui-même, de l'évolution du monde et des rapports entre individus, société et État. Sa principale originalité réside dans la dissociation qu'il opère entre économie de marché et institutions démocratiques. La Chine, comme nous l'avons vu plus haut, a poursuivi une réforme qui libère certains mécanismes de marché tout en maintenant en place un régime politique autoritaire. Amené à reconnaître l'efficacité d'une telle formule, l'Occident s'interroge sur le monopole de la modernité qu'il pensait détenir jusqu'alors.

L'émergence du modèle chinois a coïncidé avec la crise que traverse, au début du XXIᵉ siècle, le « consensus de Washington ». Bien que l'expression date de 1989, le concept a commencé à se construire à partir des années 1970, quand à l'interventionnisme d'État prôné par Keynes succède le néolibéralisme de Milton Friedman. S'inscrivant dans le sillage d'Adam Smith, celui-ci associe à ses préconisations économiques sur le libre jeu du marché une philosophie politique qui donne à la liberté individuelle – garantie par des institutions démocratiques – priorité sur la recherche d'un bien commun confiée à un parti unique ou à un État autoritaire. La nécessaire association entre liberté économique et liberté politique devient alors un axiome qui s'impose aux administrations et gouvernements d'Occident. Des organisations multi-latérales comme le Fonds monétaire international ou la Banque mondiale en font le principe directeur de leur politique d'aide au développement des pays du Sud. L'assistance et les crédits qu'ils accordent à ces pays sont subordonnés à l'application de programmes structurels d'ajustement prévoyant libération douanière, ouverture aux investissements directs étrangers, réformes démocra-tiques. À côté des succès qui ont souvent été les siens dans la lutte contre l'hyperinflation et la pauvreté, une telle politique entraîne dérégulation, spéculation, hausse du coût de la vie, et soulève de violentes protestations populaires dans les pays qui en font les frais. Les élites de ces pays s'indignent de leur côté de ce que l'Occident leur interdise les pratiques – protectionnisme, subven-tions étatiques – qui ont grandement favorisé l'indus-trialisation de l'Europe et des États-Unis du XVIIe au XXe siècle. L'effondrement du camp socialiste, cependant, installe la démocratie comme le seul système politique compatible avec la poursuite de la modernisation éco-nomique, et fait triompher le mythe d'un libéralisme pur, abstrait, coupé de ses racines historiques et cultu-relles, vers lequel ne pourraient que converger toutes les évolutions en cours. Le capitalisme illibéral pratiqué par certains régimes autoritaires et interventionnistes d'Asie orientale – Japon, Corée du Sud, Taiwan, Singapour – ne contredit pas le consensus de Washington. Au contraire, puisque, une fois acquis un certain niveau de développement économique, ces régimes se sont démocratisés.

C'est l'exemple du développement chinois fondé sur une (relative) libéralisation économique et sur le maintien d'un régime politique autoritaire qui, au début des années 2000, va saper l'idée de la convergence et dresser le « consensus de Pékin » face à celui de Washington. L'idée est avancée que la Chine pourrait offrir à certains pays en cours de modernisation un modèle plus satisfaisant que celui proposé par l'Occident : un modèle efficace sur le plan économique et en même temps plus respectueux des cultures, des traditions et de l'indépendance des uns et des autres. L'idée demeure toujours très controversée, comme en témoigne le grand débat ouvert par la revue *The Economist (The Economist*, 2012, 20/01). La crise de 2008 aidant, elle a fait son chemin jusqu'en Chine.

D'emblée, dirigeants et intellectuels chinois se sont pourtant montrés très réservés. Une publication de l'École centrale du parti met en garde en 2009 contre un concept jugé « très dangereux », conduisant à « l'auto-satisfaction et à un optimisme aveugle » (cité dans Fewsmith, 2011, 5). En 2011, le Premier ministre Wen Jiabao nie l'existence d'un modèle chinois. Sous-jacent à cette réserve, il y a le souci de ne pas poser officiellement la Chine en rivale des États-Unis, dont on veut éviter de susciter la crainte ou la colère. Enhardis par l'affaiblissement de l'Occident en crise et par la bonne résistance de leur pays, les intellectuels chinois se lancent à leur tour dans le débat. Bien qu'ils s'interrogent comme leurs confrères occidentaux sur la nature du modèle et sur les possibilités qu'il offre d'être transféré et imité, leur approche est différente : très émotionnelle, plus historique que prospective, et centrée sur le problème de l'identité chinoise. Leurs débats s'inscrivent dans le droit fil de ceux qui opposèrent partisans de l'essence nationale et occidentalistes à la fin du XIXe et dans la première moitié du XXe siècle[1]. D'un côté, on critique ceux qui veulent « américaniser la Chine » et pensent qu'on devrait « jeter à bas le palais impérial et reconstruire une Maison-Blanche » ; de l'autre, on rejette l'idée d'un quelconque modèle en insistant sur le fait que « les progrès réalisés depuis trois décennies proviennent de l'absorption de la civilisation contemporaine, y compris les mécanismes de marché » (Fewsmith, 2011, 3-4). Ces débats sont aussi idéologiques que le modèle l'est peu. Ils posent le problème d'une éventuelle et progressive démocratisation du pays, et renvoient in fine à celui de l'existence de valeurs universelles.

ORIGINALITÉ ET VIABILITÉ DU MODÈLE

Le problème de l'existence et de l'originalité du modèle est lié à celui de sa viabilité. La stratégie de développement

---

1. Hostiles aux idées des xénophobes traditionalistes comme à celles des mandarins réformateurs qui avaient essayé d'adapter et de rénover le vieil ordre impérial, tels Zhang Zhidong ou Kang Youwei, les occidentalistes, regroupés lors du mouvement du 4 mai 1919 derrière le philosophe Hu Shi ou le futur dirigeant communiste Chen Duxiu, prônent le rejet complet du confucianisme et l'adoption des valeurs de la science et de la démocratie.

chinoise offre maintes ressemblances avec d'autres expériences de modernisation historiques ou contemporaines, occidentales ou asiatiques. La combinaison entre libération économique partielle et interventionnisme persistant caractérise en effet la première phase d'industrialisation des pays développés, qu'il s'agisse de développement précoce ou, plus encore, de développement tardif. Pour que l'on puisse évoquer l'existence d'un modèle chinois original, il faudrait que le capitalisme illibéral aujourd'hui pratiqué par le gouvernement de Pékin perdure au-delà de la phase préalable de réforme et de rattrapage. On manque encore de recul pour juger de son évolution. Aux yeux de ses dirigeants, la Chine est toujours un pays en voie de développement, alors qu'aux yeux des Occidentaux elle fait déjà figure de grande puissance économique, appelée à prendre ses responsabilités. Ceux qui voient dans le modèle chinois une simple formule de transition comme ceux qui au contraire le considèrent comme un modèle original destiné à s'implanter et à rayonner ont de bons arguments à faire valoir. Sans attendre les développements qui permettront de trancher la question, tentons donc de faire un état des lieux.

Le modèle de développement chinois trouve place dans la lignée des modernisations tardives des XIXe et XXe siècles analysées par Gerschenkron[1]. Il entre dans le

1. Le théoricien américain Alexander Gerschenkron (1904-1978) a du développement économique une conception par étapes linéaires, mais il insiste sur la possibilité, pour les pays attardés, d'accélérer leur évolution en sautant certaines étapes, grâce à l'adoption directe de technologies plus avancées et à l'intervention de l'État pour mobiliser capitaux et ressources (Gerschenkron, 1962).

registre des modernisations autoritaires pilotées par l'État en vue de la rénovation nationale, dont l'Allemagne de Bismarck et le Japon des débuts de l'ère Meiji offrent des exemples typiques. Rompant en 1878 son alliance avec le Parti national-libéral, le chancelier allemand relève les droits de douanes pour protéger les industries naissantes qu'il fait financer par des crédits bancaires, et installe un socialisme d'État. Sa politique volontariste met l'Allemagne sur les rails de son destin de grande puissance industrielle. À la même époque, le gouvernement japonais supprime le régime féodal, favorise la reconversion des anciens guerriers samouraïs en entrepreneurs, développe une fiscalité étatique et crée lui-même des usines modernes bientôt revendues à bas prix à des entrepreneurs privés.

Plus proche dans le temps, l'essor des « tigres » d'Asie orientale au lendemain de la Seconde Guerre mondiale préfigure par bien des traits celui de la Chine post-maoïste. Le Japon, la Corée du Sud, Taiwan, Hong Kong et Singapour ont frayé la voie, et la stratégie adoptée par Pékin s'inspire souvent de leur exemple, en particulier de celui de Taiwan, si proche géographiquement et culturellement. Fréquemment présenté comme le triomphe d'un libéralisme intégral, le miracle taiwanais des années 1960-1970 est en fait le résultat d'une volonté politique : celle dont fait alors preuve le régime de Chiang Kai-shek, servi par une bureaucratie de qualité remarquable. Après avoir tenté, dans les années 1950, de mettre en œuvre une industrialisation de substitution s'appuyant sur un important secteur public et centrée sur un marché intérieur rigoureusement protégé – mais de taille trop réduite –, le gouvernement adopte en 1960 une croissance ouverte tirée par les exportations. Il facilite les importations, autorise les investissements directs étrangers, favorise en même temps l'émergence d'une classe d'entrepreneurs locaux que finance un réseau bancaire exclusivement constitué de banques officielles, crée une zone franche pour accueillir les entreprises étrangères. L'ouverture, cependant, reste prudente. Si la propriété et la gestion des moyens de production relèvent bien désormais du secteur privé, le gouvernement se réserve la possibilité de fixer les grandes orientations du développement et d'en tracer la voie. Il conserve un certain contrôle sur le change et sur les importations. Soumis à autorisation administrative, les investissements directs étrangers doivent se conformer aux intérêts nationaux autant qu'à la division internationale du travail, et entraînent pour les investisseurs l'obligation de former la main-d'œuvre locale et d'utiliser un certain taux de composants fabriqués sur place. Lors de la crise provoquée par le premier choc pétrolier de 1973, le gouvernement n'hésite pas à intervenir et à injecter, à travers son programme des Dix Grands Projets, d'importants fonds publics dans les infrastructures et l'industrie lourde afin de relancer la croissance (Bergère, 1988).

Leur propre histoire fournit aux Chinois un vaste répertoire de stratégies de développement. Amorcée dans la seconde moitié du XIXᵉ siècle, l'industrialisation a progressé grâce à l'association d'initiatives publiques et privées. Tel fut en particulier le cas lors du mouvement des Affaires occidentales (1879-1896), au cours duquel furent créées les premières compagnies navales, textiles ou bancaires modernes sous forme d'entreprises à super-vision officielle et gestion contrôlée par les marchands. Le promoteur du mouvement, le vice-roi Li Hongzhang, définit ainsi le fonctionnement de ces entreprises *guandu shangban*, espèces de partenariats public-privé : « Il appartient aux mandarins d'en fixer l'orientation générale […]. Les affaires commerciales sont du ressort des marchands, les fonctionnaires ne doivent pas s'en occuper » (cité dans Bergère, 2007, 71). L'historiographie occidentale d'inspiration libérale a souvent attribué le semi-échec de ces entreprises à leur contamination par les mœurs des bureaucrates qui les supervisaient. En réalité, le contexte historique dans lequel elles s'inscrivaient, le déclin du régime impérial et les empiétements croissants des puissances impérialistes les avaient condamnées d'emblée.

Le modèle chinois ne manque donc pas de précédents ni de références historiques. Les spécificités qu'on lui reconnaît le plus souvent sont d'ordre socioculturel : son succès s'expliquerait, entre autres facteurs, par les talents d'une bureaucratie méritocratique, par la persistance d'une tradition commerciale fondée sur l'existence de réseaux sociaux autonomes, par l'éthique confucéenne du travail et de l'épargne. Si l'on s'en tient à ces critères, le modèle chinois se confond avec le modèle asiatique mis à mal lors de la crise de 1997. Faut-il donc imputer l'originalité du modèle chinois au fait qu'il a été mis en œuvre par un parti communiste ? C'est là, il est vrai, un fait singulier, il ne fait pas de doute que les structures léninistes, toujours discrètement présentes, ont bien servi le développement économique de la Chine postmaoïste et que l'autorité dont fait preuve le gouvernement actuel s'ancre en partie dans ces structures. Elles n'ont cependant pas déterminé le cours ni le contenu de la réforme, et l'originalité qu'elles confèrent au modèle chinois est surtout d'apparence.

Ce qui est nouveau, ce qui est unique, c'est l'ampleur revêtue par une expérience de développement qui, d'abord limitée aux franges côtières de la Chine, a progressivement embrassé des portions de plus en plus vastes de l'intérieur continental. La différence quantitative introduit ici une différence qualitative, car on ne peut piloter la modernisation d'un territoire de 10 millions de kilomètres carrés comme celle d'une île, d'une presqu'île ou d'une péninsule. Ou, pour reprendre une métaphore utilisée par les dirigeants chinois comme par les observateurs étrangers, on ne peut diriger un paquebot aussi aisément qu'une barque de pêche. Il y faut de la prudence et des manœuvres plus lentes. La réforme chinoise dure depuis plus de trois décennies. Dans le cas des tigres asiatiques, le passage à la démocratie n'a pas attendu si longtemps. La longévité du capitalisme illibéral en Chine témoigne-t-elle d'une transition rendue plus lente par la vaste étendue du territoire, par la complexité des problèmes à gérer et par le désir du régime de sauvegarder son pouvoir, ou bien signale-t-elle une véritable implantation du système ? N'est-elle due qu'à des difficultés et à des blocages passagers, ou bien confirme-t-elle l'existence d'un modèle dont l'efficacité et l'originalité devraient s'affirmer dans la durée ?

La réussite économique de la Chine plaide pour l'efficacité de son modèle de développement. Certains critiques font bien remarquer que les facteurs de cette réussite ne relèvent pas tous de la politique avisée des dirigeants, ni de l'application d'un modèle quelconque – et de citer en exemple l'existence de l'immense réservoir de main-d'œuvre à bon marché qui a si bien servi l'essor industriel des provinces du Sud dans les premiers temps de la réforme. On pourrait de même invoquer l'expansion accélérée du marché mondial dans les deux dernières décennies du XXᵉ siècle, à l'époque où la Chine s'engage dans sa politique de croissance par les exportations. S'il est vrai que les dirigeants chinois n'ont pas créé ces circonstances favorables, ils n'en ont pas moins su les utiliser au mieux, et leur habile stratégie ne peut qu'être considérée comme partie intégrante du modèle. Plus troublant, en revanche, est le fait que l'efficacité du modèle menace d'aller décroissant dans la mesure où son application génère des handicaps de plus en plus difficiles à surmonter. Nous reviendrons sur ces handicaps dans le chapitre suivant. Qu'il suffise d'en mentionner quelques-uns des plus graves.

La destruction de l'environnement et l'aggravation des inégalités sociales engendrées par le rythme accéléré de la croissance chinoise risquent, à moyen ou même à court terme, de bloquer cette croissance tant par l'épuisement des ressources naturelles que par l'intensification des souffrances sociales. Depuis trois décennies, la Chine a sacrifié son air, son sol, ses rivières, à l'augmentation de son PIB. En 2007, la Banque mondiale évaluait à 2,6 % de ce PIB le coût total de la pollution de l'atmosphère et des eaux (dommages sanitaires compris – Pialot, 2011). Bien que les autorités et l'opinion publique aient pris depuis plusieurs années conscience du danger que représentait une telle maltraitance de l'environnement, les dégâts sont loin d'être réparés, et les mesures décrétées par le gouvernement central pour remédier au désastre s'appliquent difficilement à cause de l'opposition ou des réticences qu'elles suscitent dans les provinces chez de nombreux cadres soucieux avant tout d'obtenir une promotion en se prévalant d'une croissance locale aussi élevée que possible.

On peut lire dans les rapports d'experts que la Chine produit le quart des émissions mondiales de CO_2 (dues à la combustion des énergies fossiles : gaz, pétrole, charbon – Le Monde.fr, 2010, 22/11). En réponse aux demandes d'industries en plein essor, le pays augmente sa consommation d'énergie d'environ 10 % par an et s'en remet à la plus polluante des énergies – le charbon, abondamment présent sur son territoire – pour satisfaire 80 % de ses besoins. Un habitant de Pékin n'a souvent qu'à sortir de chez lui pour constater que le smog limite la visibilité à quelques mètres et que l'air est irrespirable : la station météorologique de l'ambassade américaine (dont les mesures sont jugées plus fiables que celles du ministère de la Protection environnementale) multiplie les alertes : « air très malsain, dangereux, pollution dépassant la graduation des instruments » (Watts, 2011)[1]. On

_____

1. Les autorités chinoises, inquiètes de la vivacité des débats provoqués par les rapports de la station météorologique de l'ambassade américaine de Pékin, ont émis une protestation officielle contre la publication de ces rapports, jugée contraire aux conventions internationales et considérée comme une interférence dans la politique intérieure chinoise (English.news.cn, 2012).

compte seize villes chinoises parmi les vingt villes les plus polluées du monde. Les émanations du trafic automobile en pleine expansion se combinent aux fumées des usines et à la poussière des chantiers de construction pour empoisonner l'air. L'argent et les privilèges ne fournissent aucune protection contre les miasmes. La campagne, aussi polluée que la ville, n'offre pas de refuge. La fuite de quelques millionnaires vers des cieux étrangers plus purs ne risque pas de freiner une croissance qui pourrait en revanche souffrir des graves problèmes de santé publique et du mécontentement que provoque dans la population un tel degré de pollution atmosphérique.

Les ressources en eau sont elles aussi menacées. Le déversement d'ordures par les municipalités, les rejets toxiques des usines, l'accumulation d'engrais azotés apportés par le ruissellement, dégradent la qualité des eaux de surface – lacs et rivières –, les rendant souvent impropres à la consommation humaine ou animale, et même à l'irrigation. À Wuxi, grand centre industriel et culturel situé sur les rives du lac Tai, au nord-ouest de Shanghai, les robinets ne laissaient plus passer à l'été 2007 qu'une eau « verte, filandreuse et pestilentielle » (Pedroletti, 2010). Deux ans plus tôt une fuite de benzène dans la rivière Songhua avait privé d'eau potable Harbin, la métropole industrielle du nord de la Mandchourie, située à l'aval. Wuxi et Harbin comptent chacune environ six millions d'habitants, et la catastrophe écologique dont elles étaient victimes ne pouvait passer inaperçue des médias. Tel n'est pas le cas des centres urbains de moindre importance ou des villages confrontés à des calamités analogues, et dont les populations peinent à faire entendre leurs plaintes.

L'industrialisation et l'urbanisation galopantes entraînent une consommation d'eau croissante. Plus que jamais, le nord de la Chine est menacé de sécheresse. Les précipitations y sont peu abondantes, et les nappes phréatiques trop sollicitées s'épuisent. Le fait nouveau est que la menace risque maintenant de s'étendre vers le bassin du Yangzi, sur les abondantes ressources duquel on compte pour venir en aide au Nord. La construction des puissants canaux de dérivation qui doivent apporter l'eau du Yangzi vers Pékin et Tianjin est en voie d'achèvement. Ces travaux pharaoniques auront duré plus de dix ans, coûté 62 milliards de dollars et entraîné le déplacement de plusieurs centaines de milliers de paysans. « Insuffisantes, utilisées sans souci d'économie, sans cesse polluées, les ressources en eau de la Chine soulèvent bien des problèmes dont la conjugaison pourrait bloquer la croissance économique dans ce pays », estime Vaclav Smil, l'un des meilleurs experts occidentaux de l'environnement chinois (Smil, 2005).

La Chine ne manque pas seulement d'eau, la terre aussi se fait rare. Les terres agricoles – environ 10 % de l'immense territoire – représentent 95 millions d'hectares, soit 0,08 hectare par habitant. Avant la révolution, l'ingéniosité des techniques agricoles et le travail acharné des paysans ont permis de surmonter, plutôt mal que bien, cette pénurie. Depuis la réforme, la décollectivisation rurale et la mise en œuvre de nouvelles technologies – applications massives d'engrais, utilisation de variétés à haut rendement – ont entraîné une forte augmentation de la productivité, mais la construction d'infrastructures, d'usines, de nouvelles villes, empiète sans cesse sur les terres agricoles, dont la superficie recule. Les transferts des champs villageois aux promoteurs se multiplient, et un cinquième des terres mises de côté comme réserves par le ministère de la Protection environnementale ont été livrées au développement avec la complicité des autorités locales (USDA, 2009).

Rendue possible par la croissance accélérée, l'élévation du niveau de vie s'est accompagnée du creusement des inégalités sociales. À partir des années 1990, le coefficient de Gini fait un grand bond en avant, passant, selon la Banque mondiale, de 0,30 en 1982 à 0,45 en 2002, et franchissant ainsi le seuil d'alerte fixé par consensus international à 0,40[1]. Les statistiques les plus récentes fournies par l'Académie des sciences sociales de Chine indiquent même un coefficient de 0,49 pour 2005, mettant ainsi la Chine au rang des pays les plus inégalitaires du monde. Selon le spécialiste chinois Wang Xiaolu, les inégalités dans la distribution des revenus seraient encore beaucoup plus grandes que ce que montrent ces chiffres officiels : ceux-ci, en effet, ne tiennent pas compte des revenus fournis par l'« économie grise », c'est-à-dire les profits de l'évasion fiscale ou de la corruption. Or cette économie illégale, comme le PIB et plus encore que lui, a été dopée par les milliards de yuans du plan de relance de 2008. Elle représenterait 9,3 milliards de yuans (1,47 milliard de dollars) en 2010, et les deux tiers de ses revenus iraient à 10 % de la population. Le Bureau

---

1. Ce coefficient mesure le degré d'inégalité des revenus dans un pays donné. Il s'inscrit entre 0, qui indique une égalité parfaite, et 1, qui indique une inégalité maximale.

national des statistiques n'a publié aucun chiffre, faute de données sur ces revenus illégaux, mais certains spécialistes pensent que le coefficient de Gini pourrait atteindre 0,6, ce qui classerait la Chine au même rang que le Brésil (Tatlow, 2012 ; Giroir, 2007)[1].

La principale inégalité, nous l'avons vu, est celle qui oppose les villes, où le revenu moyen est trois fois plus élevé, aux campagnes, dans lesquelles vit la majorité des très pauvres. Cette inégalité des revenus est accentuée par les différences d'accès aux services publics, en particulier à ceux de santé ou d'éducation, dont l'indice du développement humain donne la mesure : 0,8 dans les villes et 0,68 dans les campagnes (Pnud, 2005, 8). En termes concrets, cela veut dire, par exemple, que la mortalité infantile s'élève en moyenne à 11 ‰ en ville et à 26 ‰ dans les campagnes. Sur cette grande division entre villes et campagnes se greffent de fortes inégalités régionales. Les provinces côtières de l'Est apparaissent comme très favorisées par rapport à celles de l'intérieur et de la périphérie continentale. C'est ainsi que l'espérance de vie est de 80 ans à Pékin alors que dans la province attardée du Guizhou, dans le Sud-Ouest, elle demeure inférieure à 70 ans, et que la mortalité infantile est de 5 ‰ dans la capitale, contre 35 ‰ dans la province extrême-occidentale du Qinghai. Si l'on considère l'indice global de développement

---

1. Un rapport de l'OCDE daté de 2010 suggère au contraire que l'inégalité aurait pu reculer ces dernières années. Cette hypothèse se heurte au scepticisme d'un certain nombre de spécialistes chinois (*Quotidien du peuple*, 2010, 09/02).

humain[1], Shanghai ou Pékin se situent au niveau du Portugal, et la province du Guizhou, à celui de la Namibie (Pnud, 2007-2008, 20) ! Restent enfin les inégalités d'un groupe social à l'autre, et nous avons vu toute la distance qui, à Pékin ou à Shanghai, sépare les résidents permanents, parmi lesquels se recrutent les consommateurs et les membres de la nouvelle classe moyenne, du sous-prolétariat des migrants ruraux.

La population chinoise tolère mal ces inégalités. Dans une enquête d'opinion publique réalisée à Pékin en 2002, elles sont classées en tête des graves problèmes sociaux (Pnud, 2005, 19). Certains voient là l'effet d'une tradition culturelle qui a toujours fait une large place à « la maladie des yeux rouges » (autrement dit : l'envie, la jalousie), d'autres invoquent l'héritage des prônes maoïstes. En fait, cette intolérance répond au sentiment général que les avantages dont jouissent les privilégiés récompensent non le talent et le travail, mais la corruption et le vol. Privée des moyens légaux adéquats, la population exprime son mécontentement en multipliant les mouvements de protestation, baptisés en langue bureaucratique « incidents de masse ». Ceux-ci ne cessent d'augmenter, passant de 8 700 en 1993 à 90 000 en 2006, selon l'Académie des sciences sociales, à 180 000 en 2010, selon les estimations du sociologue Sun Liping, de l'université Tsinghua. Et les commentateurs s'accordent pour constater que ces inci-

---

1. L'indice global de développement humain mesure le développement d'un pays en prenant en compte non seulement le PIB mais aussi les possibilités d'accès aux soins, à l'éducation et le niveau de vie calculé en PPA.

dents impliquent un nombre croissant de manifestants – couramment plusieurs milliers –, et qu'ils revêtent un caractère de plus en plus violent.

La destruction de l'environnement et l'aggravation des inégalités sociales qu'entraîne la croissance accélérée propre au modèle chinois risquent donc à terme de freiner ou de bloquer cette croissance, en la privant des ressources naturelles indispensables et en détruisant la crédibilité publique sans laquelle le marché ne peut fonctionner, ni le régime se maintenir. Bien que les Chinois eux-mêmes aient conscience des handicaps liés à leur modèle de développement, il ne semble pas que ces handicaps soient de nature à diminuer l'attrait qu'exerce ce modèle dans de nombreuses régions du monde.

ATTRAIT DU MODÈLE CHINOIS

Cet attrait s'exerce naturellement sur les pays émergents et en voie de développement d'Asie, d'Afrique ou d'Amérique latine aspirant à accélérer leur croissance économique tout en préservant leur autonomie culturelle et leur indépendance politique, souvent mises à mal par les politiques d'aide des puissances occidentales. Il s'exerce aussi sur les pays industrialisés, dont on pourrait pourtant croire que leur attachement aux valeurs démocratiques les détournerait d'un système autoritaire subordonnant les initiatives des individus à celles de l'État.

« Si nous pouvions être la Chine ! » s'écrie le chroniqueur du *New York Times*, Thomas L. Friedman. L'admiration pour les performances chinoises et pour le capitalisme d'État auquel en est attribué le mérite s'est développée en Occident à la faveur de la crise de 2008. Les lenteurs, les hésitations et les impuissances des gouvernements américain et européens contrastent alors avec la détermination et la rapidité de réaction dont font preuve les dirigeants chinois. Les institutions libérales se révèlent incapables de rétablir le bon fonctionnement des marchés. Pis encore, la démocratie, ses équilibres complexes entre les pouvoirs, son respect des règles de droit, ses processus laborieux de décision, sa prise en compte des demandes sociales et des problèmes d'environnement, apparaissent comme autant de freins à l'adoption de mesures salvatrices, comme autant de facteurs de paralysie. La crise met en lumière les faiblesses des démocraties face à une Chine dont les dirigeants jouissent d'une grande liberté de mouvement et peuvent du jour au lendemain changer les priorités, organiser un vaste plan de relance, réorienter la politique du crédit bancaire, assurant ainsi une rapide reprise de la croissance nationale. Soumis à ce que Mark Leonard, directeur du Conseil européen des affaires étrangères, nomme « la pénalité démocratique », les gouvernements occidentaux s'efforcent cependant d'imposer une austérité que réclament les marchés, que refusent les populations, et qui risque de casser leur croissance (Leonard, cité par Freedland, 2011).

L'Occident se trouve ainsi confronté à une double crise : celle du capitalisme libéral et celle des valeurs et institutions démocratiques. Les dogmes du libre-échange et ses « vrais-faux principes » sont remis en question (Sapir, 2011). Certains économistes s'interrogent sur l'autorégulation du marché et sur la capacité de celui-ci à réaliser l'allocation optimale des ressources (*Le Monde*,

2011, 27/04). Au Forum économique de Davos, où se retrouve l'élite du capitalisme mondial, un sujet inédit s'invite dans les débats : « Une nouvelle forme de capitalisme venue de marchés émergents comme la Chine pourrait-elle se substituer au capitalisme de type occidental ? » (*Time Magazine*, 2012, 6/02).

Dans ce contexte de crise économique, politique et intellectuelle qui nourrit chez certains l'idée d'un déclin occidental, le modèle chinois se pare de vertus. Le journaliste américain Thomas L. Friedman célèbre l'étatisme chinois dans son ouvrage intitulé *La Terre est plate* (Friedman, 2005). Et il n'hésite pas à déclarer : « Je jette un œil envieux sur le système politique autoritaire de la Chine [...]. Je ne peux m'empêcher d'éprouver une certaine jalousie quand je considère la capacité de la Chine à traiter sérieusement ses problèmes. » Et de s'exclamer, provocateur : « Si nous pouvions être la Chine pour un jour ? [...] Cela nous permettrait réellement de bien résoudre tous les problèmes, de l'économie à l'environnement » (Friedman, 2010). Plus sérieusement, le président Barack Obama rend hommage aux réalisations de la Chine dans son discours sur l'état de l'Union, en janvier 2011 : « La Chine construit des trains plus rapides et des aéroports plus modernes. Pendant ce temps, nos propres ingénieurs ont évalué nos infrastructures et leur ont donné la note D[1]. »

---

1. La note D représente aux États-Unis l'avant-dernier degré dans les évaluations scolaires, qui s'échelonnent de A à E. Dans son discours sur l'état de l'Union de janvier 2012, le président américain adopte une attitude beaucoup plus critique à l'égard de la Chine, accusée de ne pas jouer le jeu du marché.

Quand ils ne s'indignent pas contre les mauvais procédés de leurs partenaires chinois, les entrepreneurs vantent eux aussi l'efficacité de leur modèle, tel Henri Proglio, le patron d'EDF, mettant en parallèle l'exécution des projets de construction de centrales nucléaires de type EPR à Taishan (Guangdong) et à Flamanville : « Contrairement aux idées reçues, les délais [administratifs] sont beaucoup plus longs en Europe ! Les décisions politiques chinoises sont rapides et généralement définitives : quand une décision est prise, elle est appliquée, et la priorité est clairement donnée à la réussite des projets jugés indispensables au pays » (Proglio, 2010).

Ce que les Occidentaux jugent positif dans le modèle chinois, c'est un type de gouvernance qui, s'exerçant du haut vers le bas, accélère les processus de décision et facilite l'application des priorités. Ce nouveau type de capitalisme, un capitalisme d'État rénové grâce à divers emprunts faits à l'économie de marché, se révèle en effet parfois plus performant que le capitalisme libéral. Rares sont ceux, cependant, qui en Occident seraient prêts à sacrifier valeurs et institutions démocratiques à cette efficacité dont se prévaut le régime autoritaire chinois. « Être la Chine pour un jour ! » mais pas deux, ajoute immédiatement Friedman.

Plus encore que les pays industrialisés, le modèle chinois séduit des pays émergents ou en voie de développement qui ont encore bien des progrès à accomplir pour élever leur PIB. Ce modèle, cependant, la Chine ne songe pas plus à le transférer que ses partenaires à l'adopter. Il est bien évident, en effet, qu'il n'est pas transférable tel quel, s'appuyant comme il le fait sur des particularités de la civilisation et de l'histoire chinoises : compétence d'une bureaucratie méritocratique, vigueur d'une tradition commerciale s'organisant en réseaux autonomes, éthique de l'épargne et du travail, permanence des structures léninistes héritées de la révolution de 1949. Certains de ses aspects semblent cependant avoir inspiré la politique de développement de divers pays émergents, en particulier un interventionnisme économique mâtiné d'emprunts aux pratiques du marché et conjugué à l'autoritarisme politique. On retrouve ce capitalisme d'État nouvelle version dans des pays comme la Russie, les États pétroliers du Golfe ou, dans une moindre mesure, au Brésil, chacun l'accommodant à sa manière.

Ce type de capitalisme s'est imposé en Russie au tout début du XXIᵉ siècle, après une décennie de privatisations sauvages et de chaos social. Ce ne sont pas les mandarins ni la direction collective d'un parti unique qui gèrent le système, mais d'anciens responsables des services de sécurité du KGB. Regroupés sous l'autorité de Poutine, ils contrôlent les principales richesses du pays, en particulier les revenus pétroliers, gonflés par le quadruplement des cours dans les dix dernières années. En Arabie saoudite, dans les Émirats arabes unis, les pouvoirs traditionnels – claniques, monarchiques – profitent encore plus largement de la rente pétrolière pour mener une politique de développement qui s'appuie sur le marché et améliore le niveau de vie de la population sans que celle-ci soit associée à la prise des décisions. Tard venus, comme la Chine elle-même, sur un marché international créé à l'initiative et au profit des puissances occidentales, ces pays émergents se sentent solidaires et forment ce qu'on a pu appeler l'« axe du capitalisme d'État » (Wooldridge, 2012, 15). La Chine et la Russie ont aujourd'hui des rapports plus faciles que du temps où elles étaient l'une et l'autre communistes. Elles développent leurs échanges bilatéraux, multiplient leurs accords commerciaux et stratégiques, encouragent la coopération de leurs champions nationaux. Les liens entre la Chine et les pays du Golfe se resserrent aussi : investissements croisés, achats de pétrole d'un côté, contrats de construction et importation de biens de consommation de l'autre. L'influence du modèle chinois doit ici s'entendre au sens large d'intérêts économiques communs et de proximité idéologique et politique.

L'attirance pour le modèle chinois se nourrit souvent dans les pays en voie de développement des désillusions engendrées par la politique d'assistance bilatérale ou multilatérale des puissances occidentales, et se traduit par le bon accueil fait aux crédits, investissements et entrepreneurs chinois. A-t-on affaire à une diffusion d'un modèle de développement ou à l'expansion des intérêts économiques et stratégiques de la nouvelle grande puissance mondiale ? Les initiatives d'aide chinoises ont été plus étudiées que les effets de ces initiatives dans les pays bénéficiaires : 161 au total, répartis en Afrique, en Asie, en Amérique latine et dans les Caraïbes. Les pays de l'Afrique subsaharienne peuvent servir d'échantillon, parce qu'ils sont parmi les plus pauvres, les plus en manque de développement, et aussi parmi ceux auxquels la Chine a consacré les fonds d'aide les plus importants

(47,5 % de son aide globale va à l'Afrique – *White Paper*, 2011, § IV)[1].

La réussite de la Chine apparaît à l'Afrique sinistrée de la période postcoloniale comme un message d'espoir, et le modèle chinois de développement, comme une voie alternative pleine de promesses. Cette confiance se fonde sur l'idée que la Chine, autre victime du colonialisme, est elle-même un pays en voie de développement capable de comprendre les besoins de ses partenaires africains et d'y pourvoir dans un esprit de solidarité. « La Chine nous traite en égaux alors que l'Occident nous traite comme d'anciens sujets », déclare le président du Botswana (cité dans Sautman & Yan, 2009, 752).

Amitié, solidarité : ce sont des thèmes qui avaient déjà servi dans les années 1960 quand la Chine maoïste tentait d'exporter sa révolution vers ce qu'on appelait alors le tiers-monde. Aujourd'hui, les dirigeants africains mettent aussi en avant des considérations plus pragmatiques. « Un contrat qu'il faudrait négocier pendant cinq ans avec la Banque mondiale ne demande en tout que trois ans pour être conclu avec les autorités chinoises », constate le président du Sénégal (cité dans Halper, 2010, 103). Beaucoup de dirigeants africains, dictateurs ou présidents autoritaires, apprécient également d'avoir à négocier avec un État chinois partisan d'un développement dirigé d'en haut sous la seule responsabilité des élites,

---

1. Dans la suite de ce chapitre, le nom d'Afrique s'applique aux pays de l'Afrique subsaharienne (donc sans compter l'Algérie et la Libye, avec lesquelles la Chine a aussi passé des accords).

respectueux de la souveraineté de ses partenaires, indifférent à la nature des régimes politiques en place et ne se souciant pas de subordonner son assistance à leur démocratisation. Les dégâts environnementaux et le creusement des inégalités sociales entraînés par la croissance accélérée ne freinent pas plus ici qu'en Chine l'appétit d'un développement dont l'urgence s'impose.

Le recours des États africains subsahariens au modèle chinois est favorisé par la politique de Pékin. Au nom de l'amitié et de la solidarité, les dirigeants chinois se proposent d'exporter vers une Afrique en quête de rattrapage économique les méthodes qui ont si bien servi la Chine depuis trente ans, et de créer ainsi « un nouveau type de partenariat stratégique » pour « le bénéfice mutuel et la prospérité commune » (cité dans Alden & Hughes, 2009, 563-565). La générosité chinoise s'exprime par des dons, tels le nouvel immeuble du ministère des Affaires étrangères au Mozambique ou le beau bâtiment édifié aux frais de Pékin dans la capitale éthiopienne, Addis-Abeba, pour servir de siège à l'Union africaine. Jia Qinglin, alors membre du comité permanent du bureau politique du PCC, assistait à l'inauguration, en janvier 2012 : « Ce gigantesque complexe, a-t-il déclaré, en dit long sur notre amitié envers les peuples africains et porte témoignage de notre entière détermination à aider l'Afrique dans son développement » (cité par Bachorz, 2012). L'aide proprement dite – dons, prêts à taux zéro – est sans doute moins importante qu'on ne l'a souvent avancé et pourrait s'élever à 1,5 milliard de dollars par an dans les années 2007-2009 (Bräutigam, 2010 C, 6).

La Chine, cependant, se présente moins en bienfaitrice qu'en partie prenante d'un partenariat « gagnant-gagnant ». Sa contribution prend souvent la forme de prêts commerciaux ou concessionnels (accordés à des conditions préférentielles) qui, d'après des estimations non officielles, se seraient élevés à 14 milliards de dollars pour la période 2004-2009. Le Premier ministre Wen Jiabao, lors du sommet du Forum Chine-Afrique tenu en Égypte en 2009, a annoncé d'autre part 10 milliards de nouveaux prêts à ces pays entre 2009 et 2012.

D'après la Banque mondiale, trente-cinq pays d'Afrique ont contracté auprès de la Chine des emprunts destinés à financer des projets d'infrastructures de grande envergure (Foster & autres, 2008). La plupart de ces prêts sont négociés de façon bilatérale entre Pékin, ou des autorités provinciales ou municipales chinoises, et les gouvernements concernés. Ils sont gérés par l'Exim Bank, banque officielle spécialisée dans les transactions avec l'étranger. Ils sont souvent garantis par des livraisons de ressources naturelles – pétrole, minerais, produits agricoles – dont sont riches certains pays africains. L'Angola, le Soudan, le Congo, la Guinée équatoriale et le Nigeria livrent du pétrole, la Zambie et la République démocratique du Congo, du cuivre et du cobalt, le Ghana, du cacao. Les fonds chinois permettent en retour à ces pays d'améliorer des infrastructures dont l'insuffisance représente un gros obstacle au développement. Ils servent à financer la construction de routes, de ponts, de voies ferrées (1 600 kilomètres de nouvelles voies ont été installés et 1 350 kilomètres de voies anciennes ont été réhabilités), à installer de grandes centrales hydroélectriques comme celle de Bui, au Ghana, à développer des industries extractives – du cuivre en Zambie, du pétrole au Soudan – ainsi que des industries manufacturières, à mettre en place des équipements généraux : hôpitaux, logements sociaux. En Angola, c'est à toute la reconstruction du pays ruiné que la Chine participe (Foster & autres, 2008).

Plus de 300 projets auraient ainsi été réalisés depuis 1996 (Bräutigam, 2010 B). Sélectionnés par les autorités chinoises, ils ne font pas l'objet d'appels d'offres publics. Leur exécution est le plus souvent confiée à de grandes entreprises d'État chinoises, des champions nationaux que leur statut ne dispense pas de se montrer rentables, d'où, sur le terrain, une stratégie de profit à court terme et d'exploitation à outrance qui contredit le discours officiel chinois d'amitié et de solidarité.

Ces grandes entreprises, qu'il s'agisse de compagnies pétrolières (China National Corporation, Sinopec, China National Offshore Oil Corporation) ou de compagnies de travaux publics (China Railway Construction, China Railway Group, Sinohydro Corporation), comptent généralement parmi les plus importantes du monde. Elles ont acquis en Chine et à l'étranger une solide expérience et n'hésitent pas, pour accélérer la réalisation de leurs travaux, à importer de nombreux travailleurs chinois qualifiés et beaucoup d'autres non qualifiés, mais jugés plus durs à la tâche et plus dociles que la main-d'œuvre locale. L'Afrique est après l'Asie, et loin derrière elle, la région du monde où la main-d'œuvre chinoise est la plus nombreuse : elle comptait 187 000 travailleurs chinois en 2009, soit un peu plus du quart des travailleurs expatriés[1] (Chine-Afrique).

Le recours à des prêts garantis par des livraisons de produits énergétiques ou de matières premières reproduit une expérience qui a été celle de la Chine au tout début de son ouverture, en 1978, quand elle a conclu un emprunt de 10 milliards de dollars auprès du Japon pour moderniser ses industries minières, acceptant de livrer en échange du pétrole (dont elle était alors exportatrice) et du charbon. Une autre expérience reprise en Afrique est celle des zones économiques spéciales. Impressionné par sa visite dans la zone industrielle de Tianjin, dans les années 1990, l'ancien président égyptien Hosni Moubarak a sollicité l'aide de la Chine pour établir une zone du même type à proximité de Suez. Le plus souvent, cependant, l'initiative est prise par les autorités ou les entreprises chinoises elles-mêmes. En 2010, on comptait une demi-douzaine de ces zones en construction au Nigeria, Sierra Leone, Ouganda, Éthiopie... La plupart sont destinées à accueillir des industries manufacturières, ou parfois, comme en Zambie, des installations de traitement de minerai. Les gouvernements locaux accordent les avantages habituels – dispense d'impôt, réduction des tarifs douaniers –, mais n'investissent guère dans ces zones qui accueillent exclusivement ou majoritairement des entreprises chinoises (Bräutigam & Tang, 2011, 30 *sq*).

---

1. Ces statistiques ont été élaborées d'après les annuaires du ministère du Commerce chinois. Le compte des expatriés en Afrique englobe les travailleurs employés en Algérie et en Libye, soit 80 000 avant 2011. Parmi les pays subsahariens, l'Angola et le Soudan sont ceux qui ont reçu le plus de travailleurs chinois.

La diffusion du modèle est donc principalement assurée par les gouvernements africains et par l'État chinois lui-même, central ou local, accompagné par ses entreprises publiques. Cette action officielle ou semi-officielle a entraîné dans son sillage l'arrivée en Afrique de nombreux migrants chinois – petits entrepreneurs privés, boutiquiers ou artisans – dont l'activité stimule l'importation de produits de consommation à bon marché. Instable et vulnérable aux oscillations de la conjoncture, cette nouvelle diaspora ne joue encore qu'un rôle économique marginal, mais tend à concurrencer les secteurs d'activité traditionnels des économies africaines.

Les emprunts à la Chine de certaines de ses expériences de développement et les soutiens financiers et technologiques qui facilitent ces emprunts ouvrent-ils à l'Afrique une nouvelle voie vers la croissance et la prospérité ? L'application du modèle est-elle aussi bénéfique pour les pays africains que pour l'État chinois et ses entreprises publiques ou semi-publiques ? Beaucoup d'observateurs occidentaux crient au néocolonialisme et dénoncent le pillage des ressources naturelles auquel se livre une Chine avant tout soucieuse d'assurer la sécurité de ses approvisionnements. Ils considèrent les ZES comme promises à devenir des enclaves poubelles où iront s'installer les entreprises chinoises les moins performantes et les plus polluantes, et dénoncent les arrangements conclus avec des dictateurs et des potentats qui se sentent moins obligés que jamais de réformer et démocratiser leurs régimes. La visite du président soudanais à Pékin en juin 2011 illustre cette connivence. Accusé par le Tribunal pénal international de génocide et de crimes contre l'humanité, Omar Hassan al-Bashir a été reçu avec tous les égards dus au chef d'un État qui, jusqu'aux troubles récents, fournissait à la Chine 5 % de ses importations de pétrole brut. En même temps que son aide financière, la Chine exporterait ses pratiques corrompues et achèterait des contrats grâce aux pots-de-vin distribués aux dirigeants africains et à leur entourage. L'Afrique, dont les intérêts seraient relégués au second plan, ne représenterait qu'un espace où la Chine trouverait à déployer ses intérêts économiques et stratégiques.

Il est certes ironique de voir de telles critiques formulées par un Occident qui a lui-même commis dans un passé récent beaucoup des erreurs et des fautes qu'il reproche à la Chine aujourd'hui. La médiocrité de son propre bilan ne l'inciterait-elle pas à dénigrer l'action d'une puissance perçue comme rivale ? L'opacité des transactions sino-africaines encourage, il est vrai, les soupçons. Il fait peu de doute que les fonds chinois servent pour une part à acheter la bonne volonté des dirigeants locaux, qu'ils alimentent l'activité des entreprises publiques, que les champions nationaux bénéficiant de l'appui financier et administratif de Pékin se mettent volontiers au service de la politique de leur pays et s'engagent dans des projets dont l'intérêt est plus géostratégique qu'économique. Cependant, « dans les pays pauvres mais bien pourvus en ressources naturelles [...], les prêts destinés à financer des infrastructures et garantis par des livraisons de matières premières peuvent jouer le rôle de "facteurs de limitation" [*agency of restraint*] et garantir qu'une partie au moins des richesses naturelles de ces pays serviront bien à financer leur développement » (Bräutigam, 2010 A). Les fonds accordés à titre de dons ou de prêts sont le plus souvent versés directement par l'Exim Bank aux entreprises chinoises chargées d'exécuter les travaux projetés, entreprises performantes grâce auxquelles les infrastructures ont fait de réels progrès dont témoigne l'élévation régulière du PIB de 4 à 6 % par an (Foster et autres, 2008, IV).

Mais qu'en pensent les Africains eux-mêmes ? Beaucoup de chômeurs africains se plaignent d'être exclus des emplois créés dans le cadre des projets de développement, au profit de la main-d'œuvre importée de Chine. Ceux qui ont pu se faire embaucher protestent contre la dureté et l'insécurité du travail, les bas salaires, l'interdiction des activités syndicales, cependant que les managers chinois dénoncent la paresse de leurs employés africains. Les heurts sur le terrain sont nombreux et parfois sanglants. Dirigeants et élites, en revanche, se félicitent de la contribution chinoise, et diverses enquêtes sur le terrain montrent que cette perception positive est partagée par une partie importante de la population (Sautman & Yan, 2009, 728-735). En réalité, l'état de l'opinion varie d'un pays à l'autre. En Zambie, le chef du principal parti d'opposition, Michael Sata, a remporté l'élection présidentielle de septembre 2011 après une campagne dénonçant « les nouveaux colonisateurs de l'Afrique ». On a l'impression que les opinions se fondent moins sur le constat des réalités qu'elles ne sont façonnées par le contexte politique. La reconnaissance de la contribution chinoise peut aller de pair avec des réserves à l'égard de la présence et des comportements chinois. Cela tient peut-être à l'influence de la presse et des médias locaux, qui, généralement dépendants des agences et sources d'information occidentales, tendent à reproduire l'image très négative véhiculées par celles-ci (Sautman & Yan, 2009, 747-748). Donner de l'argent, construire des routes et des ponts, ne suffit pas à établir la légitimité du modèle chinois, qui demeure critiqué au nom de principes – droits de l'homme, démocratie – que l'Occident a fait rayonner, sinon respecter. La Chine, qui refuse de s'inscrire dans cette culture dominante, s'efforce donc de propager ses propres valeurs en même temps qu'elle dispense ses dollars.

LA PUISSANCE DOUCE (*SOFT POWER*)

C'est ainsi que le politologue américain Joseph Nye désigne le rayonnement des cultures et l'influence qu'exerce sur les opinions et les gouvernements l'adhésion à certaines valeurs, en dehors de tout recours à la force ou aux pressions économiques. La prédominance à l'échelle mondiale de la culture occidentale et des valeurs qui lui sont liées inquiète les dirigeants chinois, qui la rendent responsable des critiques souvent adressées à leur pays. En outre, la pénétration en Chine même de genres de vie et de modes intellectuelles ou artistiques empruntés à l'Occident ne peut qu'affaiblir une tradition dont se nourrit le nationalisme. Pour être complet et attractif, le modèle chinois doit proposer et diffuser ses propres références culturelles.

Lors de son plénum d'octobre 2004, le comité central déplore le « déficit de puissance douce » de la Chine, qu'il considère comme une « Troisième Malédiction » (les deux premières, désormais conjurées, étant la pauvreté et la menace d'agression étrangère). Le pouvoir chinois se propose donc de lutter contre l'infiltration des champs idéologiques et culturels par les forces occidentales, de défendre Confucius contre Lady Gaga et de redresser l'image trop souvent négative de la Chine à l'étranger. Ces thèmes sont repris et développés sept ans plus tard lors du 6ᵉ plénum du XVIIᵉ comité central d'octobre 2011, plus particulièrement consacré à la culture. Cela semble un thème inhabituel pour une réunion de si haut niveau, constate l'agence officielle Xinhua, mais la Chine fait face à un défi sans précédent dans le domaine de la culture : elle occupe le centre de la scène économique et diplomatique mondiale, mais son image est souvent déformée en Occident.

Le gouvernement de Pékin s'efforce donc d'assurer à la culture chinoise un rayonnement en rapport avec la force économique et militaire de la grande puissance qu'est devenue la Chine. Il a placé son offensive de charme internationale sous le signe de Confucius, dont le patronage lui a paru sans doute plus propre à gagner les cœurs et les esprits que celui de la trinité Marx-Lénine-Mao. L'objectif, cependant, n'est pas de diffuser la philosophie confucéenne, mais d'utiliser la figure du vieux sage comme symbole de bienveillance et d'une « sinicité avunculaire » (*The Economist*, 2011, 20/01). À partir de 2004, la Chine a commencé à créer des instituts Confucius dans les diverses régions du monde : on en compte actuellement 322, dont les plus nombreux sont aux États-Unis. L'Afrique en compte 21 (en 2009), principalement concentrés en Afrique du Sud (Confucius Institute Online). Le gouvernement chinois espère porter leur nombre à 1000 d'ici à 2020[1]. Le rôle dévolu à ces instituts est de développer l'enseignement de la langue et de la culture chinoises afin de créer une image de la Chine plus aimable, plus chaleureuse que celle de grande force motrice économique. Les modèles dont se réclament les dirigeants chinois sont ceux de l'Alliance française et des Goethe-Instituts, mais, à la différence de ces associations à caractère privé, les instituts Confucius sont des organisations gouvernementales relevant du Conseil international de la langue chinoise (Hanban) et, à travers lui, subordonnés au ministère de l'Éducation et au département du Front uni du parti. La relative modicité de leur budget annuel – 12 millions de dollars – s'explique par le fait qu'ils se nichent à l'intérieur d'établissements d'enseignement étrangers préexistants, généralement des universités avec lesquelles ils nouent des liens de partenariat.

Ces instituts ont du succès dans la mesure où ils répondent à une demande croissante de cours de langue chinoise, alimentée par les prouesses économiques de la Chine et le renforcement de sa puissance diplomatique et militaire. Dès 2009, ils rassemblaient 260 000 étudiants (Confucius Institute Online). Leur action demeure cependant controversée. Bien qu'ils se gardent en général de toute propagande, on leur reproche certaines interventions contre le dalaï-lama, on les soupçonne de collaborer avec

---

1. À titre de comparaison, on peut noter que l'Alliance française compte plus de 1000 implantations, et les Goethe-Instituts, 143.

les services de renseignements de leur pays, d'avoir à l'œil les jeunes Chinois étudiant à l'étranger, les groupes d'exilés et de dissidents. Des professeurs ont exprimé leur crainte que l'installation d'un institut Confucius dans leur université ne nuise à la liberté académique, mais ces réticences ont en général été écartées par des administrateurs désireux d'élargir l'offre de cursus et de bénéficier des contributions financières de Pékin. On a aussi émis des doutes sur la qualité des enseignements dispensés, ironisé sur des manifestations culturelles souvent ramenées à des spectacles de danses ou de chants folkloriques. La multiplication des instituts Confucius n'en contribue pas moins à accroître la visibilité culturelle de la Chine, et souvent aussi le capital de sympathie dont elle bénéficie.

Ces instituts, qui misent sur l'éducation, représentent un investissement à long terme. Désireux d'obtenir des résultats plus immédiats, le gouvernement de Pékin a lancé par ailleurs une grande offensive pour donner à ses médias une dimension internationale, pour faire connaître au monde sa vision de l'actualité, pour casser le monopole de l'information et de l'interprétation détenu par l'Occident et conférer au point de vue chinois valeur de référence internationale. Depuis 2009, il a dépensé des milliards de dollars pour étendre le rayonnement de la presse, de l'agence d'information Chine nouvelle (Xinhua) et de la télévision officielles. Rédigé directement en anglais et tiré à 500 000 exemplaires, le *Global Times* se veut plus ouvert que les versions traduites en langues étrangères du *Quotidien du peuple*. La présence au sein de sa rédaction de professionnels expatriés américains, canadiens ou australiens est supposée ouvrir des perspectives nouvelles.

C'est du moins l'espoir formulé par ces professionnels qui voulaient faire œuvre de rénovateurs et aider leurs confrères chinois à faire du journalisme d'investigation. Certains ont déchanté en découvrant que le journal, même s'il lui arrive de publier des points de vue divergents, n'en est pas moins tenu de suivre la ligne éditoriale du *Quotidien du peuple,* et que le travail des experts étrangers, comme par le passé, se limite le plus souvent à des corrections de style et de grammaire (Boege, 2012). L'agence officielle Chine nouvelle cherche de son côté à se transformer en source d'information pour une audience élargie. Elle a lancé un réseau d'information télévisée en anglais, le CNC World, qui fonctionne en continu. De façon symbolique, son nouveau siège à New York jouxte celui du *New York Times.* Le projet d'expansion le plus ambitieux est celui de la chaîne de télévision CCTV (China Central Television), qui espère amener des millions d'Américains et d'Africains à regarder des programmes préparés à Washington et à Nairobi, avec la collaboration de professionnels locaux, et prévoit d'établir 80 bureaux et de porter à 500 le nombre de ses employés expatriés d'ici à 2016 (Branigan, 2011).

Il est évidemment trop tôt pour apprécier les résultats de cette offensive de la puissance douce chinoise. Aussi longtemps, cependant, que le réseau international des médias chinois demeurera étroitement contrôlé par le pouvoir, il peinera à acquérir audience et autorité : le succès de la chaîne de télévision qatarienne Al-Jazira, elle aussi financée par l'État, fait rêver les responsables chinois ; mais ils oublient que cette chaîne fonctionne de façon autonome, sans intervention des pouvoirs publics. De façon plus générale, l'exportation et l'internationalisation de la culture chinoise se heurtent à de nombreuses difficultés. S'agissant de la brillante culture classique, elle ne peut intéresser qu'une minorité de spécialistes capables d'y avoir accès. La tentative du philosophe Daniel A. Bell d'adapter la grande tradition confucéenne aux besoins du monde actuel a été dénoncée comme l'usage illégitime d'« une notion unidimensionnelle et a-historique du confucianisme » ; et semble faire long feu (Bell, 2006 et 2010 ; Chevrier, 2010). Quant à la culture contemporaine, elle demeure trop dominée par l'appareil d'État pour séduire le public : il n'est que de voir l'insuccès à l'étranger (comme en Chine) des films à gros budget de la série « Promesses de l'Orient », qui visent à diffuser une version épique et expurgée des grands moments de l'histoire nationale (Bandurski, 2011). La culture ne se décrète pas. Elle naît de l'action spontanée de multiples agents sociaux éventuellement soutenus par l'État mais échappant à son contrôle. Le blogueur le plus lu du monde, Han Han, ridiculise la censure et les censeurs : « Vous castrez les œuvres d'art […] et puis vous essayez de les exporter ? Ne prenez pas les étrangers pour des extraterrestres » (Han Han, 2010). Les œuvres chinoises qui attirent l'admiration à l'étranger – qu'il s'agisse de films, de romans, d'opéras, de peintures ou d'arts plastiques – sont toutes ou presque des manifestations de créativité, marginales, interstitielles, réprouvées quand elles ne sont pas interdites par les autorités.

Telle qu'elle se présente aujourd'hui, la puissance douce de la Chine apparaît comme un moteur auxiliaire de sa puissance économique, diplomatique et militaire.

Si cette puissance dure (*hard power*) s'impose au monde, entraînera-t-elle dans son sillage la reconnaissance des valeurs chinoises comme valeurs universelles ? Ces dernières ne sont souvent que celles des pays dominants. Ou bien le modèle chinois triomphant s'acclimatera-t-il aux valeurs globales déjà installées ? Fera-t-il une place aux droits de l'homme et à la démocratie ? Les vainqueurs seront-ils convertis par ceux qu'ils auront vaincus, comme jadis les Romains par les Grecs ou les Mongols par les Chinois ? On ne peut prédire les développements à venir, mais on peut en imaginer quelques-uns.

CHAPITRE 8

Trois scénarios

L'importance prise par la Chine dans la vie économique et sur la scène politique internationales fait de cette question une interrogation essentielle non seulement pour les Chinois, mais pour le reste du monde. Les incertitudes contemporaines se conjuguent à l'opacité du régime de Pékin pour brouiller les perspectives. Les projections sont contradictoires, les hypothèses, fragiles, et les scénarios répondent parfois davantage aux vœux de ceux qui les bâtissent qu'aux probabilités de l'évolution. Parmi ces scénarios, l'un des plus souvent envisagés par les observateurs étrangers est celui d'une panne de croissance qui viendrait ruiner la légitimité du régime et mettre fin au monopole du Parti communiste sur le pouvoir. La montée du mécontentement social, la persévérance des dissidents, l'irruption soudaine des révolutions arabes, nourrissent d'autres spéculations sur l'éventualité d'une nouvelle révolution chinoise. Si l'on écarte l'un et l'autre de ces scénarios, il ne reste à envisager que le maintien, non sans quelques mutations, du régime autoritaire.

LA PANNE DE CROISSANCE

Le pacte liant la population au régime – développement économique et progrès matériels contre paix sociale et abstention politique – pourrait-il être rompu par une panne de croissance ? On évoque le précédent japonais, le développement accéléré qui a fait du Japon le « numéro un » au début des années 1980 et auquel ont succédé crise et atrophie. On évoque aussi la difficulté rencontrée par beaucoup de puissances émergentes pour passer du statut de pays à revenu moyen, actuellement celui de la Chine, à celui de pays à haut revenu caractérisant les nations développées d'Occident et d'Asie.

Dans le cadre d'une économie mondialisée, les avantages acquis sont fragiles, et les situations, changeantes. La Chine ne semble donc pas à l'abri d'un ralentissement de sa croissance annuelle dont le taux tomberait au-dessous de 7 %, ralentissement qui menacerait l'emploi et pourrait saper la légitimité du régime. Au-delà de ces préoccupations à court terme, se pose le problème de l'adaptation de la politique et des structures économiques chinoises à la poursuite du développement. La stratégie qui a permis le brillant rattrapage des trois dernières décennies permettra-t-elle de hisser le pays à un niveau comparable à celui du monde développé, et d'assurer à sa population des conditions de vie équivalentes ? Beaucoup d'observateurs étrangers et un certain nombre de dirigeants chinois estiment que la nouvelle phase de développement qui s'ouvre devant la Chine appelle des changements de structure économique aussi bien que d'organisation sociale et politique. Une telle réorientation est-elle souhaitable, et, surtout, est-elle possible ?

Les dangers de la conjoncture

Au lendemain de la crise de 2008, les observateurs admirent le prompt rétablissement de la Chine, qui contraste si fortement avec les difficultés dans lesquelles s'enlisent les États-Unis et l'Europe. Dès 2010, en effet, la croissance est de retour et le PIB augmente de 10,3 %. Les responsables chinois s'inquiètent cependant de l'inflation qui s'accélère, de la bulle immobilière qui n'en finit pas de gonfler et d'une surchauffe qui risque de conduire à un atterrissage brutal.

Parmi les causes variées de l'inflation – importance du surplus commercial, afflux des investissements étrangers (105 milliards de dollars en 2010), renchérissement des importations de matières premières et de produits énergétiques –, l'injection des 586 milliards de dollars du plan de relance adopté en novembre 2008 joue un rôle essentiel. Dans les deux années suivantes, la masse monétaire a augmenté de 53 %, les banques ont multiplié les crédits à bon marché, et l'inflation a atteint 6,5 % en glissement annuel au mois de juin 2011 (Bradsher, 2011 ; Corbier, 2011). Deux fois supérieur à celui qui rémunère les dépôts bancaires, ce taux encourage les Chinois qui le peuvent à continuer d'investir dans l'immobilier. Cela fait plus de dix ans que les prix de l'immobilier ne cessent de grimper – ils ont triplé entre 2006 et 2011 –, et cette bulle est demeurée au cœur de la croissance. Les ventes de terrains par les autorités locales entretiennent l'activité des promoteurs, la construction d'infrastructures et d'immeubles crée des emplois et enrichit entrepreneurs et bureaucrates acoquinés entre eux. Écartée de ces grandes manœuvres, une partie de la classe moyenne n'en a pas moins participé à la spéculation en plaçant son épargne dans l'achat d'appartements neufs.

La hausse des prix, en particulier celle des prix alimentaires, est vivement ressentie par toute une partie de la population. Elle est de 14 % entre juin 2010 et juillet 2011 (57 % pour la viande de porc, ingrédient essentiel des repas chinois). Grèves ouvrières et manifestations paysannes se multiplient. Les investissements réalisés grâce aux crédits du plan de relance se révèlent peu ou pas rentables dans l'immédiat, et les autorités locales accumulent des dettes importantes évaluées entre 2,4 et 3,1 milliards de dollars. Lorsque ces prêts viendront à échéance, en 2012-2013, les banques risquent de se retrouver submergées de créances douteuses[1] (Barboza, 2011 A).

----

1. Le montant de l'endettement local demeure opaque, les prêts ayant en général été consentis non aux autorités elles-mêmes, mais à des sociétés créées pour l'occasion – on en compterait plus de 10 000 –, dont les comptes n'apparaissent pas dans les budgets officiels. Le chiffre officiel de 2 400 milliards de dollars a été revu à la hausse par un spécialiste sino-américain qui évalue le montant total des dettes locales à 3 100 milliards. Ce dernier chiffre, généralement accepté comme le plus crédible, représente environ 50 % du PIB en 2010 (Shih, 2011).

À partir d'octobre 2010, le gouvernement a pris une série de mesures pour enrayer l'inflation : il a freiné le développement du crédit en élevant six fois de suite en quelques mois le niveau des réserves obligatoires des banques et cinq fois le taux d'intérêt des emprunts (Naughton, 2011). Non content de réduire ses investissements dans la construction ferroviaire, il a lutté contre la spéculation immobilière en augmentant la part de l'apport personnel dans l'achat d'appartements neufs, en interdisant à ceux qui possédaient déjà deux appartements d'en acquérir un troisième et en créant à titre expérimental une taxe foncière dans certaines grandes villes. Cette politique d'ajustement a porté ses fruits. L'augmentation du PIB a été ramenée à 9,2 % en 2011. Les investissements immobiliers diminuent, l'activité manufacturière ralentit, le commerce extérieur se contracte et l'inflation n'est plus que de 4,5 % à la fin de 2011 (Wong, 2012). Le Premier ministre, Wen Jiabao, peut ainsi se réjouir dans son discours d'ouverture à la session annuelle de l'Assemblée nationale populaire, le 5 mars 2012, de ce que les problèmes de la bulle et des dettes locales soient sous contrôle : « L'envolée des indices des prix à la consommation et à la production s'est ralentie progressivement depuis le mois d'août [2011], ce qui a mis un frein à cette vertigineuse flambée des prix [...]. Nous avons renforcé fermement notre contrôle sur le marché immobilier. S'agissant de la dette des instances locales, nous avons procédé à un audit intégral et consciencieux afin de juguler leur augmentation. Pour le moment, nos dettes gouvernementales ne présentent pas de risques » (Xinhua, 2012). Les dangers de surchauffe ont donc été écartés.

Cet atterrissage en douceur contraste avec les coups d'arrêts qui ont marqué les premiers temps de la transition. À cette époque, le gouvernement de Pékin maîtrisait mal les instruments de contrôle macroéconomiques et n'avait d'autre solution pour lutter contre l'inflation que de casser la croissance par des mesures administratives dont le coût social en termes de faillites et de chômage était élevé, et qui comportaient de graves risques politiques : divergences factionnelles au sommet et insubordination des bureaucraties provinciales. La crise économique et sociale de 1988, qui a conduit l'année suivante aux affrontements de Tian'anmen, est née d'un de ces coups d'arrêt brutaux (Bergère, 2000, 211-215, 262). Mieux gérées par le pouvoir, les oscillations de la conjoncture ne confèrent plus à la croissance chinoise le style heurté, parfois chaotique, qu'elle revêtait dans les deux décennies précédentes.

Le ralentissement de la croissance orchestré par le gouvernement n'en présente pas moins des dangers d'autant plus sérieux qu'ils coïncident avec les difficultés rencontrées par les économies européennes et américaine. En 2012 le ralentissement persiste et s'installe. Des provinces côtières, il gagne l'intérieur de la Chine. L'augmentation du PIB devait s'abaisser de 9,2 % en 2011 à 7 %-7,5 % en 2012. Le gouvernement, cependant, n'intervient que marginalement, en baissant le taux d'intérêt de la banque centrale, en adoptant des mesures de soutien aux PME et aux exportations. Point n'est question d'un nouveau plan de relance sur le modèle de celui de 2008. On peut attribuer cette réserve aux difficultés politiques du moment – changement de l'équipe dirigeante, affaire Bo

Xilai – qui mobilisent l'attention et les forces des dirigeants. On peut aussi y voir une conséquence de la leçon tirée du plan de 2008 qui a permis de maintenir la croissance mais a accru les déséquilibres structurels en faisant la part encore plus belle aux investissements. Dans cette dernière perspective le ralentissement persistant de l'économie chinoise pourrait représenter un prélude non pas à « l'apocalypse » que redoutent certains observateurs étrangers (McDonald 2012 ; Moss, 2012) mais à l'abandon d'une stratégie de développement de plus en plus inadaptée (Rabinovitch, 2012 A).

Une stratégie qui atteint sa « date de péremption »
(Pettis, 2011)

La stratégie économique de la Chine s'est révélée très efficace dans les trois décennies de transition et de rattrapage. Elle risque aujourd'hui de devenir un obstacle à la poursuite du développement : de l'avis de nombreux experts, chinois ou étrangers, le temps est venu d'en changer. Est-ce faisable ? Est-il possible de réorienter la course de ce mastodonte que représente le système économique chinois ?

Nous avons étudié la mise en œuvre de cette stratégie dans les chapitres précédents : qu'il suffise d'en rappeler ici les caractéristiques essentielles. La croissance chinoise dans les dernières décennies a été une croissance extravertie. Stimulées par la politique d'ouverture et l'adhésion de la Chine à l'OMC, les exportations ont connu un formidable élan qui a porté le pays au premier rang des exportateurs mondiaux en 2009. La Chine a affirmé sa compétitivité sur le marché mondial grâce à l'exploitation d'une très abondante main-d'œuvre à bas salaire. Ce bonus démographique a coïncidé avec un moment particulier de l'évolution de la population chinoise. Alors que la politique de l'enfant unique provoque un déclin continu du taux de la natalité et que la population âgée est encore relativement peu nombreuse, la proportion des Chinois en âge de travailler (de 15 à 59 ans) n'a cessé d'augmenter, atteignant 70 % en 2010 (Attané, 2011, 226). Les migrants ruraux arrivent alors par dizaines de millions dans les provinces côtières où sont établies les industries exportatrices, prêts à accepter des salaires de misère qui ne leur sont même pas versés régulièrement. Les exportations sont en outre facilitées par la sous-évaluation du yuan, que le gouvernement maintient à un niveau artificiellement bas en achetant, grâce à ses surplus commerciaux, d'énormes quantités de devises. Cette sous-évaluation apparaît comme l'instrument d'une politique mercantiliste qui vise à accumuler dans les coffres publics des devises destinées à financer la politique de grande puissance du gouvernement : elle joue un rôle équivalent à celui joué dans la Grande-Bretagne du XIXᵉ siècle par une politique commerciale qui conjuguait libre-échange et certaines mesures protectionnistes (Subramanian, 2011, 124-130)[1].

Quand la crise de 2008-2009 fait fléchir la demande occidentale, les exportations sont relayées par l'investis-

---

1. Déterminé de 1994 à 2005 par la valeur du dollar, le yuan a ensuite commencé à flotter dans d'étroites limites, et il s'est réévalué d'environ 27 % avant de commencer à reperdre de sa valeur au printemps 2012.

sement comme source de la demande et moteur de l'offre. Depuis 1997, la part de l'investissement dans le PIB n'avait cessé d'augmenter, passant de 32 à 46 % ; l'adoption du plan de relance a encore accru son importance, portant cette part au niveau exceptionnellement élevé de 50 %. La consommation, en revanche, restait sacrifiée, déclinant jusqu'à 36 % du PIB en 2009, « la part la plus faible jamais enregistrée dans une économie significative » (Wolf, 2010). Les Chinois, dit-on, sont peu portés à consommer, mais le voudraient-ils qu'ils ne le pourraient guère, empêchés qu'ils sont d'accéder aux fruits de la croissance par un système qui, fixant la rémunération des dépôts bancaires des particuliers à un taux de 3 %, généralement inférieur d'un ou plusieurs points à celui de l'inflation, transfère les profits de l'épargne des ménages aux banques et aux entreprises publiques. L'économiste américain Nicholas Lardy estime à plusieurs centaines de milliards de dollars les fonds ainsi transférés au détriment des consommateurs et au profit des investisseurs publics pendant la dernière décennie (cité dans Barboza, 2011 B).

Piloté par la bureaucratie centrale et locale, ce capitalisme d'État fait la part belle au secteur public, dont la prépondérance croissante répond moins à des règles juridiques qu'au déploiement des réseaux d'influence personnelle et politique. L'efficacité d'un tel système, cependant, semble de plus en plus minée par les progrès accomplis en Chine même comme par les changements intervenus dans le reste du monde. La crise occidentale qui affaiblit la demande, la concurrence de nouveaux pays émergents, une démographie moins favorable et le rendement déclinant des investissements concourent à remettre en question le bien-fondé de la croissance extravertie chinoise.

L'Union européenne et les États-Unis absorbaient 45 % des exportations chinoises, mais l'une s'enlise dans la crise de la dette, et les autres ne reviennent que lentement à la croissance : la Chine ne peut plus compter sur une demande constamment croissante de leur part pour soutenir le développement de ses exportations et de ses industries manufacturières. En outre, Américains et Européens manifestent un mécontentement de plus en plus vif à l'égard des procédés commerciaux de leur partenaire chinois. Ils multiplient leurs appels auprès de l'OMC, protestant contre les subventions que Pékin accorde aux fabricants de pièces détachées automobiles ou de panneaux solaires, contre l'exclusion des compagnies étrangères lors de la passation de marchés par l'administration chinoise, contre la limitation imposée à l'exportation de terres rares, presque uniquement extraites en Chine et indispensables aux technologies de pointe. Responsables politiques et opinions publiques se montrent de plus en plus favorables à des mesures protectionnistes propres à limiter les déséquilibres commerciaux afin de protéger l'emploi. À Washington, le Congrès a adopté en 2009 une loi dite « Acheter américain », prescrivant que les fonds publics du plan de stimulation ne pourraient être utilisés que pour l'achat de matières premières ou biens manufacturés produits aux États-Unis. La Chambre des représentants a en outre approuvé divers projets de loi (*bills*) surtaxant l'importation de diverses marchandises chinoises ayant bénéficié de subventions, la sous-estimation systématique du yuan pouvant constituer une « subvention illicite ». Aux yeux des Américains, en effet, la sous-évaluation du yuan représente la cause principale de l'énorme déficit de leurs échanges commerciaux avec la Chine. Ce problème a provoqué à diverses reprises entre les deux pays de fortes tensions commerciales et diplomatiques que la hausse modérée mais continue de la monnaie chinoise ces deux dernières années avait contribué à apaiser un peu, mais qui ont resurgi au début de 2012 à la suite d'une nouvelle baisse du yuan (Bradsher, 2012).

À la menace protectionniste s'ajoute celle de la concurrence de nouveaux pays émergents dont les salaires sont inférieurs à ceux de la Chine, tels le Vietnam ou le Bangladesh, dont les ouvriers du textile touchent environ 80 dollars par mois (soit à peu près moitié moins que le salaire minimal légal chinois – *Le Monde*, 2012, 16/02). L'élévation des salaires chinois est liée à l'effacement progressif du bonus démographique. Le recensement de 2010 montre que la population augmente moins vite (de 0,57 % par an dans la décennie juste écoulée) et qu'elle commence à vieillir : la tranche d'âge des plus de 60 ans représente 13,3 % de la population totale (au lieu de 10,3 % il y a dix ans). Le nombre des personnes en âge de travailler (la tranche d'âge des 15 ans à 64 ans) devrait cesser d'augmenter à partir de 2015, après avoir plafonné aux environs d'un milliard d'individus (Cartier, 2011, 30). Déjà, le réservoir des jeunes adultes venus des campagnes n'apparaît plus illimité, les migrations vers les régions développées de la côte se ralentissent, et des pressions se font sentir sur le marché du travail.

L'accélération des investissements qui a permis à la Chine de sortir rapidement de la crise en 2008-2009 ne peut résoudre le problème du développement dans les années à venir. Organisés par les pouvoirs publics, consacrés aux infrastructures et financés par le crédit, ces investissements ont conduit à l'accumulation de dettes qui risquent d'être difficiles à rembourser. Le rendement de tels investissements, en effet, va déclinant. Les infrastructures les plus utiles et les plus rentables ont déjà été mises en place, et une bonne partie des nouveaux investissements – TGV, autoroutes, résidences de luxe – ne répondent pas à des besoins immédiats. Ces trains trop coûteux pour être empruntés par la majorité des Chinois, ces avenues vides, ces appartements inhabités, ne servent-ils pas surtout à enrichir promoteurs et bureaucratie locale ? Ne représentent-ils pas « un simple gaspillage », comme le proclame l'un des meilleurs spécialistes de l'économie chinoise (Huang, 2011) ? Un moyen de garantir un taux de croissance élevé au prix d'un accroissement insoutenable de l'endettement ? La montée des troubles sociaux est la conséquence de ces difficultés économiques. D'après les statistiques ou évaluations officielles, déjà un peu anciennes, on comptait environ 90 000 « incidents de masse » par an ; on estime ce nombre à 180 000 aujourd'hui. Autant de signaux d'alarme que les dirigeants chinois ne peuvent ignorer.

Le Premier ministre Wen Jiabao ne cesse de le répéter : « Le développement économique de la Chine manque d'équilibre, de coordination et de durabilité », a-t-il déclaré lors du Forum de Tianjin, en septembre 2010, réitérant une déclaration déjà faite au

Forum de Dalian l'année précédente (Wolf, 2010)[1]. Dans sa présentation du rapport sur le 11ᵉ plan quinquennal, en mars 2008, il avait déjà souligné « les graves problèmes et les profondes contradictions » qui freinaient le développement économique et social du pays : croissance excessive des investissements et manque d'équilibre entre investissements et consommation, trop grande abondance de liquidités, multiplication des crédits, déséquilibre des comptes internationaux, etc. Pour remédier à ces maux, le plan avait donné priorité à la réforme des structures économiques et à la réorientation vers un modèle de croissance fondé sur un meilleur partage entre le rôle des exportations et investissements, d'une part, et celui de la consommation, de l'autre. Pour accompagner cette évolution, priorité était également donnée à la « construction sociale », au développement des systèmes de santé et d'éducation et à l'amélioration du niveau de vie. Quatre ans plus tard, les recommandations du 12ᵉ plan quinquennal résonnent en écho à celles du précédent. Il est toujours question de modérer le taux de croissance, de laisser augmenter les revenus des ménages au même rythme que le PIB, de faire de la consommation intérieure « un principe stratégique à long terme » (Xinhua, 2012).

De cette similitude des déclarations, on peut conclure qu'en dépit de certains progrès – augmentation des

---

1. La Chine organise chaque année un forum économique international, calqué sur celui de Davos, où sont débattus les grands problèmes du développement asiatique et mondial. Dalian se situe dans la province du Liaoning, dans le sud de l'ancienne Mandchourie.

salaires, progrès de l'assurance-maladie dans les campagnes – les objectifs du 11ᵉ plan n'ont pas été atteints. Il se peut que ceux du 12ᵉ plan – les mêmes – ne le soient guère davantage. Bien des obstacles, en effet, se dressent sur la voie des restructurations envisagées. Il faudra vaincre la résistance de très puissants intérêts. Les banques tirent des dépôts peu ou pas rémunérés des bénéfices énormes qui les ont aidées à se recapitaliser lors de la crise des créances douteuses de 1998-2003, et qui pourraient de nouveau les aider lorsque, d'ici peu, arrivera le moment de rembourser les emprunts contractés dans le cadre du plan de relance en 2009-2010, et que de nouvelles créances douteuses ne manqueront pas d'apparaître. Les grandes entreprises publiques se sont habituées à profiter de subventions et de crédits à bas prix. Fortes de leurs relations avec les élites dirigeantes, riches de bénéfices dont elles ne transfèrent qu'une faible part à l'État, elles sont devenues des centres de pouvoir quasi autonomes, et, comme les banques, elles auraient beaucoup à perdre aux changements envisagés. Il faudra aussi surmonter l'opposition des bureaucraties locales désireuses de conserver un taux élevé de croissance du PIB. La ville de Changsha (Hunan), au centre de la Chine, envisageait en juillet 2012 d'investir 829 milliards de yuans (132,5 milliards de dollars) dans de grands projets d'aménagement urbain dont personne ne saurait imaginer comment ils seraient financés (Thibault, 2012). Augmenter la consommation des ménages implique non seulement une redistribution des bénéfices de la croissance en leur faveur, mais également un sérieux renforcement de l'offre des services publics (éducation, santé, protection sociale) qui rendrait moins nécessaire l'« épargne de précaution » pratiquée par les familles. C'est là œuvre de longue haleine, tout comme les projets de protection de l'environnement ou d'économie d'énergie aussi mentionnés dans le plan.

Ce plan n'est qu'un assemblage de propositions prioritaires. Il vise à retoucher le système existant, il prône « un rajustement stratégique de la structure économique », il appelle à régler « les contradictions institutionnelles et structurelles susceptibles d'entraver le développement sain et durable de [l'] économie », mais n'évoque pas un changement de nature du système, promettant, au contraire, de porter « haut levé le drapeau du socialisme à la chinoise » (Xinhua, 2012). Pourtant, la logique des mesures prônées ne manquerait pas d'entraîner une remise en question du capitalisme d'État actuellement en vigueur. C'est du moins la lecture que les experts de la Banque mondiale font du 12e plan. « Les réformes proposées ne peuvent, déclarent-ils, que renforcer les bases d'une économie de marché [...]. Le rôle du gouvernement et ses rapports au marché et au secteur privé doivent changer fondamentalement » (*China 2030,* 2012, XV). Le rapport de la Banque mondiale propose une conception d'ensemble de l'évolution à venir, et établit une feuille de route pour faire de la Chine, à moyen terme, un pays à haut revenu. Il reflète une vision détachée des contingences et ne s'attarde guère aux obstacles qui s'opposent au changement. Tout juste constate-t-il que la « réussite exigera un leadership vigoureux » (*China 2030,* 2012, XVII).

Le Premier ministre Wen Jiabao va plus loin que les experts de la Banque mondiale en affirmant la nécessité d'une réforme politique pour assurer le succès de la réforme économique. Lors de la conférence de presse qui a clôturé la session annuelle de l'Assemblée nationale populaire, le 14 mars 2012, le Premier ministre a lancé un avertissement solennel : « Tant que nous n'aurons pas procédé à une réforme politique structurelle, il nous sera impossible de mettre pleinement en œuvre une réforme économique structurelle. Les acquis que nous ont procurés la réforme et le développement pourraient être perdus » (cité dans Wolf, 2012).

Le problème de la stratégie économique s'est invité ainsi dans un débat politique déjà très tendu à la veille d'un changement de direction à la tête du parti et de l'État. Après avoir accompli deux mandats et être restés dix ans au pouvoir, le président Hu Jintao et le Premier ministre Wen Jiabao viennent en effet de laisser la place à une nouvelle équipe désignée par le XVIIIᵉ congrès du parti, en novembre 2012. L'approche de cette succession a avivé les débats et fouetté les ambitions, mais la confrontation des programmes et des personnalités au sein des hautes instances du parti est demeurée opaque pour le public. Cela n'empêchait pas les spéculations d'aller bon train. Xi Jinping, nouveau secrétaire général du parti et qui devrait devenir en mars 2013 président de la République, semble destiné de par ses fonctions à incarner le consensus des hiérarques sur lequel repose la direction du pays. Li Keqiang, au poste de Premier ministre, est réputé libéral. En tant que vice-Premier ministre, il a encouragé la participation d'un organisme à caractère officiel, le Centre de recherche sur le développement (dépendant du Conseil des affaires d'État), à l'élaboration du rapport de la Banque mondiale *China 2030*, rapport dont il aurait hautement approuvé les conclusions *(The Economist*, 2012). Le pouvoir suprême, cependant, est exercé de façon collective par le comité permanent du bureau politique. La règle d'or du consensus commande à la prise de décision au sommet de l'État chinois : les retards et les inefficacités engendrés par cette règle sont dans une certaine mesure comparables à ceux, si souvent décriés, qu'entraîne l'application des procédures démocratiques en Occident (Rabinovitch, 2012 B).

Jugée urgente par tous les économistes, chinois et occidentaux, la réorientation de la stratégie de croissance chinoise est à peine amorcée, et, si elle se poursuit, elle ne pourra le faire qu'avec lenteur à cause des oppositions qu'elle suscite et des risques qu'elle comporte. Une telle situation n'invite guère à l'optimisme. Un long rapport publié en août 2011 par Eurasia Group, l'une des principales sociétés de conseil américaines, conclut : « Nous ne croyons pas que les prudents dirigeants de la Chine auront le cran de s'attaquer à une réforme audacieuse. La prochaine décennie présentera sans doute plus de dangers qu'on ne le pense généralement » (Eurasia Group, 2011, 26). Le chroniqueur Paul Krugman, Prix Nobel d'économie en 2008, partage ce scepticisme : « Il est impossible de ne pas s'inquiéter : ce qui arrive à la Chine fait trop penser aux effondrements survenus ailleurs. » Se référant une fois de plus à la crise japonaise des années 1980, il rejette l'argument selon lequel une bureaucratie centrale compétente saura prendre les mesures nécessaires pour empêcher la panne de croissance (Krugman, 2011).

La panne de croissance économique est donc un scénario plausible. C'est celui que retiennent beaucoup d'experts en mettant en avant des arguments sérieux. D'autres, cependant, plaident que la Chine est encore pauvre, que son revenu par tête ne représente que la moitié du revenu japonais au milieu des années 1960, que beaucoup de ses provinces intérieures sont attardées et que les infrastructures récemment mises en place à grands frais trouveront leur utilité. « Il est vraisemblable qu'à moyen ou long terme ces investissements d'infrastructures auront d'importants avantages pour l'économie dans son ensemble » (Lardy, 2012, 32). Cela ne dispense certes pas la Chine de réformer son modèle de croissance, mais l'urgence n'est peut-être pas aussi grande que le proclament les alarmistes. C'est du moins ce que prétend le président de la Construction Bank, l'une des principales banques commerciales chinoises : « Je pense que nous avons tout le temps, tous les moyens et les instruments propres à assurer un atterrissage en douceur et une transformation sans heurts » (cité dans Leonhardt, 2011).

Cet optimisme est porté à l'extrême par l'économiste Arvind Subramanian, qui répudie la pertinence d'une comparaison avec la crise japonaise des années 1990. Dans la perspective d'une « convergence économique » rendue possible par la diffusion accélérée des techniques modernes de production, la Chine a encore beaucoup de chemin à parcourir. Son PIB par tête (en parité de pouvoir d'achat) ne représente en 2010 que le quart de celui des États-Unis. Elle est donc loin d'atteindre la « frontière économique » sur laquelle campait le Japon à la fin des années 1980. Même ramenée à un taux annuel de 4 à 6 %, sa croissance suffirait à la rapprocher d'une position dominante qu'elle pourrait occuper sans s'être encore hissée au rang des puissances les plus riches du monde. « La domination de l'économie chinoise est imminente (sinon déjà réalisée), elle devrait être à peu près générale et de première grandeur [*broad in scope and substantial in magnitude*] [...]. Cette tendance de fond est durable » (Subramanian, 2011, 146).

Un des arguments avancés par les optimistes est que le développement des infrastructures a souvent devancé depuis trente ans celui de la demande – c'est même là une des caractéristiques de la stratégie économique chinoise, qu'un journaliste du Guangdong résumait d'une formule imagée : « construire le nid pour attirer le phénix » (cité dans Yang, 2011). Cette méthode a donné de bons résultats, qu'il s'agisse des zones économiques spéciales établies par Deng Xiaoping au début des années 1980, bien avant que ne s'y implantent les industries travaillant pour l'exportation, ou des zones de développement installées plus tard à proximité des métropoles régionales et des grands ports. Le cas de l'Inde, dont la croissance se trouve freinée par l'insuffisance des infrastructures, pourrait apporter la preuve a contrario du bien-fondé d'un pari sur l'avenir que semblent valider par ailleurs la taille continentale de la Chine, la richesse de ses ressources, l'importance et le dynamisme de sa population et la distance qui la sépare encore d'une modernité achevée.

Face à tant d'avis autorisés et contradictoires, le plus sage serait de laisser en suspens la question de la panne de croissance, de laisser l'avenir nous dire si la Chine se fera piéger dans une réforme inaboutie ou si elle émergera de ses difficultés, plus forte que jamais. La réponse que je me risque à esquisser se réfère moins à des raisonnements statistiques qu'à l'expérience des voyages que j'ai régulièrement accomplis en Chine à partir de 1957. Elle résulte d'une sorte d'autocritique. Je me suis rendue au début des années 1980 à Zhuhai, localité située au nord de Macao, qui venait d'être déclarée zone économique spéciale. À côté du village de pêcheurs s'élevait alors une ville neuve complètement déserte. Dix ans plus tard, c'est à Pudong que je suis allée, sur l'autre rive du Huangpu, juste en face du vieux Shanghai. Au milieu de terrains boueux se dressait alors un petit immeuble dans lequel étaient exposés les plans grandioses de la future nouvelle zone économique. J'ai été submergée dans les deux cas par un sentiment d'irréalité, presque d'absurdité. Aujourd'hui, Zhuhai compte 1,5 million d'habitants, et Pudong, devenu le cœur économique et financier de la métropole shanghaienne, tout autant. Le souvenir de ces erreurs d'analyse m'est souvent revenu. C'est sans doute lui qui me pousse aujourd'hui à penser que le phénix viendra se percher dans le nid qui lui a été préparé, et à rejeter le scénario d'une panne catastrophique de la croissance chinoise.

LA POSSIBILITÉ D'UNE RÉVOLUTION

Une révolution qui balaierait le régime est-elle pensable ? Difficilement, quand on considère les succès accumulés depuis trois décennies, la force de contrôle et de répression dont dispose le gouvernement, la faiblesse et l'isolement des dissidents exilés ou emprisonnés. Ce danger semble pourtant hanter les dirigeants, effrayés par le destin des dictatures modernisatrices d'Asie orientale, si rapidement reconverties en démocraties, par le souvenir de Tian'anmen, par les soulèvements du printemps arabe. Ces craintes, que les observateurs étrangers considèrent parfois comme autant de manifestations de paranoïa, répondent-elles à des fragilités réelles du régime ?

L'histoire de la Chine depuis 1949 montre que les périodes d'affaiblissement du régime coïncident avec l'apparition de divisions au sommet du parti et de l'État. La disparition en 1976 de Mao Zedong, dont le charisme s'imposait à tous, a accru le danger : les manifestations de Tian'anmen ont été rendues possibles par l'opposition au sein du parti entre les réformistes, partisans de Zhao Ziyang, et les conservateurs de la vieille garde. La crise put alors être surmontée grâce à l'autorité et au prestige de Deng Xiaoping. Aujourd'hui, les héros de la geste révolutionnaire ont tous disparu. Le pouvoir est exercé de façon collective par les membres du comité permanent du bureau politique, si semblables dans leur apparence et leurs discours, si contraints par les impératifs du consensus, que l'on peine à discerner la personnalité de chacun.

On peut seulement essayer de deviner les rivalités familiales et factionnelles susceptibles de fissurer l'unité affichée : d'un côté, le parti des princes (*taizidang*), regroupant les descendants privilégiés des révolutionnaires qui fondèrent la République populaire et la dirigèrent pendant les premières décennies de son existence ; de l'autre, les anciens de la Ligue de la jeunesse (*tuanpai*), d'origine plus modeste, qui durent gravir un à un les échelons de la hiérarchie. Ces factions sont loin d'être homogènes. Le souvenir des persécutions infligées ou subies par les parents ou grands-parents des uns ou des autres au cours de la Révolution culturelle entretient des ressentiments en même temps que le choix des priorités économiques, politiques ou stratégiques crée d'autres lignes de fracture. Il est rare cependant que les débats ou les affrontements débordent le cadre des hautes instances au sein desquelles ils se déroulent. Il faut une crise très grave – la famine exterminatrice de 1959-1961, la chute inattendue de l'héritier désigné, Lin Biao, en 1971, la succession contestée de Mao Zedong entre 1976 et 1978, la menace d'un soulèvement populaire à Tian'anmen en 1989 – pour que les conflits entre dirigeants deviennent publics. La perte de contrôle du parti sur la population ne peut alors être conjurée que par une conciliation hâtive des diverses factions. Survenue en mars 2012, quelques mois avant le XVIIIe congrès du parti, chargé de régler la succession de l'équipe dirigeante, la chute de Bo Xilai s'inscrit dans le sillage de ces crises porteuses de tous les dangers[1].

---

1. Pour une analyse détaillée et éclairante de l'affaire Bo Xilai, *cf.* Godement, 2012, p. 17-34.

Élevé au sérail, fils d'un vétéran de la lutte révolutionnaire devenu l'un des principaux ministres de Mao Zedong, Bo Xilai était depuis 2007 le secrétaire du parti pour la municipalité de Chongqing (Sichuan). Avec le soutien financier du gouvernement central, il a mené dans cette métropole attardée de l'intérieur une politique interventionniste de rattrapage économique, multipliant les investissements, développant les infrastructures, attirant les entreprises étrangères, leurs capitaux et leurs experts, exploitant la présence d'une main-d'œuvre à très bas salaire, venue des régions montagneuses et déshéritées des environs. Chongqing, dont la municipalité, directement rattachée à l'autorité de Pékin, compte trente-quatre millions d'habitants, est ainsi devenue un nouveau pôle de développement : son taux annuel de croissance a dépassé le taux national. Aussi soucieux de « partager le gâteau » que d'en augmenter la taille, Bo Xilai a fait construire de nombreux logements sociaux pour accueillir les plus pauvres, y compris les ouvriers migrants. En même temps, il luttait pour « abattre le noir » (*dahei*) et mettre fin aux activités des gangs. Pour chasser la corruption, il ne s'embarrassait pas de procédures juridiques et recourait à l'intimidation, au chantage, à la torture. Ces méthodes brutales et arbitraires servaient la soif de pouvoir et de richesses de Bo Xilai tout en répondant aux besoins de sécurité de la population. Bo Xilai rangeait sa politique populiste sous la bannière du maoïsme. S'inspirant des grandes campagnes de masse du passé, il appelait la population à se mobiliser pour entonner les « chansons rouges » en vogue pendant la Révolution culturelle et retrouver l'ancienne foi révolutionnaire.

Bien introduit dans les cercles dirigeants de Pékin, Bo Xilai savait y faire valoir les succès de sa gestion. Le « modèle de Chongqing » avait ses partisans dans les instituts de recherche et les clubs de réflexion de la capitale, et jusqu'à l'Académie des sciences sociales de Chine. Plusieurs membres du comité permanent du bureau politique se déplacèrent même pour venir admirer sur place les résultats de la politique menée par le secrétaire de la municipalité. Personnalité brillante, Bo Xilai faisait des interventions remarquées à la tribune de l'Assemblée nationale populaire et aimait donner des interviews. Toutes les ambitions lui semblaient permises : déjà membre du bureau politique, il aspirait à entrer au comité permanent de ce bureau lors du XVIIIᵉ congrès, à l'automne 2012, et à prendre ainsi rang parmi les dirigeants suprêmes du pays, peut-être même à devenir le premier d'entre eux.

Sa chute fut spectaculaire. Démis le 15 mars de ses fonctions de secrétaire du parti pour la municipalité de Chongqing, il perdit sa qualité de membre du comité central et du bureau politique le 10 avril suivant. La raison officielle de cette disgrâce tient en une brève formule : « violation de la discipline du parti ». C'est la formule qu'emploie la commission centrale de la Discipline lorsqu'elle enquête sur un haut dirigeant soupçonné de corruption. Les crimes de Bo Xilai ont été dénoncés par son collaborateur le plus proche, le chef de la police de Chongqing, auquel il avait confié le soin de mener à bien les purges de cadres, magistrats, entrepreneurs privés, spoliés et parfois torturés dans le cadre des campagnes antimafia. Comme toujours dans de tels cas, les enquêtes se sont étendues à la famille et à l'entourage de la personnalité déchue : accusée de l'assassinat d'un homme d'affaires britannique, ami de la famille, avec lequel elle aurait eu des conflits d'intérêts, l'épouse de Bo Xilai a été condamnée à mort avec sursis le 20 août. On soupçonne en outre qu'au moins 160 millions de dollars d'actifs ont été détournés par des proches de Bo Xilai qui auraient aussi envoyé clandestinement d'autres fonds à l'étranger (Barboza & LaFraniere, 2012).

Les pratiques dénoncées, communes à bien des cadres, ne suffisent pas à expliquer une chute dont les raisons profondes sont politiques et doivent être décryptées à partir d'interprétations plus ou moins fiables du contexte. Le manque de transparence du système chinois renvoie ainsi les observateurs aux exercices – qu'on pensait dépassés – de l'ancienne « kremlinologie », ou « tian'anmenlogie ». L'affaire Bo Xilai s'inscrit dans l'affrontement entre deux courants à l'intérieur même du parti : le premier, favorable à l'intervention de l'État dans le développement économique et à la gestion autoritaire des problèmes sociaux, le deuxième prônant au contraire la libéralisation de l'économie et une réforme politique amenant à plus de transparence et à un plus grand respect de la loi ; le premier s'incarnant dans la personne de Bo Xilai, le second, dans celle de Wang Yang, secrétaire du parti pour la province du Guangdong, la plus ouverte de Chine. Modèle de Chongqing contre modèle du Guangdong : cette opposition schématise un débat qui, au fil de la croissance chinoise, s'est fait plus complexe, plus nuancé, mais dans lequel résonne encore la vieille opposition entre la Chine bureaucratique de l'intérieur et la Chine cosmopolite de la côte[1].

Cet affrontement au sommet était d'autant plus dangereux pour le régime qu'il intervenait dans la période d'incertitude qui accompagne le changement décennal de l'équipe dirigeante. Fondé sur le consensus des hauts cadres, le processus de succession n'est toujours pas institutionnalisé et donne lieu à des discussions et marchandages qui fragilisent temporairement le parti. Il intervenait aussi à un moment où s'impose un choix crucial pour l'avenir de la croissance chinoise, entre la poursuite et l'élargissement de la réforme, ou la consolidation du nouveau capitalisme d'État. De par ses attaches familiales, sa popularité, les appuis qu'il avait dans une nouvelle gauche nostalgique d'un maoïsme idéalisé, Bo Xilai représentait un des principaux soutiens du courant interventionniste. Sa chute n'a pas empêché ses partisans de continuer à s'activer et à s'exprimer. Le 23 octobre, encore, ses partisans ont fait paraître une lettre ouverte signée par des centaines de personnes – universitaires, anciens cadres – en soutien au dirigeant déchu.

L'intervalle de plusieurs semaines qui sépare les destitutions successives de Bo Xilai de ses diverses fonctions suggère la prudence apportée à la gestion de la crise et l'existence de négociations à l'intérieur du parti en vue

---

1. Pour une discussion de fond sur les deux modèles, on peut se référer à l'article de Yang Chan, 2011, dans lequel sont présentés les points de vue de divers économistes et sociologues chinois. Selon certains d'entre eux, les deux modèles correspondraient à des étapes différentes du développement, plus avancé dans le Guangdong, encore à ses débuts au Sichuan.

d'un accord préalable à la prise de sanctions. Les mesures qui ont suivi relèvent d'un répertoire classique : déconsidération de Bo Xilai, lié à travers son épouse à un crime de droit commun, fermeture des sites Internet de la « nouvelle gauche », appel à l'armée, sommée de resserrer les rangs autour de son chef, Hu Jintao, qui est aussi celui du parti, proclamation de loyauté de la part des dirigeants provinciaux et régionaux. La chute spectaculaire de Bo Xilai ne semble donc pas avoir ébranlé le régime. Amènera-t-elle une inflexion de sa politique économique ? La disgrâce de son principal défenseur n'a pas fait disparaître l'idée que l'intervention de l'État constitue la meilleure solution aux problèmes économiques et sociaux de la Chine.

La chute de Bo Xilai apparaît comme une révolution de palais susceptible de modifier certains équilibres politiques au sein du régime, mais non d'entraîner le renversement de celui-ci. Pour qu'une telle crise débouche sur une véritable révolution, il faudrait soit que les forces armées abandonnent la cause du parti, hypothèse peu plausible, contraire à la tradition de l'APL et également à ses intérêts, soit que les nombreuses manifestations de mécontentement social s'enflent et s'unissent en un puissant courant d'opposition.

Ce que le discours officiel chinois nomme « incident de masse » désigne toute perturbation apportée à l'ordre public, des pétitions aux vagues de suicides et aux blocages de routes, des mises à sac de locaux administratifs aux affrontements armés avec les forces de police. Nous avons vu que ces incidents se sont récemment multipliés et qu'en l'absence de statistiques officielles récentes leur nombre est évalué à 180 000 par an. Ils éclatent dans les usines aussi bien que dans les campagnes. Ils inquiètent le régime. Le menacent-ils vraiment ?

Les grèves ouvrières, dont les premières et les plus nombreuses sont survenues dans le delta de Canton à partir du printemps 2010 pour ensuite s'étendre à Shanghai, Dalian (dans le Nord-Est), Wuhan (dans le Centre) ou Chengdu (dans la province occidentale du Sichuan), sont le fait d'une nouvelle génération de travailleurs migrants, plus éduqués et plus familiers du monde et des techniques modernes que leurs devanciers. Ces jeunes ouvriers ont lancé les mouvements de protestation de leur propre initiative, en dehors de toute intervention des syndicats officiels, qu'ils considèrent, à juste titre, comme de simples appendices de l'administration. Ils ont eux-mêmes organisé et coordonné leurs actions grâce à leurs téléphones mobiles et à Internet (Béjà, 2011). Les grèves ont principalement affecté les entreprises étrangères : la compagnie taiwanaise Foxconn, sous-traitant d'Apple – qui lui a confié la fabrication de ses iPhone et ses iPad –, ou les usines produisant les pièces automobiles pour les compagnies japonaises Honda et Toyota. Les ouvriers réclamaient des augmentations de salaires et protestaient contre leurs conditions de travail : semaine de 60 et même 70 heures, absence fréquente de jours de congé, insuffisance des dispositifs de sécurité, refus de compensation en cas d'accident, licenciements abusifs. À la suite de ces mouvements, les salaires ont été relevés de 30 % en moyenne. Dans les usines Foxconn de Shenzhen, dont les propriétaires taiwanais et leurs donneurs d'ordres américains avaient été très critiqués après les suicides d'une douzaine d'employés au printemps 2010, le salaire mensuel a même doublé, passant de 900 à 2 000 yuans entre juillet et octobre (*The Financial Times*, 2010).

À aucun moment, cependant, les organisations ad hoc créées par les ouvriers pour gérer leurs mouvements de protestation n'ont cherché à s'institutionnaliser, à prendre la place des syndicats officiels, à se tourner contre le régime. Celui-ci s'est d'ailleurs montré plutôt favorable à l'égard des protestataires, dont les activités se déroulaient principalement dans des entreprises étrangères et dont les revendications rejoignaient la volonté de Pékin de voir augmenter la consommation intérieure, et donc le pouvoir d'achat de la population. Les autorités chinoises ont par la suite décrété elles-mêmes des augmentations générales de salaires dans de nombreuses provinces. Après que les revendications salariales ont été satisfaites, la mobilisation ouvrière est donc retombée sans se cristalliser en mouvement d'opposition. Ce caractère circonstanciel et temporaire de la mobilisation populaire distingue les interventions citoyennes dans la vie politique chinoise depuis leur apparition, au début du XXe siècle, qu'il s'agisse de boycotts antiétrangers, de mouvements étudiants et paysans ou bien de campagnes philanthropiques ou patriotiques. La multiplication des manifestations ouvrières dans les secteurs industriels les plus modernes – informatique, automobile – de la zone côtière ou des métropoles régionales ne signale pas l'émergence d'une conscience de classe et ne reflète pas une opposition de principe à un régime qui autorise, quand il ne l'encourage pas, l'exploitation de la main-d'œuvre. La récurrence de grèves et de manifestations ouvrières de plus en plus violentes n'en représente pas moins une menace prise très au sérieux par les autorités. À Taiyuan (Shanxi), celles-ci ont fait appel en septembre 2012 à 5 000 policiers pour réduire une émeute qui avait éclaté parmi les grévistes d'une autre usine Foxconn (Barboza & Bradsher 2012).

Dans le secteur du bâtiment et des travaux publics, qui emploie 40 millions d'ouvriers migrants, secteur industriel plus classique et dominé par la présence d'entreprises chinoises, publiques pour la plupart, les luttes ouvrières revêtent des formes coutumières héritées de la société prérévolutionnaire. La réforme, en effet, a ressuscité dans ces industries un système de sous-traitance de l'embauche à des entrepreneurs fournisseurs d'une main-d'œuvre qu'ils vont chercher dans des villages dont eux-mêmes ou leurs familles sont originaires. Les paysans ainsi recrutés ne reçoivent pas de contrat de travail, n'ont aucun contact avec les entrepreneurs principaux et doivent attendre l'achèvement du chantier pour toucher un salaire global. La confiance qu'ils font à leurs employeurs repose sur les relations de solidarité villageoise et familiale qu'ils entretiennent avec les sous-traitants recruteurs. Lorsque des difficultés surgissent – versement de salaire retardé ou annulé, absence de compensation pour des accidents –, les travailleurs, qui ne possèdent pas de contrat de travail, n'ont aucun recours juridique, et il ne leur reste qu'à dénoncer l'immoralité du procédé. Leur point de vue n'est pas celui de la légalité ni de la défense contre l'exploitation par un patronat invisible à leurs yeux, mais celui de l'éthique traditionnelle, celle qui s'applique aux relations intravillageoises et dont relèvent leurs rapports avec les recruteurs de main-d'œuvre. La violence dont font parfois preuve ces travailleurs en s'attaquant aux immeubles dont ils viennent d'achever la construction ne vise qu'à obtenir la tenue de négociations informelles avec les sous-traitants et les donneurs d'ordres. Même si les autorités sont récemment intervenues pour obliger les promoteurs à régler les arriérés de salaires, ces négociations s'inscrivent dans un cadre de relations particularistes étrangères à la lutte de classe (Pun Ngai & Xu Yi, 2011).

Les protestations des travailleurs migrants obéissent à des motivations purement économiques. Dans les secteurs industriels les plus avancés, les mouvements demeurent dispersés et ponctuels, en dépit de certains phénomènes de contagion et d'une relative uniformisation de leur stratégie, rendue possible par les nouvelles technologies de communication. Dans le secteur plus classique du bâtiment, ils s'inscrivent dans le cadre de relations communautaires prémodernes. Dans l'un et l'autre cas, ils ne visent pas à remettre en question le régime.

L'agitation paysanne, par nature moins concentrée que la protestation ouvrière, est généralement considérée comme moins dangereuse pour l'ordre établi. La Chine, cependant, pourrait faire exception : ce sont des soulèvements paysans qui au cours des siècles ont provoqué la chute des dynasties impériales, c'est une armée paysanne qui dans les années 1920-1940 a porté le Parti communiste chinois au pouvoir. De nos jours, les mouvements de protestation se multiplient dans les campagnes d'un bout à l'autre du pays, partout provoqués par des abus similaires : la saisie et la vente par les gouvernements villageois des terres collectives, dont la réforme de 1978-1980 avait rendu aux paysans l'exploitation, sinon la propriété. Partout ce sont les mêmes doléances : les cadres locaux empochent le produit des ventes de terres aux promoteurs immobiliers, les paysans ne reçoivent que de faibles compensations, et la perte de leurs champs les prive du moyen de gagner leur vie. L'industrialisation et l'urbanisation galopantes dans lesquelles se trouve engagée la Chine ont généralisé ces abus. Le nombre des paysans dépossédés est estimé entre 40 et 50 millions (Tao Ran, 2011). Ce phénomène de dépossession a été mis en lumière par l'affaire de Wukan pendant l'automne et l'hiver 2011.

Wukan est un village de pêcheurs de 13 000 habitants dépendant de la préfecture de Lufeng, dans le Guangdong oriental. La région a été aux XVIIIe et XIXe siècles une terre d'élection des triades, sociétés secrètes qui s'adonnaient à la contrebande et entretenaient une turbulence sociale récurrente. Sun Yat-sen y avait organisé en 1900 un soulèvement contre la dynastie mandchoue, et les communistes y ont installé une de leurs premières bases rurales, y créant même en 1927 un éphémère soviet paysan. Les troubles qui ont éclaté en septembre 2011 font écho à cette tradition d'insubordination locale. Grâce à la proximité de Hong Kong, ils ont bénéficié dans la presse internationale d'une couverture exceptionnelle.

La confrontation entre le gouvernement local de Wukan et les villageois a débuté en septembre 2011 et a duré quatre mois au cours desquels les manifestants ont mis à sac des locaux officiels. La police a exercé une répression brutale, arrêtant les meneurs et utilisant des gaz lacrymogènes pour disperser la foule. La mort suspecte en prison d'un des protestataires, le 11 décembre, a amené un redoublement de colère chez les manifestants et la fuite des autorités locales. Le village, qu'entouraient des cordons de police, est demeuré pendant une dizaine de jours sans communication avec le monde extérieur et soustrait à toute autorité régulière : les résidents, cependant, continuaient à réclamer la rétrocession de leurs terres et la tenue d'élections libres pour remplacer les anciens responsables municipaux. Ce sont finalement les autorités provinciales du Guangdong qui ont mis un terme à la confrontation en négociant un compromis avec les villageois : une partie des terres leur serait rendue et de nouvelles élections seraient organisées. Le scrutin s'est déroulé au début de mars 2012, à bulletins secrets, et a désigné comme chef de la nouvelle municipalité un des meneurs du mouvement protestataire.

L'autorité du parti n'a pas été mise en question au cours de cette longue confrontation. Le mouvement était dirigé contre les cadres locaux, accusés de corruption, et non contre Pékin, dont les protestataires espéraient au contraire l'intervention. De façon classique, les autorités se sont défaussées sur ces mêmes cadres locaux, dont le cœur « comme celui des pommes est pourri alors que leur peau est rouge » (Guardian.co.uk, 2011 A), et les représentants provinciaux ont été accueillis à Wukan par des bannières proclamant : « Tout le monde souhaite la

bienvenue à l'équipe de travail du Parti communiste »
(Guardian.co.uk, 2011 B).

L'heureuse issue du conflit de Wukan laisse-t-elle
augurer d'un changement d'attitude du régime à l'égard
des protestataires paysans ? Bien sûr que non. La divine
surprise de Wukan n'est due qu'à des circonstances particulières : la détermination des paysans, le relatif libéralisme des autorités provinciales, et surtout l'exceptionnelle
couverture médiatique internationale dont a bénéficié le
mouvement de protestation. Le recul des autorités ne
représente qu'une de ces manœuvres ponctuelles destinées à régler au plus vite un problème embarrassant.
Dans des centaines d'autres villages où les paysans continuent de réclamer le retour de leurs terres, les réactions
des autorités ne varient pas : répression policière, arrestation des activistes, interdiction de la venue de journalistes. Pas plus que l'agitation ouvrière, les protestations
paysannes ne semblent de nature à ébranler le régime.

Pour que de tels mouvements sociaux se transforment
en opposition organisée, sans doute faudrait-il l'intervention de forces sociales et politiques extérieures, comme
ce fut le cas dans les années 1930-1940, quand les cadres
communistes attisaient et canalisaient le mécontentement des masses. Les intellectuels jouaient à cette époque
un rôle déterminant dans la mobilisation populaire. De
nos jours, leurs héritiers n'ont pas cette possibilité, ni
peut-être même cette volonté.

Les élites intellectuelles ne sont pourtant pas indiffé-
rentes au sort des plus démunis, des travailleurs migrants
en particulier. Juristes, universitaires, avocats et journalistes se mobilisent pour les aider, leur faire connaître

leurs droits, les éclairer sur les dispositions légales, faciliter leurs démarches et leurs recours devant les tribunaux. Elles s'emparent d'« affaires emblématiques pour faire jurisprudence » (Froissart, 2011, 21). Ce mouvement de « défense des droits » (*weiquan yundong*) se développe dans un cadre légal et s'appuie sur des textes promulgués par l'Assemblée nationale populaire et par le gouvernement de Pékin, mais souvent méconnus ou bafoués par les entreprises et les autorités locales. Les défenseurs des droits font aussi campagne pour le développement de la législation sociale, multipliant les propositions dont certaines sont retenues par les autorités, comme ce fut le cas lors de la préparation de la nouvelle loi sur la sécurité sociale, en 2010.

Le mouvement s'est partiellement institutionnalisé au sein d'organisations non gouvernementales dont le statut demeure cependant très ambigu. D'après la législation sur les associations, ces ONG devraient s'enregistrer auprès du ministère des Affaires civiles, en se faisant patronner par quelque instance officielle du parti ou du gouvernement. Mais, d'une part, elles répugnent à se mettre sous la coupe directe des autorités, et, d'autre part, les administrations ou les comités de parti craignent de se compromettre en se portant garants d'associations qui reçoivent des fonds étrangers et se positionnent parfois à la limite de la légalité. Non enregistrées, la plupart de ces associations n'ont donc pas d'existence légale : elles sont simplement tolérées et aisément supprimées quand elles deviennent gênantes pour le pouvoir. Dans ces conditions, les activistes observent une grande prudence, ce qui n'empêche pas nombre d'entre eux d'être envoyés en prison. Leur stratégie est légaliste et pragmatique. Ils se réfèrent à des textes officiels et aux valeurs proclamées par les hauts dirigeants, et s'attachent à régler les problèmes au cas par cas. Loin de remettre en question la légitimé du système politique, leur action contribue à rendre celui-ci plus flexible et en définitive plus durable.

Soucieux de leur avenir, les étudiants ne se mobilisent guère que pour la cause anti-impérialiste et nationaliste, qui est aussi celle du régime. Il semble bien que, en dépit des changements survenus depuis trois quarts de siècle, nombre d'intellectuels chinois continuent de nourrir un certain mépris pour les culs-terreux et ne souhaitent pas voir s'établir un régime démocratique qui conférerait à ceux-ci une part de pouvoir. Les intellectuels qui embrassent la cause de la démocratie ne peuvent que faire le choix de la dissidence, c'est-à-dire du sacrifice qui les conduira aux persécutions, à la prison ou à l'exil. Quelques-uns d'entre eux, célébrés par la presse internationale, doivent à des interventions diplomatiques d'échapper parfois aux sanctions qui les menacent. Mais le temps est bien loin où, dans les années 1980-1990, les avantages commerciaux accordés à la Chine par ses partenaires occidentaux pouvaient servir à obtenir de Pékin des concessions humanitaires. La défense des droits de l'homme, élargie à la prévention des génocides et autres atrocités, a servi depuis à la justification d'opérations militaires, et l'utopie s'est instrumentalisée en s'intégrant à la diplomatie ordinaire des États-Unis et des puissances européennes. Le principe n'en répugne que davantage à Pékin, qui se trouve désormais en situation de force pour décourager des interventions considérées comme des violations de la souveraineté nationale. Dans ce nouveau contexte, la Charte de 2008 dressée par des dissidents chinois pour commémorer le 60ᵉ anniversaire de la déclaration universelle des droits de l'homme est loin d'avoir eu le même écho international que la Charte de 1977 des dissidents tchécoslovaques, dont elle s'inspirait (Moyn, 2012). Si embarrassants que soient pour le gouvernement chinois les incidents tels que ceux créés par l'attribution du prix Nobel de la paix au prisonnier politique Liu Xiaobo, en 2010, ou la démarche de l'avocat aveugle Chen Guangcheng allant chercher protection à l'ambassade des États-Unis, en mai 2012, ils ne sont pas de nature à affaiblir l'autorité du régime.

La multiplication des troubles sociaux inquiète le régime, qui apporte la plus grande attention à leur gestion, combinant répression et concessions ponctuelles afin d'empêcher la formation d'une opposition unifiée, susceptible de transformer les protestations économiques en revendications politiques. Cette stratégie s'est révélée jusqu'ici efficace et a toute chance de le rester tant que la direction du parti demeurera soudée, qu'aucun responsable en rupture de consensus ne tentera d'exploiter ces troubles à son profit et que les dissidents ne représenteront qu'une minorité persécutée.

Maintien du régime, évolution du statu quo

La panne de croissance économique et l'éventualité d'une révolution écartées, reste un troisième scénario :

celui du maintien du régime. C'est aujourd'hui le plus plausible. Il semble validé par la capacité des dirigeants chinois à conjuguer la répression brutale et une flexibilité autorisant des reculs temporaires, des concessions limitées, des promesses tenues ou non, et parfois de véritables réformes. Cette double stratégie permet au régime d'échapper à l'immobilisme sans courir le risque d'être renversé et de s'adapter aux changements indispensables tout en les freinant.

On aurait pu espérer que le XVIII⁰ congrès du PCC (8-15 novembre 2012) ouvrirait la voie à une réforme plus radicale. Dans les mois qui ont précédé sa réunion, des demandes de réformes se sont élevées de tous les rangs des élites chinoises. Cadres en activité ou à la retraite, conseillers, professionnels, intellectuels, entrepreneurs, tous réclament non pas l'abolition du parti unique, mais un changement de stratégie et des transformations des structures économiques et politiques. La parole se libère d'autant plus qu'à la fébrilité du temps de succession s'ajoutent les retombées de l'affaire Bo Xilai, qui exposent au grand jour les dysfonctionnements du système (*cf.* ci-dessus, p. 266). Cependant, les marchandages qui se poursuivent derrière les portes closes peinent à accorder les intérêts de tous les groupes et factions en présence : responsables en fin de mandat, désireux de préserver leur œuvre en installant leurs protégés aux postes de commande, aristocratie rouge des petits princes descendants des dirigeants historiques du parti, groupe des gérontes – anciens hauts dirigeants contraints par le règlement d'abandonner leurs fonctions une fois atteinte la limite d'âge de 70 ans, mais toujours actifs en coulisses –, Ligue de la jeunesse, responsables des grandes entreprises publiques, chefs militaires. Les factions sont loin d'être homogènes, leurs réseaux se recoupent et leur jeu complexe apparaît plus déterminant que les options idéologiques.

La composition de la nouvelle équipe dirigeante se ressent de ces difficultés et de ces compromis. Réduite à sept membres pour faciliter l'indispensable consensus, elle réunit une majorité de tendance plutôt conservatrice si l'on en juge par les âges avancés, les carrières dans la bureaucratie provinciale, la prudence des déclarations et l'influence que devraient continuer à exercer sur elle les gérontes protecteurs. On ne saurait cependant conclure du conservatisme apparent de la nouvelle équipe dirigeante à l'immobilisme de sa future politique. Même si des transformations radicales paraissent peu probables dans l'immédiat, des changements limités pourront venir répondre aux diverses urgences économiques ou sociales, comme ce fut le cas pendant la décennie écoulée sous la direction plutôt timorée de Hu Jintao et Wen Jiabao.

C'est ainsi, par exemple, que les élections villageoises ont rendu aux paysans une certaine autonomie dans la gestion de leurs affaires. Dans le cadre du programme pour la « construction d'une nouvelle campagne socialiste », le gouvernement a multiplié les investissements publics, les impôts agricoles centraux ont été supprimés, les coopératives de crédit agricoles, revivifiées, les frais scolaires, supprimés dans les écoles publiques élémentaires, un système d'assurance de santé, ébauché. En ville, la loi sur le travail de 2008 a fait obligation aux chefs d'entreprise de signer des contrats de travail permanents avec les employés pouvant se prévaloir de dix ans d'ancienneté. La loi sur la sécurité sociale de 2010 a donné une dimension nationale à la reconstruction du système de protection sociale qui avait sombré avec les structures de l'économie maoïste. Pour aider les nouveaux pauvres urbains, de nombreuses entreprises et unités administratives locales sont mobilisées dans le cadre de communautés urbaines (*shequ*), qui reprennent certaines fonctions des anciennes unités de travail et des comités de quartier de l'époque maoïste, et dont l'action est orchestrée et soutenue financièrement par le centre (Hurst, 2011, 38). Les augmentations de salaires accordées en 2010 et 2011 ainsi que les mesures prises en faveur des ouvriers migrants participent aussi de l'effort entrepris pour améliorer le sort des classes populaires. La réforme financière amorcée à la fin de 2011 à Wenzhou donne aux particuliers la possibilité d'investir légalement dans les PME et devrait contribuer à diminuer l'importance d'un marché gris peuplé d'usuriers qui rendent la vie dure aux petits patrons.

Ces mesures, évidemment, n'ont souvent qu'une portée locale et demeurent incomplètement appliquées. Elles ne remettent pas en question l'autorité du parti, et, tout en infléchissant son fonctionnement à la marge, elles ne changent pas la nature du régime.

Certains changements, cependant, s'insinuent. Les citoyens chinois prennent progressivement conscience de leurs droits et hésitent moins à les défendre en protestant publiquement contre les divers abus. Ils réclament le respect de lois édictées par le gouvernement. Même lorsqu'elles ne sont pas régulièrement appliquées, ces lois servent de références, elles « prennent de l'importance », et les autorités ne peuvent plus toujours se cacher derrière l'opacité des procédures (Becquelin, 2012).

Que vaut cet engagement citoyen en dehors de tout cadre politique participatif ? On peut douter que la « contre-démocratie » identifiée et analysée par Pierre Rosanvallon dans le cas de la France soit susceptible de fonctionner dans un régime autoritaire, et que la voix de la population soit entendue alors qu'aucune institution officielle n'est là pour la relayer tandis que les médias ne jouissent que d'une liberté surveillée (Rosanvallon, 2006). Pourtant, la flexibilité dont fait preuve le régime témoigne de l'attention que celui-ci porte aux demandes de la société, et son agilité institutionnelle lui permet de faire face à des défis en constante évolution, d'échapper à l'immobilisme et de s'adapter au changement tout en le freinant.

La légitimité du régime demeure donc, toujours fondée sur la réussite économique et sur la défense des intérêts nationaux. La crédibilité du gouvernement central reste intacte en dépit des difficultés que rencontrent les couches les moins favorisées de la population, dont la responsabilité est rejetée sur les autorités locales. La corruption qui sévit du haut en bas de la société s'est intégrée au fonctionnement de celle-ci. Elle s'est banalisée, sert de lubrifiant aux relations interpersonnelles et n'est perçue comme scandaleuse que de façon épisodique, dans les cas où, pratiquée par les riches et les puissants, elle apparaît dans toute son ampleur à l'occasion d'un affrontement politique – elle est alors assimilée à un abus de pouvoir. Les Chinois dans leur majorité continuent de soutenir le régime en place : en dépit de ses abus et de ses défaillances, il a le mérite à leurs yeux de ne pas interférer avec leurs activités individuelles et sociales à caractère non politique, de maintenir un certain ordre public et d'offrir aux plus méritants, aux plus chanceux ou aux plus pistonnés des perspectives d'ascension sociale. Il bénéficie aussi de l'absence d'alternative immédiate, argument qu'il exploite en évoquant le chaos, la guerre civile qu'installerait sa chute.

L'Occident devrait donc s'habituer à l'idée de voir la Chine poursuivre sa trajectoire sous la direction de son parti unique, consolider sa prééminence économique et devenir une ou la puissance mondiale dominante. La supériorité chinoise a toute chance de s'affirmer sur le plan matériel. Construite de façon pragmatique dans une démarche d'exaltation nationaliste, cette supériorité pourra s'imposer, mais plus difficilement séduire. L'idée de spécificité et de suprématie culturelles, si profondément ancrée dans la population chinoise, ne peut que rendre difficile le partage des valeurs « confucéennes » et leur universalisation. La force économique et la capacité militaire grandissante de la Chine ne sauraient suffire à faire rayonner une puissance douce. En dépit de son relatif affaiblissement, l'Occident devrait garder l'avantage en ce domaine, et les idées de liberté, d'égalité, de respect de la loi et de démocratie, continuer à être sources d'inspiration à travers le monde. Si tel était le cas, le pouvoir de Pékin devrait compter non seulement avec l'avancée de la société civile en Chine, mais aussi avec ces normes idéologiques qui continueraient de faire référence au plan international et à l'aune desquelles serait jugée sa politique. Bien qu'à l'heure actuelle il n'existe aucune raison qui puisse déterminer le gouvernement de Pékin à introduire par le haut une dose de démocratie autre que symbolique dans le système politique, il se peut fort bien qu'il soit par la suite amené à le faire[1], à sa façon, lente et progressive, pour répondre à la demande d'une partie croissante de la société chinoise et se conformer à des valeurs demeurées dominantes en dépit de tous les instituts Confucius du monde. L'ancien secrétaire général du parti et chef d'État Jiang Zemin ne disait-il pas dans les années 1990 qu'il faudrait attendre environ un siècle pour que la Chine puisse pleinement reconnaître et appliquer les droits de l'homme ?

Un siècle, ou même un demi-siècle, c'est bien long quand on considère la vitesse à laquelle change désormais le monde. L'histoire accordera-t-elle ce temps à la Chine et à son régime autoritaire ? Non pas l'histoire du développement économique et des rivalités nationales, trop souvent la seule prise en compte, mais celle de l'humanité en marche vers une confrontation décisive avec les limites de son environnement planétaire (Lebeau, 2008). L'altération de la biosphère, la pression démographique croissante, l'épuisement des ressources naturelles sur lesquelles se fonde l'existence de l'espèce humaine, représentent des menaces que les progrès techniques ne pourront indéfiniment écarter. Ces menaces pèsent sur

---

1. C'est aussi, formulé dans une perspective plus optimiste et plus dynamique, le diagnostic porté par François Godement : « Le schéma d'une reprise des réformes par en haut, y compris sur le plan politique […], est le plus probable » (Godement, 2012, p. 161).

l'ensemble de l'humanité, mais le problème de l'« enfermement planétaire » pourrait se poser plus tôt et avec plus d'acuité dans une Chine où le développement économique exceptionnellement rapide s'est accompagné d'un resserrement non moins remarquable des échéances environnementales. Le manque d'eau, de terres arables, de ressources minérales et énergétiques, commence déjà à se faire sentir, et les acquisitions – de mines, de domaines agricoles – à l'étranger ne pourront pas toujours combler ces déficits. La pollution de l'air, des terres, des rivières et des nappes phréatiques est omniprésente. La politique de l'enfant unique, qui a permis la transition démographique et facilité l'essor économique, laisse un lourd passif pour les années ou les décennies à venir : contraction de la population active, vieillissement accéléré, déficit croissant de femmes. L'idéologie productiviste et nationaliste sur laquelle le régime assoit sa légitimité rend encore plus difficiles qu'ailleurs les prises de conscience et le passage à l'action. Attachée à développer la richesse nationale, à élever le niveau de vie de la population et à affirmer sa puissance sur la scène internationale, la Chine laisserait-elle avancer sans trop s'en méfier ces « cavaliers de l'Apocalypse » qui ont pour noms changement climatique, famine, migrations, épidémies (Morris, 2010) ? S'ils devaient abattre la Chine, ses miracles et son Parti communiste, ce ne serait pas pour l'Occident une victoire : tout juste un prélude à la disparition de la « niche écologique » de l'homme sur sa planète.

Références bibliographiques

Introduction

(The) American Chamber of Commerce in the People's Republic of China, 2011, « American Business in China. White Paper ».

Cooper, Helene & Landler, Mark, 2011, « US Shifts Focus to Press China for Market Access », *NYT*, 18/01.

Froman, Michael, 2011, interview dans *NYT*, 18/01.

Grosser, Pierre, 2011, « L'histoire mondiale/globale », *Vingtième Siècle, revue d'histoire*, n° 110 (avril-juin), 3-18.

Lardy, Nicholas R., 2012, *Sustaining China's Economic Growth After the Global Crisis*, Washington, DC, Peterson Institute for International Economics.

Mann, James, 2007, *The China Fantasy. How Our Leaders Explain Away The Chinese Repression*, New York, Viking.

Moore, Barrington, 1966, *Social Origins of Dictatorship and Democracy*, Penguin Books.

Schubert, Gunther, 2007, « La démocratie peut-elle coexister avec le parti unique ? Pour une appréciation nuancée des élections villageoises et cantonales en Chine », dans Will & Delmas-Marty, éd., 2007, 713-734.

Sun, Yat-sen, 1928, *The International Development of China*, Londres, Hutchinson, deuxième édition.

Will, Pierre-Étienne & Delmas-Marty, Mireille, éd., 2007, *La Chine et la démocratie*, Paris, Fayard.

Chapitre 1 – La transition économique

Aglietta, Michel & Landry, Yves, 2007, *La Chine vers la superpuissance*, Paris, Economica.

Barboza, David, 2011, « China's Growing Overseas Port-folio », *NYT*, Economix, 09/05.

Bergère, Marie-Claire, 2000, *La Chine de 1949 à nos jours*, Paris, Colin, retrace l'histoire des deux premières décennies de réformes (chapitres 9 à 13).

Bradsher, Keith, 2011, « Chinese Foreign Currency Reserves Swell by Record Amount », *NYT*, 11/01.

Chen, Shaohua & Ravallion, Martin, 2008, « China is Poorer than we Thought... », Policy Research Paper Series 4621, The World Bank, mai.

The China Quarterly, 2010, « Quarterly Chronicle and Documentation », n° 202, juin.

Choukroune, Leïla, 2007, « L'accession de la Chine à l'OMC et la réforme juridique : vers un État de droit par l'internationalisation sans démocratie ? », dans Will & Delmas-Marty, éd., 2007, 617-661.

Choukroune, Leïla, 2011, « Dix ans à l'OMC : la Chine triomphe sans contreparties », Rue 89, 11/12.

Les Échos.fr, 2011, « En Chine : les investissements directs étrangers en hausse... », 9/04.

Godement François, 2012, *Que veut la Chine ? De Mao au capitalisme*, Paris, Odile Jacob.

Huang, Yasheng, 2008, *Capitalism with Chinese Characteristics. Entrepreneurship and the State,* Cambridge University Press.

Huchet, Jean-François, 2006, « Quelle restructuration des PME d'État en Chine ? », *Critique internationale,* n° 32, juillet, (3/2006), 173-187.

Lacombe, Clément & Thibault, Harold, 2012, « L'internationalisation du yuan progresse à petits pas », *Le Monde,* 15/03.

LaFraniere, Sharon & Wassener, Bettina, 2011, « China's Trade Surplus Decline Suggests Less Reliance on Exports », *NYT,* 09/01.

Mahoney, James & Rueschenmeyer, Dietrich, éd., 2003, *Comparative Historical Analysis in the Social Sciences,* New York, Cambridge University Press.

Martin, Michael F., 2010, « China's Sovereign Wealth Fund : Developments and Policy Implications », Washington, DC, Congressional Research Service.

Le Monde, 2012, « Les États-Unis enregistrent un déficit commercial record avec la Chine », 10/02.

Naughton, Barry, 1995, *Growing Out of the Plan : Chinese Economic Reform, 1978-1993,* New York, Cambridge University Press.

Naughton, Barry, 2007, *The Chinese Economy. Transition and Growth,* Cambridge, MA, MIT Press.

Ramsy, Austin, 2010, « Engines of Growth », *Time Magazine,* 16/08.

Subramanian, Arvind, 2011, *Eclipse. Living in the Shadow of China's Economic Dominance,* Washington, DC, Peterson Institute for Economics.

Thelen, Kathleen, 2003, « How Institutions Evolve : Insights from Comparative Historical Analysis », dans Mahoney & Rueschenmeyer, éd., *Comparative Historical Analysis in the Social Sciences,* 208-240. Traduction française : « Comment les institutions évoluent : perspectives de l'analyse comparative historique », *L'Année de la régulation,* n° 7, 2003, 13-42.

Tsai, Kellee S., 2007, *Capitalism Without Democracy. The Private Sector in Contemporary China,* Ithaca & London, Cornell University Press, 206-216.

Will, Pierre-Étienne & Delmas-Marty, Mireille, éd., 2007, *La Chine et la démocratie,* Paris, Fayard.

Xu, Chenggang, 2011, « The Fundamental Institutions of China's Reforms and Development », *The Journal of Economic Literature,* n° 49, 4, 1075-1151.

Chapitre 2 – Le nouveau capitalisme d'État

AFP, 2012, « Télécoms : les ambitions du chinois Huawei… », 09/10.

Aglietta, Michel & Bai, Guo, 2012, *La voie chinoise. Capitalisme et empire*, Paris, Odile Jacob.

Barboza, David, 2011 A, « China Telecom Giant, Thwarted in US Deals, Seeks Inquiry to Clear Name », *NYT,* 25/02.

Barboza, David, 2011 B, « Entrepreneur's Rival in China : The State », *NYT,* 07/12.

Barboza, David, 2012, « Wen Calls China Bank Too Powerful », *NYT,* 03/04

Barboza, David, Drew, Christopher & Lohr, Steve, 2011, « G.E. to Share Jet Technology with China in New Joint Venture », *NYT,* 17/01.

Bergère, Marie-Claire, 2007, *Capitalismes et capitalistes en Chine,* Paris, Perrin.

Bown, Chad P. & Cowley, Meredith A., 2010, *China Quarterly Update,* juin, The World Bank, Washington, DC.

Bradsher, Keith, 2010, « To Conquer Wind Power, China Writes the Rules », *NYT,* 14/02.

Bradsher, Keith, 2011, « China Seizes Rare Earth Mine Areas », *NYT,* 20/01.

Bremer, Ian, 2010, *The End of the Free Market : Who Wins the War Between States and Corporations ?,* New York, Penguin Group.

Chin, Gregory T., 2010, *China's Automotive Modernization. The Party-State and Multinational Corporations,* Basingstoke, Palgrave Macmillan.

ChinaStakes, 2009, « China's Distorted Economy : SOEs Crowd out Private Enterprise », 01/09 (*ChinaStakes* est une publication on-line rédigée en anglais par une équipe de journalistes économiques chinois).

Cypel, Sylvain, 2012, « Casse-tête chinois pour Obama », *Le Monde,* 01/08.

Les Échos, 2011, 08/06.

Economic Observer News, 2010, « Why aren't Private Enterprises Growing », 07/09 (traduit du chinois, paru originellement dans *Jingji guancha bao, Enquêtes économiques*).

The Economist, 2011, « The Chinese are coming... to Africa », 22/04.

The Economist, 2012, « The Perils of Private Enterprise », 04/08.

The Financial Times, 2011, « Huawei vs ZTE », 18/05.

Huang, Yasheng, 2011, « Rethinking China Policy », *Asia Policy,* n° 11 (janvier), 1-26.

Huchet, Jean-François, 2006, « Quelle restructuration des PME d'État en Chine ? », *Critique internationale,* n° 32, juillet (3/2006), 173-187.

Kang, Rongping, 2010, « Le processus d'internationalisation des multinationales chinoises », dans Larçon, Jean-Paul, éd., *Les Multinationales chinoises,* HEC, Paris, Tsinghua School of Economics and Management, Paris, Éditions Eska, 121-142.

Kennedy, Scott, 2005, *The Business of Lobbying in China*, Cambridge, MA, Harvard University Press.

LaFraniere, Sharon & Grobler, John, 2009, « China Spreads Aid in Africa, With a Catch », *NYT,* 22/09.

Lardy, Nicholas R., 2012, *Sustaining China's Economic Growth After the Global Financial Crisis*, Washington, DC, Peterson Institute for International Economics.

Li, Cheng, 2011, « China's Mid-Term Jockeying. Gearing up for 2012 (Part 4 : Top Leaders of Major State-Owned Enterprises) », *China Leadership Monitor*, Hoover Institution, Stanford University, n° 34, février.

Le Monde, 2010 A, « Les entreprises publiques chinoises prospèrent à l'abri d'une "économie socialiste de marché" accommodante », 22/09.

Le Monde, 2010 B, « BTP : deux entreprises chinoises en tête du classement mondial », 22/09.

Naughton, Barry, 2009, « Loans, Firms and Steel : Is the State Advancing at the Expense of the Private Sector ? », *China Leadership Monitor,* Hoover Institution, Stanford University, n° 30, novembre.

Naughton, Barry, 2010, « Reading the NPC : Post-Crisis Economic Dilemnas of the Chinese Leadership », *China Leadership Monitor,* Hoover Institution, Stanford University, n° 32, mai.

Le Quotidien du peuple, 2010, 13/08.

Vendryes, Thomas, 2012, « La "sortie" des firmes chinoises : une dynamique économique à la signification politique », compte rendu d'un colloque organisé par l'Institut chinois des relations internationales contemporaines, *Perspectives chinoises*, n° 1, 68-70, « Actualités », rubrique préparée par l'Asia Centre.

Wen, Jiabao, 2010, « Report on the Work of the Government », 11th National People's Congress, 3rd session.

Wines, Michael, 2009, « Australia, Nourishing China's Economic Engine, Questions Ties », *NYT*, 03/06.

Wines, Michael, 2010, « China Fortifies State Business to Fuel Growth », *NYT,* 29/08.

Wong, Edward, 2009, « China's Export of Labor Faces Scorn », *NYT,* 21/12.

Wu, Jinglian 2010, « Il faut réduire le pouvoir de l'État », *Courrier international,* interview traduite du *Nanfang zhoumo (revue hebdomadaire du Sud),* 19-25/08 (n° 1033).

Zhang, Yuyan, 2011 (directeur du Centre de recherche sur l'économie et la politique internationales), interviewé dans *Les Échos,* 08-09/07.

Chapitre 3 – Ambiguïtés, dynamisme et fragilités du secteur privé

Barboza, David, 2011, « In Cooling China, Loan Sharks Come Knocking », *NYT,* 13/10.

Barboza, David & Ahmed, Azam, 2011, « Muddy Waters Research is a Thorn to Some Chinese Companies », *NYT,* 09/06.

Bergère, Marie-Claire, 2007, *Capitalismes et capitalistes chinois,* Paris, Perrin.

China Daily, agence Xinhua, 2009, 26/03.

China Daily, agence Xinhua, 2010, 30/01.

China Daily, 2012, « China's Private Sector Facing Challenges », 12/01.

Courrier international, 2011 A, « Financer les PME, c'est un bon filon », traduit du *Nanfang zhoumo (revue hebdomadaire du Sud),* 13-19/10 (n° 1093), 44.

Courrier international, 2011 B, « Le "modèle de Wenzhou" au bord de la faillite », traduit du *21 Shiji jingji baoda (journal de l'économie du XXIe siècle),* 01-07/12 (n° 1100), 48.

Courrier international, 2011 C, « Des entreprises publiques repues, des PME menues », traduit du *Nanfang zhoumo (revue hebdomadaire du Sud),* 01-07/12 (n° 1100), 49.

The Economist, 2011 A, « Capitalism Confined », 03/09.

The Economist, 2011 B, « Entrepreneurship in China : Let a Million Flowers Bloom », 12/03.

The Economist, 2011 C, « China's Economic Blueprint », 10/04.

Gan, Jie, Guo, Yan & Xu, Chenggang, 2010, « Privatization and the Change of Control Rights : The Case of China », School of Economics at Peking University, Working Paper n° E-2010-06-006, 17 juin.

Huang, Yasheng, 2008, *Capitalism with Chinese Characteristics. Entrepreneurship and The State,* Cambridge University Press.

Huchet, Jean-François, 2000, « La face cachée des réformes du secteur d'État en Chine », *Perspectives chinoises,* n° 61, septembre-octobre, 41-52.

Hurun, 2011, « Top of the Hurun Rich List 2011 », 07/09 (www.hurun.net/).

Jing, Gu, 2009, « China's Private Enterprises in Africa », *European Journal of Development Research,* n° 24/1.

Johanson, Graeme *et al.,* éd., 2009, *Living Outside the Walls : the Chinese in Prato,* Newcastle upon Tyne, Cambridge Scholars Publications.

Lardy, Nicholas R., 2012, *Sustaining China's Economic Growth After the Global Financial Crisis,* Washington, DC, Peterson Institute for International Economics.

Lawrence, Susan, 2003, « A Red Capitalist's Long March to Success », *The Far Eastern Review,* 27/03.

Naughton, Barry, 2007, *The Chinese Economy, Transition and Growth,* Cambridge, MA, MIT Press.

Prévost, Denise, 2012, « Sécurité alimentaire en Chine : les implications de l'accession à l'OMC », *Perspectives chinoises,* n° 1, 41-50.

Rousseau, Yann, 2009 A, « Le conflit commercial entre Danone et son grand associé s'enlise », *Les Échos,* 16/01.

Rousseau, Yann, 2009 B, « De nombreux étrangers empê-trés dans leurs coentreprises en Chine », *Les Échos,* 16/01.

Saltmarsh, Matthew & Jolly, David, 2011, « Troubles at Saab Continue as Chinese Deal Collapses », *NYT*, 12/05.

Tsai, Kellee S., 2007, *Capitalism Without Democracy. The Private Sector in Contemporary China,* Ithaca, London, Cornell University Press.

USDA (US Department of Agriculture) 2010, Foreign Agricultural Service, « Taizhou. The Cradle of Private Enterprise in China », Gain Report, CH0805, 04/08.

Wang, Xiaotian, 2011, « Private Enterprises Exports Skyrocket », *China Daily,* 09/02.

Wines, Michael, 2010, « China fortifies State Business to Fuel Growth, *NYT,* 29/08.

Xiao, Gang, 2011, « Boosting the Private Sector », *China Daily*, 12/02.

Chapitre 4 – Les entrepreneurs chinois

Anderlini, Jamil, 2010, « The courting of China's powerful princelings », *The Financial Times*, 15/11.

Barboza, David, 2012, « Billions in Hidden Riches for Family of Chinese Leader », *NYT,* 25/10.

Barboza, David & LaFraniere, Sharon, 2012, « "Princelings" in China Use Family Ties to Gain Riches », *NYT*, 17/05.

Bergère, Marie-Claire, 2007, *Capitalismes et capitalistes en Chine*, Paris, Perrin.

Bradsher, Keith, 2012, « Selling Abroad, China Eases Slump at Home », *NYT,* 10/06.

Chen, Jie & Dickson, Bruce J., 2010, *Allies of the State. China's Private Entrepreneurs and Democratic Change*, Cambridge, MA, Harvard University Press.

Dean, Jason & Ng, Jeffrey, 2010, « Ex-Gome Chairman Sentenced to 14 Years in Prison », *The Wall Street Journal,* 18/05.

Les Échos, 2011, « L'homme le plus riche de Chine peut-être au comité central du PCC », 26/09.

The Economist, 2012, « The Flight of the Renminbi », 27/10.

Guiheux, Gilles, 2003, « La reconversion d'un espace économique urbain dans la province du Hunan », *Perspectives chinoises,* n° 71, juillet-août, 4-17.

Hurun, 2011, « Top 50 of the Hurun Rich List 2011 », 07/09 (www.hurun.net/).

Jacobs, Andrew, 2012, « Chinese Tycoon Gets Life for Bribes and Smuggling », *NYT,* 18/05.

Kennedy, Scott, 2005, *The Business of Lobbying in China,* Cambridge, MA, Harvard University Press.

Lardy, Nicholas R., 2012, *Sustaining China's Economic Growth after the Global Financial Crisis,* Washington, DC, Peterson Institute for International Economics.

Li, Cheng, 2011, « China Midterm Jockeying : Gearing up for 2012 (Part 4 : Top Leaders of Major State-Owned Enterprises) », *China Leadership Monitor,* Hoover Institution, Stanford University, n° 34, février.

MacFarquhar, Roderick, 2012, « In China, Fear at the Top », *NYT,* 20/05.

McGregor, Richard, 2010, *The Party. The Secret World of China's Communist Rulers,* New York, HarperCollins.

Naughton, Barry, 2010, « Reading the NPC : Post-Crisis Economic Dilemnas of the Chinese Leadership », *China Leadership Monitor,* Hoover Institution, Stanford University, n° 32, mai.

Naughton, Barry, 2011, « What Price Continuity ? », *China Leadership Monitor,* Hoover Institution, Stanford University, n° 34, février.

Sheridan, Michael, 2010, « China Snaps at its Junior Princelings », *The Sunday Times,* 06/06.

Tsai, Kellee S., 2007, *Capitalism Without Democracy. The Private Sector in Contemporary China*, Ithaca, London, Cornell University Press.

Wong, Edward & Ansfield, Jonathan, 2012, « Leader's Fall in China Put Allies in Peril », *NYT,* 20/05.

Xiang, Lanxin, 2011, communication et intervention au *workshop* « The Future of China and the Chinese », European and Policy Analysis System, Institute for Security Studies, European Union, Paris, 20 mai.

Chapitre 5 – En clé de voûte, un régime autoritaire

Amnesty International, 2011, *Rapport Chine.*

Becquelin, Nicholas, 2011, « Crackdown in China », *NYT,* 07/04.

Brady, Anne-Marie, 2008, *Marketing, Dictatorship, Propaganda and Thought Work in Contemporary China*, Lanham (USA), Rowman & Littlefield Publishers.

Dickson, Bruce, 2008, *Wealth into Power. The Communist Party's Embrace of China's Private Sector,* Cambridge, Cambridge University Press.

Doan Bui, 2010, « À cache-cache avec la censure », *Le Nouvel Observateur,* 23/12.

Fish, Isaacs F., 2011, « The Voice of Treason », *Newsweek Magazine*, 13/11.

Jacobs, Andrew 2011, « Chinese Democracy Activist is given 10-year sentence », *NYT,* 25/03.

Jacobs, Andrew & Ansfield, Jonathan, 2011, « Well-Oiled Security Apparatus in China Stifles Calls for Change », *NYT,* 28/02.

LaFraniere, Sharon, 2012, « China Acts to Give Defendants Greater Rights », *NYT,* 08/03.

Leung, Yuen Sang, 1990, *The Shanghai* Daotai, *Linkage Man in a Changing Society, 1843-90,* Honolulu, University of Hawaii Press.

Li, Cheng, 2011, « China's Midterm Jockeying : Gearing up for 2012 (Part 5 : Party Apparatchiks) », *China Leadership Monitor*, Hoover Institution, Stanford University, n° 35, septembre.

McGregor, Richard, 2010, *The Party. The Secret World of China's Communist Rulers,* New York, HarperCollins.

Le Monde, 2011, 24/11.

Le Monde, 2012, « La Chine recule sur la législation des disparitions forcées », 08/03.

The New York Times, 2011, Reuters, « China's Internal Security Spending Jumped Past Army Budget », 05/03.

Pedroletti, Brice, 2011, « Pékin institutionnalise les détentions arbitraires », *Le Monde,* 16/09.

Puig, Emmanuel, 2012, « La police armée du peuple face à l'évolution de ses missions », *China Analysis*, n° 38, 2/2012, juillet.

Shambaugh, David, 2008, *China's Communist Party. Atrophy and Adaptation,* Berkeley, University of California Press & Washington, DC, Woodrow Wilson Center Press.

Swaine, Michael, 2012, « China's Assertive Behavior (Part 3 : The Role of the Military in Foreign Policy) », *China Leadership Monitor*, Hoover Institution, Stanford University, n° 36, janvier.

Wines, Michael, 2001 A, « China Creates New Agency for Patrolling the Internet », *NYT,* 04/05.

Wines, Michael, 2011 B, « More Chinese Dissidents Appear to Disappear », *NYT,* 02/09.

Wong, Edward, 2011, « China. Police Break up Rural Protest », *NYT,* 31/03.

Wong, Edward, 2012, « Deadly Clashes Erupt in Western China », *NYT,* 29/02.

Xu, Chenggang, 2011, « The Fundamental Institutions of China's Reforms and Development », *The Journal of Economic Literature*, n° 49, 4, 1075-1151.

Zhang, Yuyuan, 2011, interviewé par Gabriel Grésillon, *Les Échos*, 18-19/07.

Chapitre 6 – La quête d'une nouvelle légitimité

Barboza, David, 2010, « Shanghai Expo Sets Record With 73 Million Visitors », *NYT,* 02/11.

Barboza, David, 2011, « By-the-Book Celebration for China's Communists on Party's 90th Birthday », *NYT,* 01/07.

Beech, Hannah & Weifang, 2008, « China's Sports Schools Crazy for Gold », *Time Magazine*, 12/06.

Bell, Daniel A., 2012, « What China Can Teach Europe », *NYT,* 08/01.

Billoud, Sébastien, 2007 « "Confucianisme", "tradition culturelle" et discours officiels dans la Chine des années 2000 », *Perspectives chinoises,* n° 3, 53-68.

Chen, Jie, 2010, « Attitudes Toward Democracy and the Political Behavior of China's Middle Class », dans Li Cheng, 2010 C, 334-358.

Dirlik, Arif, 2011, « Le *guoxue* et les études nationales à l'âge de la modernité mondiale », *Perspectives chinoises,* n° 1, janvier, p. 4-13.

The Economist, 2011, « China and Confucius. Sage Move ? », 28/04.

Foxnews.com, 2010, « Shanghai World Expo Showcases China's Soft Power », 25/04.

Grangereau, Philippe, 2010, « À bas l'impérialisme japonais », *Libération*, 18/09.

The Guardian, 2008, 28/07.

Gries, Peter Hays, 2004, *China's New Nationalism. Pride, Politics, and Diplomacy*, Berkeley, University of California Press.

Han, Han, 2010, blog cité par Rue 89, 13/03.

Hiault, Richard, 2011, « Premier créancier des États-Unis, la Chine fustige une politique budgétaire américaine inconsidérée », *Les Échos,* 08/08.

Hu, Jintao, 2011, discours prononcé par le président pour le 90ᵉ anniversaire du parti, cité dans Barboza, 2011.

Jacobs, Andrew, 2011, « Where "Jasmine" Means Tea Not Revolt », *NYT,* 02/04.

Jing Daily. The Business of Luxury and Culture in China, on line, www.jingdaily.com

Landler, Mark & Chan, Sewell, 2010, « Taking Harder Stance Toward China », *NYT,* 25/10.

Li, Cheng, 2010 A, « Introduction : The Rise of the Middle Class in the Middle Kingdom », dans Li, Cheng, 2010 C, 3-31.

Li, Cheng, 2010 B, « China's Midterm Jockeying : Gearing Up for 2012 Part 3 Military Leaders) », *China Leadership Monitor,* Hoover Institution, Stanford University, n° 33, juin.

Li, Cheng, 2010 C, éd., *China's Emerging Middle Class. Beyond Economic Transformation*, Washington, Brooking Institution Press.

Li, Eric X., 2011, « Counterpoint : Debunking Myths About China », *NYT,* 18/07.

Liu, Melinda, 2010, « Smart, Young and Broke », *Newsweek Magazine,* 20/06.

McGregor, Richard, 2010, *The Party. The Secret World of China's Communist Rulers,* New York, HarperCollins.

Le Monde.fr, 2011, « Chine : 87 milliards d'euros détournés en 20 ans », 17/06.

The New York Times, 2011, « China Ties Aiding Europe to its Own Trade Goals », 14/09.

Tatlow, Didi Kirsten, 2012 A, « China's Hidden Wealth Feeds an Income Gap », *NYT,* 25/01.

Tatlow, Didi Kirsten, 2012 B, « Disquieting Days For Foreigners in China », *NYT,* 22/05.

Time Magazine, 2012 « The New Military-Industrial Complex », 19/03.

Tomba, Luigi, 2010, « The Housing Effect : The Making of China's Social Distinctions », dans Li, Cheng, dir., 2010 C, 193-216.

White Paper, 2011, *White Paper on China' Peaceful Development,* publié par l'agence Xinhua, cité dans Pilling, David, 2011, « China's Spreading "Core Interests" » *The Financial Times,* 13/09.

Wines, Michael, 2010, « China Aims to Chart Shifting Population », *NYT,* 01/11.

Wong, Edward, 2011 A, « China : 10 Million More Migrants », *NYT,* 04/03.

Wong, Edward, 2011 B, « China TV Grows Racy and Gets a Chaperon », *NYT,* 31/12.

Yang, Xiyun, 2011, « People, You Will See This Film. Right Now », *NYT,* 24/06.

Yu, Yiwei, 2012, « La poudrière des diplômés », *Caijing wang,* traduit dans *Courrier international,* 12-18/01.

Chapitre 7 – La question du modèle

Alden, Chris & Hughes, Christopher R., 2009, « Harmony and Discord in China's Africa Strategy : Some Implications for Foreign Policy », *The China Quarterly,* n° 199, septembre, 563-584.

Bachorz, Boris, 2012, « La Chine offre à l'Union africaine son nouveau siège et marque son empreinte en Afrique », Les Échos.fr, 28/01.

Bandurski, David, 2011, « China's Third Affliction », *NYT*, 07/11.

Bell, Daniel A., 2006, *Beyond Liberal Democracy, Political Thinking for an East Asian Context*, Princeton, Princeton University Press.

Bell, Daniel A., 2010, « Après Mao, Confucius ? », *Le Monde*, 30/04.

Bergère, Marie-Claire, 1988, « Taiwan après le miracle », *Vingtième Siècle. Revue d'histoire*, avril-juin, 3-16.

Bergère, Marie-Claire, 2007, *Capitalismes et capitalistes en Chine*, Paris, Perrin.

Boege, Frederik, 2012, « Quand les journalistes se délocalisent », traduit de la *Frankfurter Allgemeine Zeitung, Courrier international*, n° 1110, 9-15/02.

Branigan, Tania, 2011, « Chinese State TV Unveils Global Expansion Plan », *The Guardian*, 08/12.

Bräutigam, Deborah, 2010 A, « Africa's Eastern Promise », *Foreign Affairs*, 05/01.

Bräutigam, Deborah, 2010 B, « China, Africa and the International Aid Architecture », African Development Bank Group, Working Paper, n° 107, avril (www.afdb.org).

Bräutigam, Deborah, 2010 C, « Chinese Finance of Overseas Infrastructure », communication présentée au Beijing Meeting on Infrastructure, OECD-IPRCC China-DAC Study Group, 19-20 septembre (www.iprcc.org).

Bräutigam, Deborah & Tang Xiaoyang, 2011, « African Shenzhen : China Special Economic Zones in Africa », *Journal of Modern African Studies*, vol. 49, n° 1, 27-54.

Chevrier, Yves, 2010, « Le génie du confucianisme », *Le Monde*, 14/05.

Chine-Afrique, Séminaire de l'économie de la Chine (EHESS). Statistiques. Thierry Pairault, « Main-d'œuvre chinoise à l'étranger (fin 2009) », www.pairault.fr/sinaf/.

Confucius Institute Online, site Web des instituts Confucius.

The Economist, 2011, « China's Confucius Institutes. Rectification of Statues », 20/01.

The Economist, 2012 « Economist Debate. The Chinese Model », 20/01.

English.news.cn, 2012, « Foreign Embassies'Air Data Issuing Inacurate, Unlawful : Official », 05/06.

Fewsmith, Joseph, 2011, « Debating the Chinese Model », *China Leadership Monitor*, Hoover Institution, Stanford University, n° 35, septembre.

Foster, Vivien & autres, 2008, « Building Bridges : China's Growing Role as Infrastructure Financier for Sub-Saharan Africa », Washington, DC, Banque mondiale, juillet (http://openknowledge.worldbank.org).

Freedland, Jonathan, 2011, « The Markets Distrust Democracy », *The Guardian,* 15/11.

Friedman, Thomas L., 2005, *The World is Flat. A Brief History of the Twenty First Century,* New York, Farrar, Strauss & Giroux. Trad. française : *La Terre est plate : une brève histoire du XXI* siècle*, Paris, Éd. Saint-Simon, 2006.

Friedman, Thomas L., 2010, interview dans *Reason magazine,* « Meet the Press », 24/05.

Gerschenkron, Alexander, 1962, *Economic Backwardness in Historical Perspective,* Cambridge, MA, Harvard University Press.

Giroir, Guillaume, 2007, « Les fractures socio-territoriales ou l'impossible "société harmonieuse" », *Perspectives chinoises,* n° 3.

Halper, Stefan, 2010, *The Beijing Consensus. How China's Authoritarian Model Will Dominate the Twenty-First Century,* New York, Basic Books.

Han, Han, 2010, intervention lors d'un forum sur la culture organisé par l'hebdomadaire *Nanfang zhoumo (revue hebdomadaire du Sud)*, traduite dans « Han Han, la culture et la censure », chine.aujourdhuilemonde.com, 03/02.

Le Monde.fr, 2010, « Les émissions de CO_2 continuent d'augmenter en 2010 », 22/11.

Le Monde.fr, 2011, « 200 économistes contre le dogme du marché », 27/04.

Nye, Joseph S., 2012, « Why China is Weak on Soft power ? », *International Herald Tribune*, 17/01.

Pedroletti, Brice, 2010, « La croisade de Wu Lihong pour sauver le lac Tai », Le Monde.fr, 21/10.

Pialot, Dominique, 2011, « La Chine sacrifie l'environnement à la croissance », *La Tribune*, 28/09.

Pnud (Programme des Nations unies pour le développement), 2005, China Development Report, « Towards Human Development with Equity » (www.undp.org.cn/nhdr/).

Pnud (Programme des Nations unies pour le développement), 2007-2008, China Development Report, « Basic Public Services for 1,3 billion People ».

Proglio, Henri, 2010, « La concurrence chinoise ne doit pas nous inquiéter », cité dans *La Tribune*, 02/08.

Le Quotidien du peuple, 2010, 09/02.

Ramo, Joshua C., 2004, « The Beijing Consensus », *Foreign Policy Center*, printemps.

Sapir, Jacques, 2011, « Trois plaidoyers pour une démondialisation », *Le Monde*, 14/09.

Sautman, Barry & Yan, Hairong, 2009, « African Perspectives on China-Africa Links », *The China Quarterly*, n° 199, septembre, 728-759.

Smil, Vaclav, 2005, « China's Thirsty Future », *Far Eastern Economic Review*, décembre.

Tatlow, Didi Kirsten, 2012, « China's Hidden Wealth Feeds an Income Gap », *NYT,* 25/01.

Time Magazine, 2012, « Capitalism Under Fire », 06/02.

USDA (US Department of Agriculture), 2009, Economic Research Service, « China's On Going Agricultural Modernization », *Economic Information Bulletin,* n° 51, avril (http://www.ers.usda.gov/).

Watts, Jonathan, 2011, « Blogging Battle over Beijing Smog », www.guardian.co.uk., 07/12.

White Paper, 2011, « China's Foreign Aid Policy », China's Information Office of the State Council, http://english.news.cn, 21/04.

Wooldridge, Adrian, 2012, « State Capitalism », Special Report, *The Economist,* 21/02.

Xinhua, 2011, http://english.news.cn, 17/10.

Chapitre 8 – Trois scénarios

Attané, Isabelle, 2011, *Au pays des enfants rares. La Chine vers une catastrophe démographique*, Paris, Fayard.

Barboza, David, 2011 A, « Building Boom in China Stirs Fears of Debt Overload », *NYT,* 06/07.

Barboza, David, 2011 B, « Endangered Dragon. As Its Economy Sprints Ahead, China's People Are Left Behind », *NYT,* 09/10.

Barboza, David & Bradsher, Keith, 2012, « Foxconn Plant Closed After Riot », *NYT,* 24/09.

Barboza, David & LaFraniere, Sharon, 2012, « "Princelings" in China Uses Family Ties to Gain Riches », *NYT,* 17/05.

Béjà, Jean-Philippe, 2011, « La nouvelle classe ouvrière renouvelle le répertoire des luttes sociales », *Perspectives chinoises*, n° 2, 3-7.

Becquelin, Nicholas, 2012, « Does the Law Matter in China ? », *NYT,* 13/05.

Bergère, Marie-Claire, 2000, *La Chine de 1949 à nos jours,* Paris, A. Colin.

Bradsher, Keith, 2011, « China, Driver of World Economy, May Be Slowing », *NYT,* 23/09.

Bradsher, Keith, 2012, « Trade Issues With China Flare Anew », *NYT,* 12/03.

Cartier, Michel, 2011, « Trente ans de réforme économique chinoise et les transformations de la main-d'œuvre », *Perspectives chinoises,* n° 2, 29-36.

CEPII, 2010, « Chine : la fin du modèle de croissance extravertie », *La lettre du CEPII,* n° 298, 21/04.

China 2030, 2012, The World Bank, http://www.worldbank.

Corbier, Marie-Christine, 2011, « Les autorités chinoises peinent toujours à juguler l'inflation », *Les Échos,* 10/08.

The Economist, 2011 « The Most Surprising Demographic Crisis », 05/05.

The Economist, 2012, « The Politics of Economic Reform. The Bees Get Busy », 03/03.

Eurasia Group, 2011, « China's Great Rebalancing Act », août (http://eurasiagroup.net).

The Financial Times, 2010, « China Foxconn Wages Increases Highlight Rising Pay Levels », 08/06.

Froissart, Chloé, 2011, « Les ONG de défense des droits de travailleurs migrants », *Perspectives chinoises,* n° 2, 20-28.

Godement, François, 2012, *Que veut la Chine ? De Mao au capitalisme,* Paris, Odile Jacob.

Guardian.co.uk, 2011 A, « Heed Right Protests, Senior Communist Party Secretary Tells Chinese Officials », 27/12.

Guardian.co.uk, 2011 B, « Wukan Protesters End Action After Government Offers Concessions », 21/12.

Huang, Yasheng, 2011, « Pumping up the GDP », *NYT*, Room for Debate, 06/07.

Hurst, William, 2011, « Reconstruire un État providence en Chine urbaine », *Perspectives chinoises,* n° 2, 37-45.

Krugman, Paul, 2011, « Will China Break ? », *NYT*, 18/12.

Lardy, Nicholas R., 2012, *Sustaining China's Economic Growth After the Financial Crisis*, Peterson Institute for International Economics.

Lebeau, André, 2008, *L'Enfermement planétaire*, Paris, Gallimard/Le Débat.

Leonhardt, David, 2010, « In China, Cultivating the Urge to Splurge », *NYT*, 24/10.

McDonald, Mark, 2012, « China's Economy Apocalypse Soon », *NYT*, 09/07.

Le Monde, 2012, « Le textile chinois est concurrencé par les produits du Bangladesh et du Vietnam », 16/02.

Morris, Ian, 2010, *Why the West Rules – for Now. The Patterns of History and What They Reveal About the Future*, Washington, Farrar, Strauss & Giroux.

Moss, Trefor, 2012, « Five Signs of the Chinese Economic Apocalypse », *Foreign Policy*, 02/07.

Moyn, Samuel, 2012, « Human Rights, not so Pure Anymore », *NYT,* 12/05.

Naughton, Barry, 2011, « Inflation, Welfare, and the Political Business Cycle », *China Leadership Monitor*, Hoover Institution, Stanford University, n° 35, septembre.

Pettis, Michael, 2011, cité dans Barboza, David, 2011 B.

Pun Ngai & Xu Yi, 2011, « Action en justice ou résistance de classe ? "L'absence" de patron et de relation de travail dans l'industrie du bâtiment », *Perspectives chinoises,* n° 2, 9-18.

Rabinovitch, Simon, 2012 A, « China : Slowdown in Growth is Likely to Continue », *The Financial Times*, 11/10.

Rabinovitch, Simon, 2012 B, « Inconvenient Truth About Fixing China », *Financial Times*, 22/01.

Rosanvallon, Pierre, 2006, *La Contre-Démocratie*, Paris, Le Seuil.

Shih, Victor, 2011, « China Needs a Credit Crunch », *The Wall Street Journal*, 29/06.

Subramanian, Arvind, 2011, *Eclipse. Living in the Shadow of China's Economic Dominance*, Washington, DC, Peterson Institute for International Economics.

Tao, Ran, 2011, « China Land Grab is Undermining Grass Root Democracy », *The Guardian*, 16/12.

Thibault, Harold, 2012, « À Changsha, on n'arrête plus le progrès », *Le Monde*, 07/11.

Wolf, Martin, 2010, « Inquiétudes chinoises », *Le Monde Économie*, 27/09.

Wolf, Martin, 2012, « Transition à risque à Pékin » *Le Monde*, 26/03.

Wong, Edward, 2012, « In China Inflation Eases as Growth Slows », *NYT,* 09/03.

Xinhua, 2012, « Rapport d'activité du gouvernement chinois », htttp://french.news.cn/documents/.

Yang, Chan, 2011, « Chongqing et Guangdong : bras de fer entre deux modèles », *China Analysis*, n° 35, 4ᵉ trimestre 2011, 5-16.

Table

Cet ouvrage a été imprimé en France par
CPI Bussière
à Saint-Amand-Montrond (Cher)
en janvier 2013

Photocomposition Nord Compo
Villeneuve-d'Ascq

36-57-3060-5/01

Dépôt légal : janvier 2013.
N° d'impression : 124198/4.

Pour l'éditeur, le principe est d'utiliser des papiers composés de fibres
naturelles, renouvelables, recyclables et fabriquées à partir de bois issu
de forêts qui adoptent un système d'aménagement durable.
En outre, l'éditeur attend de ses fournisseurs de papier qu'ils s'inscrivent
dans une démarche de certification environnementale reconnue.